KB068474

존 나이스비트

힘의 이동

DA BIAN GE(Global Game Change)

Copyright ⓒ 2015 by John and Doris Naisbitt
All rights reserved.

Korean translation copyright ⓒ 2016 by RH Korea Co., Ltd.
Korean translation published by arrangement with John and Doris Naisbitt c/o China
Industry and Commerce Associated Press Co., Ltd. through EYA(Eric Yang Agency).

이 책의 한국어판 저작권은 EYA(Eric Yang Agency)를 통한
저작권자와의 독점계약으로 ㈜알에이치코리아에 있습니다.
저작권법에 의해 한국 내에서 보호를 받는 저작물이므로 무단전재와 복제를 금합니다.

존 나이스비트
힘의 이동

존 나이스비트 · 도리스 나이스비트 지음 | 허유영 옮김

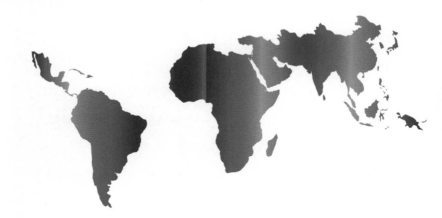

알에이치코리아

•

한국이 새로운 세계의
선두주자가 되는 조건

전 세계 언제 어디서든 가장 열악한 상황에서 경제성장을 이뤄내는 방법에 대한 이야기가 나올 때마다 한국이 빠지지 않는다. 희망이 없어 보이는 상황에서 가장 활력 있는 경제 국가 중 하나이자 아시아 4위 경제 강국으로 부상하여 수렁에서 빠져 나온 사례로 한국보다 우수한 국가를 찾기 어렵다.

한국 경제의 회생 이후 오늘날에 이르기까지 세계는 현격하게 달라졌다. 한국은 경제성장과 기술 진보를 위한 방향을 모색했을 때 동쪽, 즉 미국으로 시선을 집중했다. 반면 지금은 서쪽, 즉 중국으로 기울고 있다. 한국이 절망을 딛고 일어섰을 때 서방 중심 세계에 편입됐지만 지금 우리는 다극화된 세계로 탈바꿈하고 있다.

우리는 경제적·지정학적 판도 변화의 목격자인 동시에 참가자다. 아울러 글로벌 서던벨트Global Southern Belt에 속하는 국가들 사이에 새로운 자기인식과 집단역학이 나타나고 있다. 이 가운데 한국은 정치적으로 성숙한 한편 경제적·기술적으로 크게 진보한 국가에 해당한다. 한국의 유라시아 이니셔티브Eurasia Initiative(유라시아 대륙을 하나의 경제 공동체로 묶고 북한에 대한 개방을 유도해 한반도의 평화를 구축하는 방안 – 옮긴이)와 중국의 일대일로一帶一路(One Belt One Road. '일대一帶'는 중앙아시아와 유럽을 연결하는 '육상실크로드'를, '일로一路'는 동남아시아와 유럽, 아프리카로 이어지는 '해상실크로드'를 의미한다. 시진핑 주석이 2013년 9~10월 중앙아시아와 동남아시아를 각각 순방하면서 처음 제시한 신 실크로드 구상 – 옮긴이) 이니셔티브의 힘을 자유무역협정과 병행해 결합하면 한국은 새롭게 펼쳐지는 글로벌 무역 질서 속에 우호적인 입지를 차지하게 될 것이다.

한국은 세계에서 가장 역동적인 대륙의 한복판에 위치해 있다.

아시아는 단순히 지구촌 땅덩어리의 3분의 1을 차지하는 대륙에 그치지 않는다. 향후 10~20년 이내 아시아는 전 세계에서 갖는 영향력과 국내총생산GDP, 인구 규모, 군비 지출, 기술 투자 등 여러 측면에서 북미와 유럽을 모두 제치게 될 것이다. 뿐만 아니라 아시아의 소비시장은 거대하다. 전 세계 중산층 소비의 30퍼센트가량을 아시아가 차지하고 있고, 제조업계에서 아시아가 차지하는 비중도 47퍼센트에 이른다. 아시아 무역의 약 55퍼센트는 이 지역 내에서 이뤄지고 있다. 한국의 시장은 전 세계이지만 수출 중심 국가에 더할 나위 없는 이웃 국가들인 셈이다.

이 같은 우호적인 여건에도 한국이 무임승차를 하는 것은 아니다. 거대한 이웃 국가 중국이 그렇듯 한국 역시 과거나 지금이나 교육과 경제에 모든 것을 걸고 있다. 그리고 중국과 마찬가지로 한국 역시 제조업에서 서비스업 중심으로 경제의 구조적 변화가 필요하다. 한국의 성공적인 리포지셔닝은 새로운 직업 세계의 형성과 깊게 맞물려 있다.

과거에는 심층적인 분석과 계획을 통해 새로운 전략이 도출됐지만 갈수록 수위가 높아지는 역학과 경쟁 그리고 복잡성은 체계적으로 전략을 수립하기 위한 시간을 허락하지 않는다. 기업 및 기업가들의 변화를 인식하는 소양과 필요한 조치를 취하는 역량은 결정적인 경쟁 인자로 자리 잡았다. 시간과 세계화 그리고 비용 감축은 이들이 대응해야 할 세 가지 요소에 해당한다.

　이 과정에 정부의 역할은 기업가들에게 비옥한 경영 환경을 제공하는 데 있다. 여기에는 한국 GDP의 절반가량을 창출하는 서울이나 그 밖에 인접 대도시에 비해 여전히 불리한 위치에 처한 교외 지역이 포함된다. 중산층 소득 증가를 통해 부양 가능한 여행산업 역시 아직 동면하는 실정이다.[1]

　자유화와 개방 확대 이외에 한국 포트폴리오의 강력한 자산에 해당하는 교육도 오늘날의 요구에 맞게 혁신이 필요하다. 명문대 입학에 대한 학생들의 압박을 완화하는 한편 부모의 경제적 부담을 줄이는 것이 여기에 포함된다. 창의성은 퇴출시키는 것이 아니라 양성해야 한다. 이는 과학적 상상의 핵심이다. 한국은 새로운 세계 질서 속에 선두주자가 되는 데 필요한 조건을 모두 갖추고 있다. 하지만 압박을 풀고 에너지와 창의성이 융성해야 한다.[2]

　세계경제에서 아시아의 중요성이 높아지면서 빠르게 성장하는 일부 국가들이 지속적으로 두각을 나타낼 전망이다. 인도가 이 대열에 합류했고, 더욱 강력해지는 한국과 고속 성장하는 아세안ASEAN(동남아국가연합) 역시 여기에 포함된다.

아세안은 약 50년 전 출범한 뒤 한동안 세계무대에서 대단한 존재감을 드러내지 못했다. 하지만 아세안 10개국(인도네시아, 말레이시아, 필리핀, 싱가포르, 태국, 브루나이, 미얀마, 캄보디아, 라오스, 베트남)이 갖는 중요성이 최근 수년간 점차 높아지고 있다. 이들 국가는 글로벌 서던벨트 국가들 사이에 경제 강국으로 부상했다. 아세안이 하나의 단일 국가였다면 GDP 기준 전 세계 7위에 오른 한편 수출시장에서 유럽연합EU과 북미, 중국에 이어 4위 국가에 이름을 올렸을 것이다.

옥스퍼드대학 산하 연구기관 옥스퍼드이코노믹스Oxford Economics는 세계경제에서 아시아가 차지하는 비중이 2025년 45퍼센트까지 상승할 것으로 예상한다. 아시아는 단순히 지구촌의 땅덩어리에서 3분의 1을 차지하는 지역이 아니라 세계에서 가장 급성장하는 막강한 대륙으로 부상하고 있다. 아시아는 여러 측면에서 두각을 나타내고 있다.

〈이코노미스트Economist〉는 2014년 5월 아시아 비즈니스 관련 특집 기사에서 다음과 같이 보도했다.[3] "글로벌 공룡 기업들 가운데 일부가 아시아에 위치하고 있다. 중국 페트로차이나의 기업 가치는 2030억 달러에 이르고 공상은행ICBC 역시 1980억 달러 규모의 기업이며, 이 밖에 한국의 삼성전자(1610억 달러), 일본 도요타(1930억 달러), 중국건설은행(1620억 달러), 중국 알리바바(2000억 달러), 대만 TSMC(1010억 달러) 등 기업 가치 1000억 달러 클럽에 입성한 기업들만 열거해도 이 정도다. 비교하자면, 인도 최대 기업인 릴라이언스인더스트리의 가치가 506억 달러다."

선진국의 간판급 기업과 비교하면, 애플의 기업 가치가 5860억 달러이며, 독일 지멘스와 스위스 노바티스는 각각 910억 달러와 2030억 달러라. 포브스가 선정하는 세계 10대 기업의 절반은 미국이 차지하고 있고 나머지 절반은 중국 기업이다. 이들 5개 중국 기업은 국영 기업이고, 미국의 5개 기업은 민간 기업이다. 하지만 시진핑 중국 국가주석이 추진하는 개혁정책의 일환으로 중국 국영 기업들은 민간 투자까지 개방할 필요가 있다.[4]

아시아는 현재 전 세계 주식시장의 시가총액 가운데 27퍼센트 비중을 차지하고 있다. 이는 중국의 일대일로 이니셔티브 추진으로 과거 해양 실크로드와 육상실크로드의 영광이 재현되는 대륙의 한 맥락이다. 전 세계 새로운 판도를 제시한 다섯 장章에서 보다 자세한 내용을 다룰 것이다.

•

글로벌 서던벨트는
어떻게 세계를 재편할 것인가

2014년 5월 우리는 오스트리아 빈에서 오스트레일리아 시드니까지 비행기로 이동했다. 열 시간을 날아 베이징을 경유한 뒤 다시 열세 시간을 비행해 시드니에 도착한 것이다. 지구의 이쪽 끝에서 저쪽 끝으로 이동한 셈이다. 우리가 남반구의 하늘을 날아가는 동안 태양은 북반구와 달리 오른쪽에서 왼쪽으로 움직였다. 남반구는 폭풍우까지도 북반구와 반대로 시계 방향으로 돌아갔고 세상이 완전히 뒤바뀐 듯했다. 한마디로 오스트레일리아는 전혀 다른 세상이었다. 몇 년 전 서울에서 열린 한 콘퍼런스 만찬장에서 만난 폴 키팅 Paul Keating 전 오스트레일리아 총리가 "우리에게는 극동極東이 곧 근동近東"이라고 했는데, 남반구의 하늘을 날며 우리 부부는 그의 말을 깊이 실감했다.

문제를 바라보는 시각을 조금만 바꿔도 그 문제에 대한 견해는 완전히 달라질 수 있다. 낯선 물건에 익숙해지려면 어느 정도 시간이 필요한 법이다. 어떤 이는 남편은 미국 출신이고 아내는 오스트리아 출신이니 우리 사이에 아무런 문화적 차이도 없을 거라고 짐작하지만, 사실 우리에게는 각자의 문화적 배경에서 형성된 서로 다른 특징이 있다.

존은 미국 유타 주의 한 농장에서 자랐는데 그 농장이 위치한 작은 마을 글렌우드는 전체 인구가 200명에 불과했다. 도리스는 오스트리아의 알프스 산맥에서 가까운 관광지 바트이슐 마을에서 태어났다. 합스부르크 왕가의 여름 피서지로 유명한 그곳은 주민의 95퍼센트가 천주교 신자이고 80퍼센트가 군주제에 찬성한다.

1994년 9월 14일 오스트리아에서 열린 한 미디어 행사에서 처음 만난 우리는 이처럼 전혀 다른 인생을 살고 있었다. 그 후 우리는 저자와 편집자로서 업무 관계를 맺었고 서로의 차이가 둘 사이를 갈라놓기보다 오히려 더 풍부하고 다채롭게 만들어준다는 사실을 깨달았다. 미국식 낙관주의와 유럽식 회의주의가 만난 까닭에 한쪽은 늘 "어쨌든 해봅시다"라고 했고, 다른 한쪽은 "만약 ~라면 어떻게 하죠?"라고 말했다.

파트너로서 함께 일하는 동안 우리는 빛나는 탐구 정신을 발휘했다. 날마다 새로운 것을 배우려 했고 국제적인 문제를 각기 다른 관점에서 연구하고 이해했으며 언제든 고정관념을 버리고 기꺼이 새로운 사고방식을 받아들였다. 이것은 매우 흥미롭고 신나는 모험이었다. 물론 우리는 관찰한 것을 기록했을 뿐 이야기를 지어낸 적은 없다.

설령 우리가 본 것들이 시계 방향으로 돌아가는 오스트레일리아의 폭풍우처럼 기존의 인지 방식과 전혀 다르다고 해도 상관없다. 우리의 생각이 옳다고 고집할 생각은 추호도 없다. 세계의 흐름에 대해 우리와 견해가 다른 사람도 있을 테고 우리가 내린 결론에 동의하지 않는 사람도 있을 것이다. 아무튼 우리는 관찰한 것을 있는 그대로 적고자 했다.

우리는 생명의 여정을 백지 상태로 시작한 것이 아니다.

    자신에게 유리한 변화가 나타나면 사람들은 거기에 쉽게 동의할 뿐 아니라 두 팔 벌려 환영한다. 그렇지만 그 변화를 실제로 받아들이는 것은 그리 쉬운 일이 아니다. 고정관념이 뿌리 깊게 박혀 있을수록 변화를 받아들이는 데 오랜 시간이 걸린다. 현재에 대한 인식은 과거의 경험과 태어나고 자란 환경의 영향을 받게 마련이다. 사람은 누구나 시간과 공간, 교육이라는 세 가지 필터를 통해 세계를 관찰한다. 역사를 돌이켜봐도 사람들이 중대한 변화를 인식하고 받아들이기까지는 오랜 시간이 필요하다는 사실을 알 수 있다.

    유럽인은 이해하기 힘들지도 모르지만 태어나서 단 한 번도 미국을 벗어난 적이 없는 미국인도 꽤 있다. 당연히 그들에게는 미국의 국경선이 곧 인식의 경계선이다. 따라서 같은 미국인일지라도 세계관은 각자 다를 수밖에 없다. 세계관은 자라온 환경, 교육수준, 심지어 피부색에 따라 달라지기도 한다. 오스트리아인 중에는 자국의 시각에서 세계를 바라보는 사람도 있다. 그들은 오스트리아의 전체 인구가 중국의 웬만한 도시 인구보다 적다는 사실을 종종 간과한다. 사이버 세계도 별반 다르지 않다. 그곳에서도 사람들은 자기중심적이며 자신이 알고 있는 것을 기준으로 세상을 구분한다.

    많은 곳을 다녀본 사람일수록 세계의 변화에 민감하고 자신의 세계관을 융통성 있게 적용한다. 세계관은 사람마다 천차만별이며 과거의 경험을 통해 굳어진 관념이 미래에까지 영향을 미친다. 작게는 지역사회와 도시, 크게는 주나 국가의 일원인 우리는 세계라는 거대한 퍼즐 속의 작은 조각이다. 그리고 그 퍼즐 조각은 수시로 위치를 바꿔가며 세상을 변화시킨다.

다중심 세계의 부상 ●

지금까지 각 대륙의 강대국과 엘리트들은 자국은 물론 주변 국가에 큰 영향을 미쳐왔다. 가령 19세기 법리를 기초로 한 《독일민법전*Bürgerliches Gesetzbuch*》은 로마법전에 그 뿌리를 두고 있다. 소크라테스, 플라톤, 아리스토텔레스, 스콜라 철학은 고대 그리스에서 탄생했고 민주주의를 비롯해 대서사시인 〈일리아드Iliad〉와 〈오디세이Odyssey〉의 발상지도 그리스다. 그리고 고대 아테네의 정치와 문화는 지금까지도 세상에 적잖은 영향을 미치고 있다.

이처럼 유럽의 로마제국, 아프리카의 쿠시왕국, 고대 이집트 문명, 중국의 춘추오패와 주周나라, 남미의 잉카 문명, 중앙아메리카의 마야 및 아스텍 문명 등은 저마다 한 시대를 풍미하며 전성기를 누렸다. 하지만 그 어떤 문명도 오늘날의 유럽과 미국만큼 전 세계에 막대한 영향력을 미치지는 못했다.

서방 세계는 지난 몇 세기 동안 정치, 경제, 문화 전반에 걸쳐 막강한 영향력을 행사해왔다. 그것은 세계 각지로 전파된 서양의 패션, 음악, 비즈니스 모델, 발명품 등이 잘 보여준다. 지금도 서방 사람들은 우월감에 젖어 타국을 대하며 서방 중심적 세계관을 잣대로 세상을 판단한다.

물론 우리는 머지않아 그 시대가 끝날 것이라고 믿고 있다.

우리는 서방 국가들이 세계무대에서 누리는 지위를 더 이상 탄탄하게 지속할 수 없으리라고 본다. 서방 중심적 세계관은 이제 전 세계인이 떠받드는 진리로 군림하기 어렵다. 세계 각지의 신흥경제국들이 끊임없이 그 권위에 도전하면서 자신들의 기준을 만들어가고 있기 때문이다. 신흥경제국들의 지리적 분포를 살펴보면 지구의 남쪽을 둥글게 에워싸는 형태를 띠고 있다. 그래서 우리는 이 경제벨트에 '글로벌 서던벨트'라고 이름 붙였다.

현재 서방 국가들은 사면초가 상황에 놓여 있다. 갈수록 경제적 우위를 상실하는 한편 민주주의와 자유시장경제를 중심으로 한 발전 모델이 원동력을 잃고 있는 것이다. 대신 신흥세력들이 세계의 판도를 바꾸고 서방 국가에 집중되어 있던 세력의 축을 분산시키면서 다중심multicentered 구조로 재편되고 있다. 나아가 세계무대에서 신흥국가들의 목소리가 점점 커지고 도시 및 도시 그룹의 지위가 높아지고 있다.

이 위대한 개방은 사상, 경제, 문화의 다양성을 심화하고 있는데 이것은 향후 새로운 정치 모델을 구축할 전망이다. 글로벌 서던벨트 국가와 도시가 대변혁의 중심에서 활약하며 수십 년에 걸쳐 세계 판도를 재편한다는 말이다.

마틴 루서의 비텐베르크 성당 정문 반박문 ────────●

서방 국가들은 2001~2010년 처음으로 자신들의 지위가 예전만큼 우월하지 않다는 사실을 깨달았을 것이다. 이 시기에 아시아의 신흥경제국 중국이 세계경제에서 중요한 위치로 올라섰고 라틴아메리카 국가에서 시장경제 개혁, 군인정부 및 군사독재 몰락, 좌익 진영 붕괴 등이 이뤄지며 실질적인 변화가 나타나기 시작했다. 아프리카는 부패와 무능한 정치 등으로 인해 두드러지게 발전하지 못했으나 젊은이들을 중심으로 오랫동안 잊고 있었던 창업 정신과 모험 정신을 되찾았다.

이처럼 세계의 분위기가 바뀌면서 개혁을 원하는 목소리가 점점 높아졌다. 이는 부패한 자국 사회의 개혁을 넘어 서방 국가의 강압적인 간섭에서 벗어나고자 하는 열망이었다. 이런 열망은 중국을 시작으로 점차 세계 각지의 신흥경제국으로 확산됐는데, 이 모든 일은 5세기 전 천주교의 지위를 뒤흔든 종교 개혁과 닮아 있다.

2017년은 마틴 루서Martin Luther가 비텐베르크 성당 정문에 반박문을 붙인 지 500주년이 되는 해다. 당시 그의 행동은 눈사태처럼 몰아쳐 과거의 세계관을 뒤엎고 세계에서 가장 막강했던 천주교회의 근간을 뒤흔들었다. 이는 역사의 전환점이자 진정한 의미의 변혁이었다. 천주교가 굳게 믿던 천동설은 지동설을 바탕으로 한 세계관에 밀려 전복당하고 과학도 천 년 넘게 짓누르고 있던 종교의 굴레에서 벗어났다. 천주교회의 패권이 하루아침에 붕괴됐다고 해도 과언이 아니다. 뿌리까지 뒤흔든 이 근본적인 변화가 아니었다면 천주교회의 패권이 그토록 쉽게 무너지지는 않았을 것이다.

천주교가 세력을 얻기 시작한 시기는 1700년 전으로 거슬러 올라간다. 로마제국 황위를 물려받은 콘스탄티누스 1세는 로마제국 군주로는 최초로 기독교 세례를 받았는데, 이때부터 로마는 다신교를 버리고 유일신 신앙인 기독교를 숭배하기 시작했다. 콘스탄티누스 1세는 "하느님은 우주의 유일한 통치자"이며 자신은 인간 세상에서 유일하게 하느님의 보호를 받는 로마제국 유일의 통치자라고 주장했다. 이후 유일하게 합법적인 종교로 자리 잡은 천주교는 국가에 버금가는 권세를 누리게 됐다. 천주교와 국가는 공동의 이익을 위해 서로 결탁했고 불평등까지도 하나님의 뜻으로 왜곡해 성직자, 귀족, 농민으로 구분하는 엄격한 신분제도를 만들었다.

당시에는 전염병이 창궐해 사망률이 높았고 가진 것 없는 민중은 죽어서나마 천당에 갈 수 있기를 간절히 바랐는데, 그 유일한 통로가 바로 교회였다. 하지만 시간의 흐름과 함께 비대해진 천주교회에서 갈라져 나온 지류들이 민중교화를 명분으로 자신들의 주머니를 채우는 조직으로 타락하거나 변질됐다. 가령 그들은 천당으로 통하는 문에 가격표를 붙여놓고 흥정했다. 이런 상황에 변화가 생긴 시기가 바로 15세기다.

변혁의 시작은 14세기 이탈리아에서 시작된 르네상스 운동이었다. 사람들은 르네상스 운동을 통해 신 중심적인 세계관을 버리고 인간 중심적인 세계관을 받아들였고 이 변화는 마침내 바위처럼 굳건하던 사회구조를 깨뜨렸다. 이것은 의구심과 대안을 찾으려는 노력, 사고방식 변화, 기존의 관념과 다른 생각에서 비롯된 것으로 이를 실현하는 데 결정적으로 기여한 것은 교육이다. 이탈리아 북부에서 시작된 강력한 문화 및 교육 운동이 대부분의 유럽 지역으로 확산됐기 때문이다.

당시 교육은 문화적·사회적·정치적 요소가 서로 영향을 미치게 하고 사람들의 사상을 해방시키는 토대였다. 아울러 도시화가 빨라지면서 사람들은 의식주 문제를 보다 쉽게 해결했고 도시는 나날이 번영을 이뤘다. 교회가 독점하던 교육권과 경제력은 천주교회의 패권을 지탱하는 양대 기둥이었으나 르네상스 운동이 확산되면서 일반 민중은 서서히 교육받을 권리를 찾아나서기 시작했다.

15세기 인터넷 ─────────────────────────────●

일반 대중이 책을 접하기 전까지 성경은 교회와 성직자들만 읽고 해석할 수 있었고 하느님의 말씀을 기록한 성경은 천주교회의 권위를 유지하는 기반이었다. 이때까지만 해도 책이 워낙 비싸 일반 대중은 구경하기조차 힘들었지만 1446년 구텐베르크가 활자인쇄술을 발명하면서 유럽 출판업에 혁명이 일어났다. 사실은 고등교육을 실시할 권리까지 교회가 독점하는 바람에 비주류 관점을 널리 전파하기가 매우 힘들었으나 구텐베르크의 발명으로 지식 전파에 새로운 길이 열렸다.

 인쇄술 발명 이후 수많은 책이 쏟아져 나오면서 교육에 대한 사람들의 열망을 부추겼다. 독일 마인츠의 작은 인쇄 공장에서 출발한 인쇄업은 불과 수십 년 만에 유럽 270개 도시로 퍼져나가 거대한 산업으로 발전했다. 활자인쇄술이 등장하고 나서 50년 후인 1500년까지 서유럽의 인쇄소에서 제작한 책만 해도 2000만 권이 넘는다. 덕분에 사람들은 드디어 모국어로 쓴 성경을 읽게 됐다. 이는 불과 수십 년 전까지만 해도 상상조차 할 수 없던 일이었다. 그뿐 아니라 인쇄술이 발전하면서 미디어 혁명이 일어났다. 신문의 초기 형태인 한 장짜리 인쇄물이 등장했는데 그 내용은 타락하고 부패한 신부와 성직자를 풍자하는 만화가 대부분을 차지했다.

이와 함께 지속적인 도시화로 사람과 사람 사이의 공간적인 거리가 좁혀지면서 사상과 관념이 수많은 사람에게 전파됐다. 그리고 모든 혁신적 변화가 그렇듯 이 변혁도 마침내 임계점을 맞이했다.

회복과 개혁 ────────────────── •

　루서는 정말로 1517년 10월 31일 비텐베르크 성당 정문에 95개조 논제를 붙였을까? 이 점은 오늘날 역사학자들 사이에 여전히 논란거리로 남아 있다. 물론 루서가 95개조 논제를 쓰고 발표했다는 것만큼은 분명한 사실이다. 루서는 95개조 논제에서 몇 세기 동안 이어져온 사회질서 및 계급제도에 대한 불만을 토로하는 한편 부패하고 무능한 교회를 비판했다. 그때만 해도 이 반박문이 유럽에 엄청난 변혁의 소용돌이를 일으키고 나아가 훗날 서방 세계(지금의 북미, 유럽, 오스트레일리아, 뉴질랜드)를 형성하는 기반이 되리라고는 아무도 예상치 못했을 것이다.

　이제 글로벌 전당의 정문 앞에 95개조 논제를 붙일 마틴 루서는 없지만 개혁을 요구하는 목소리가 아래로부터 위로 메아리치고 있다. 사람들에게 새로운 소통의 장을 마련해준 것은 인터넷으로, 이를 통해 수백만 명이 국경선을 넘어 한곳에 모이고 있다.

　오늘날의 미디어는 커뮤니티 네트워크이며 여기에는 국경도 한계도 없다. 15세기에 구텐베르크가 발명한 인쇄술이 각종 사조의 전파를 부추겼듯 21세기에는 인터넷이 수백만 명의 목소리를 전파하고 그들을 하나의 주제 아래 모으고 있다. 그 주제는 바로 회복과 개혁이다. 사람들은 이 거대한 경제발전의 물결 속에서 저마다 자신의 자리를 확보하기 위해 발버둥치고 있다.

종교 개혁으로 교회가 독점하던 교육권과 자연과학 해석권이 민간으로 퍼져 나간 이후 과학이 봇물 터지듯 발전하기 시작했고, 그로부터 300년 뒤에 나타난 18세기 계몽운동은 새로운 관념을 만들어내 현대화의 기반을 제공했다.

조력자들

마틴 루서만큼 유명세가 따르지는 않았지만 프랑스의 신학자 겸 목사인 장 칼뱅Jean Calvin도 훗날 서방 세계 발전에 지대한 영향을 미쳤다. 그의 주장은 무엇보다 유럽인의 도덕관과 직업윤리에 변화를 일으켰다. 사람들은 더 이상 부자로 산 뒤 죽어서 천당에 가기만을 갈망하지 않았고 부지런히 노력해 돈을 버는 것을 더 가치 있게 여기기 시작했다. 학문을 연구하는 사람들이 늘면서 경제발전과 기술 진보, 사회 변혁도 일어났다. 이처럼 큰 뜻을 품고 목표를 향해 열심히 노력하는 풍조는 유럽 대륙과 훗날 신대륙이 성장하는 원동력이 됐다.

21세기에 교육과 경제는 가장 커다란 화두다. 우리는 종종 한 국가의 발전 잠재력을 어떻게 판단하느냐는 질문을 받는데 그에 대한 우리의 대답은 간단하다. 그 나라의 교육 시스템을 보면 발전 잠재력을 알 수 있다. 교육은 경제발전의 기반이자 국민이 정치적 선택에서 독립권을 확보하도록 해주는 중요한 수단이다.

교육 감독권을 상실한 교회는 더 이상 교육을 독점하기가 어려워졌다.

비선진국들이 보편적으로 안고 있는 중요한 문제는 교육 기반이 약하다는 점이다. 교육의 뒷받침을 받지 못하면 경제는 발전할 수 없다. 특히 이데올로기보다 경제가 훨씬 더 중요하고 커다란 영향력을 발휘하는 오늘날 교육은 경제발전과 사회 안정을 실현하는 가장 중요한 요소다. 이를 증명하듯 오늘날 세계적으로 가장 큰 화두는 바로 '교육Education'과 '경제Economics'다.

선진국들의 고등교육 비용은 갈수록 증가하고 있지만 다행히 온라인 교육이 고비용이라는 교육 장벽을 극복하는 데 커다란 도움을 주고 있다. 이에 발맞춰 대학들은 무료 온라인 강의로 세계 각국의 다양한 계층이 교육 혜택을 누리도록 지원하고, 각국 정부는 국민에게 평등한 교육 권리를 보장하는 한편 창업하기 좋은 환경을 조성함으로써 배운 사람들이 스스로 경제적 자립을 이루도록 지원해야 한다.

서구의 태양은 저물고

우리는 한동안 보스턴과 빈을 오가며 살았는데 두 도시는 다른 듯하면서도 닮은 점이 많다. 유럽 국가인 오스트리아는 도덕을 매우 중시하는 나라다. 고대 그리스 철학자, 로마제국, 르네상스, 종교 개혁, 계몽운동, 인문주의 정신 등이 모두 유럽에서 탄생했고 그만큼 서방 국가들의 우월감도 오랜 세월에 걸쳐 형성됐다.

물론 기업가, 지식인, 학자, 정치가 등 많은 미국인이 유럽에 뿌리를 두고 있지만 미국인에게는 유럽인에게 없는 정신이 있다. 바로 진취성과 낙관적 태도다. 자기 나라가 세계에서 가장 우월한 나라는 아니어도 최소한 여러 분야에서 최고라 불린다면 이런 관념에 빠지는 것도 그리 나쁘지 않다. 단순한 착각이 아니라면 말이다.

안정된 사회, 경제발전, 높은 기술수준, 월등한 경제력을 자랑하는 서방 국가는 무엇이든 다 갖고 있는 것처럼 보인다. 그런데 수백 년간 노력해 거둔 결실을 불과 수십 년 만에 잃을 수 있다고 생각하는 사람들이 점점 늘어나고 있다. 특히 한 시대에 최고의 명예와 권세를 누린 국가일수록 개혁을 바라는 목소리를 더 크게 내고 있다. 그렇다고 서방 민주주의 자체를 개혁하자는 것은 아니다. 언론의 자유, 인권, 법치 등 기본 원칙에 대해서는 누구도 의심하지 않는다. 사람들이 의문을 제기하는 것은 현재의 지도자에게 과연 지도자 자격이 있는지, 현재의 정치 방식이 적합한지, 정치인들이 200년 역사를 이어온 민주주의의 근간을 흔들고 있는 것은 아닌지 하는 점이다.

오늘날 서방 민주주의는 사리사욕을 채우는 도구로 전락할 위험에 처해 있다. 실제로 계층마다 자신의 이익을 극대화하기에 급급해하고 있다. 정치인과 유권자 모두 자신들에게 유리한 메뉴판을 짜고 있는 것이다. 국민은 정부가 복지제도를 더 강화하길 바라고 있으나 그런 복지제도를 지탱할 능력을 갖춘 정부는 없다. 지속가능한 발전을 위해서는 서방의 민주제도를 개혁해야 하지만 이로 인해 개인의 권익을 포기해야한다면 누구도 그 개혁에 찬성하지 않을 것이다.

라틴아메리카, 아시아, 아프리카의 신흥경제국을 관찰해보면 국민이 현재의 경제와 정치 질서에 불만을 품는 동시에 미래를 낙관하고 있음을 알 수 있다. 실제로 세계 각지의 신흥경제국들은 변혁과 개방을 갈망하며 새로운 경제 및 사회 발전이라는 목표 아래 서로 동맹을 맺고 있다.

반면 과거의 영광을 계속 이어가고자 하는 선진국들은 넘어야 할 장애물이 아주 많다. 선진국들이 과거의 영광을 장밋빛 미래로 연결하기 위해서는 지속가능한 경제발전을 촉진해줄 사회, 정치, 경제 시스템을 구축해야 하지만 그 길이 그리 순탄치 않아 보인다. 물론 때로는 성과를 거두겠지만 때로는 큰 장애물에 부딪힐 수 있다. 다행히 글로벌 서던벨트에 속한 신흥경제국들은 기복이 있긴 해도 전체적으로 상향 발전 추세에 있다.

전 세계 인구의 80퍼센트는 현재 국가가 발전하는 단계에 있으며 그 과정에서 서방의 경험과 교훈을 적극 흡수하고 있다. 2006년에 출간한 《마인드 세트*MIND SET*》에서 우리는 과거 세계의 변방이던 중국이 세계의 중심으로 부상했다고 했다. 그런데 그 흐름은 전 세계로 확산됐고 이제 아시아, 아프리카, 라틴아메리카 등 과거 서방 세계의 변방이던 국가가 다중심 세계의 새로운 경제 중심으로 떠오르며 세계경제 판도를 바꾸고 있다.

우리는 21세기 전반기에 일어날 세계의 변화를 미리 내다보기 위해 이 책을 집필했다. 우리는 풍부한 데이터와 정보, 지난 수십 년간 직접 보고 경험한 것을 바탕으로 현재의 상황과 앞으로 더 뚜렷해질 세계의 흐름을 내다보고 전망했다. 며칠 뒤나 몇 개월 후에 일어날 일을 예측하는 것은 아무런 의미가 없다. 그런 예측은 지나치게 낙관적이거나 너무 비관적인 극단으로 흐르기 십상이다.

이 책은 향후 수십 년간 국제사회에서 발생할 커다란 변화를 내다보고 그 결론을 바탕으로 세계경제의 새로운 원동력과 지정학적 정치 국면의 변화, 경제적 영향력의 흥망성쇠를 전망하는 데 중점을 두었다. 이 책을 통해 서방 중심의 세계가 어떻게 다중심 세계로 바뀔지 그 해답을 모색할 수 있기를 기대한다.

차례

1장 / ## 전 세계가 성장하는 황금시대 _____

2장 / ## 새로운 경제 동맹의 탄생 _____

5장 / **도시의 시대** _____

전 세계가 성장하는
_____ 황금시대

Global Game Change
How the Global Southern Belt Will Reshape Our World

존이 1982년에 집필한 《메가트렌드_Megatrends_》는 이런 말로 끝맺는다.

지금 이 시대에 살고 있는 것은 굉장히 멋진 일이다!

이 책에서 존은 세계경제의 중심이 북쪽에서 남쪽으로 이동하고 있다고 주장했다. 그리고 북쪽에서 남쪽으로 이동한다고 하면 'A 아니면 B' 둘 중 하나를 선택하듯 중심축이 한쪽으로 치중되는 것처럼 들릴지도 모르지만 사실은 그렇지 않다고 덧붙였다. 현재의 상황도 마찬가지다. 변화가 어느 한 국가나 지역에 국한되지 않고 전 세계적으로 일어나고 있으며 북반구와 남반구의 모든 국가가 전에 없던 발전 기회를 맞이하고 있다.

이런 변화를 통해 완전히 새로운 청사진을 펼치는 글로벌 서던벨트 내의 나라들은 그 청사진 속에서 차지하는 위치가 점점 달라지고 있다. 자신감을 얻은 이들 나라는 자국의 미래 잠재력을 확신하는 한편 달라진 세상에서 더 많은 것을 얻기 위해 노력하고 있다. 마찬가지로 서방 세계의 강대국들도 글로벌 서던벨트에 속하는 나라들의 지위 변화를 자신들의 어두운 미래를 밝힐 기회로 삼아야 한다. 이 변혁은 경제적으로든 문화적으로든 우리 모두를 풍족하게 만들어줄 것이다. 우리가 또다시 지금 이 시대에 살고 있는 것은 굉장히 멋진 일이라고 감탄하는 이유가 여기에 있다!

물론 이 변혁은 하루아침에 완성되지 않으며 그 과정에서 적잖은 진통과 기복을 겪을 가능성이 크다. 이 거대한 변혁은 21세기 전반기에 서서히 완성되어 21세기 중반이면 서방 중심 세계가 다중심 세계로 완전히 바뀔 전망이다. 영광스럽게도 우리는 그 과정을 지켜보는 역사의 목격자이자 참여자다. 모든 변혁이 그렇듯 현재 진행 중인 이 변혁도 자신을 바꿔 대세에 적응할 때 비로소 완성된다. 대개 사고방식의 변화는 사건 발생보다 더디기 때문이다.

미국은 1980년대부터 세계 최대 경제 강국의 자리를 차지해왔다. 실제로 과거 수십 년간 미국과 미국의 서방 동맹국들이 세계경제를 주도해왔고 그들의 생활방식, 비즈니스 모델, 옷, 음식 등이 세계 각지에서 유행했다. 서방 세계 인구는 세계 인구의 12퍼센트에 불과하지만 그들은 전 세계 부$_{\hat{a}}$의 75퍼센트를 차지했다.

서방 강국들은 의심할 여지없이 세계의 조타수 역할을 했으나
이제 그 시대가 점차 막을 내리고 있다.

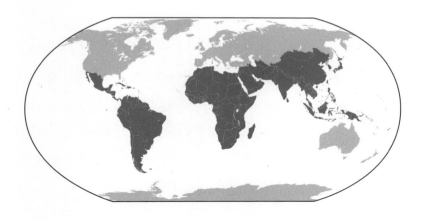

━ 라틴아메리카, 아프리카, 아시아 세 대륙에 걸쳐 있는 거대한 경제벨트

　그러나 앞으로 수십 년 동안 우리가 세계를 바라보는 방식은 완전히 바뀔 것이다. 세계는 이제 더 이상 서방 국가와 비서방 국가로 나뉘지 않고 전 세계인이 글로벌 서던벨트의 비약적인 발전을 목격하게 되리라. 글로벌 서던벨트에 속하는 신흥경제국은 서방 세계의 조연 역할에서 벗어나 자신의 잠재력을 인식하고 역량을 십분 발휘할 전망이다. 글로벌 서던벨트 내의 나라들 가운데 가장 활력이 넘치고 커다란 영향력을 발휘할 국가는 바로 중국이다. 하지만 중국도 세 대륙을 관통하는 이 방대한 경제권에 속한 한 나라에 불과할 뿐이다.

　물론 서방 사람들은 서방 중심 세계관을 쉽게 포기하지 않을 것이다. 머리로는 현실을 알지만 그것을 가슴으로 받아들이기를 거부할 확률이 높다. 심지어 그들은 세계가 다중심사회로 바뀔 가능성마저 부인하면서 글로벌 서던벨트의 발전을 애써 외면하고 있다.

　서방 중심 세계관과 다중심 세계관은 함께 존재할 수 없다. 시대 흐름에 맞춰 서방 중심 세계관을 버리려면 서방 사람들이 도덕적·경제적 우월감을 내려놓아야 한다. 이미 그 우월감을 지키는 일 자체가 어려운 상황이다. 과거에 드러나지 않던 허점과 폐단이 두드러지고 있기 때문이다. 계속해서 제자리걸음을 하는 연평균 경제성장률과 1인당소득, 높은 실업률, 붕괴하는 중산층, 50퍼센트에 달하는 청년실업률과 막대한 공공부채에 허덕이는 스페인·포르투갈·그리스 등만 봐도 현재 서방 세계가 고난의 시기를 보내고 있음을 알 수 있다.

추리소설가 스티븐 킹Stephen King이 경고한 '디스토피아'로 가는 길이 정말 존재하는 것일까? 역사학자 니얼 퍼거슨Niall Ferguson의 말대로 서방 사회가 '위대한 퇴보a great degeneration'를 시작하고 있는 것일까? 아니면 역사학자 월터 라커Walter Laqueur가 우려한 것처럼 유러피안 드림이 끝나고 유럽 대륙이 몰락할 것인가? 그도 아니면 우리가 사실은 모든 국가가 수혜를 입을 대개방으로 가는 터널 안에 서 있는 것일까?

아무튼 우리는 감히 단언한다! 글로벌 서던벨트에 속한 국가들이 과거와 다른 자신들만의 색채를 과감히 펼쳐 이 세계에 여러 개의 중심이 나타날 것이라고 말이다. 우리는 그 역사의 창조자이자 목격자다.

21세기 새로운 경제벨트

'글로벌 서던벨트'는 우리가 부슬부슬 비가 내리는 어느 날 아침 무료한 대화를 나누다가 갑자기 떠올린 것이 아니라 수년에 걸쳐 서서히 정립한 개념이다. 그동안 우리가 관찰하고 연구해온 국가들의 상황이 여러

가지로 바뀌었다. 여전히 많은 문제를 안고 있긴 해도 자신감과 민족의
식이 높아져 미래를 낙관하고 있고 서방에 대한 동경심이 줄어드는 한
편 신흥경제국의 성과를 자랑스러워하고 있다. 더불어 미래를 스스로
개척할 수 있다는 자신감이 커지고 창업 정신도 강해졌다.

이런 마음가짐의 변화는 여러 형태로 나타나고 있다. 본래 작은 변화
의 불꽃이 모여 너른 들판을 활활 태우는 법이다. 가령 쿠바에는 개인이
운영하는 음식점이 등장했고 캄보디아에서는 호텔 직원들이 임금인상
을 요구하며 파업을 벌였다. 브라질 빈민가에 자발적으로 조직한 창업
지원단체가 탄생했으며 콜롬비아는 갈수록 예술적 분위기가 짙어지고
있다. 또한 남아프리카공화국에 창업이 유행하고 중국에서는 농민들이
스스로 직업 훈련을 실시하는 것은 물론 변두리 지역의 고등학생들이
우리를 찾아와 유창한 영어로 인터뷰를 했다.

우리는 세계 각국에서 일어나는 이런 변화를 관찰하는 동시에 영어와
독일어로 된 각종 서적, 신문, 잡지, 인터넷, 연구기관 데이터를 읽고 수
집했다. 한 예로 세계은행은 2011년에 발표한 〈다극화: 새로운 세계경
제*Multipolarity: The New Global Economy*〉라는 보고서에서 "여러 개발도상국
이 다극화된 경제체제를 이끌어가는 것은 현대 역사에서 한 번도 나타
나지 않던 새로운 구도다. 향후 20년간 신흥경제국들이 세계경제 및 지
정학적 정치에 지대한 영향을 미칠 것이다"라고 전망했다.[1]

우리는 1996년에 출간한《메가트렌드 아시아*Megatrends Asia*》를 집필
할 때부터 세계경제의 중심 이동에 주목하기 시작했다. 당시 우리는 세
계경제의 중심이 서방 국가에서 아시아의 신흥경제국으로 옮겨갔고,
21세기 초를 기점으로 다시 라틴아메리카와 아프리카로 이동하고 있음

을 발견했다. 실제로 신흥경제국의 발전 추세는 나날이 뚜렷해지는 반면 서방 국가의 발전 속도는 점차 둔화되고 경제도 쇠퇴하고 있다. 21세기 전반기 동안 이런 변화와 더불어 글로벌 서던벨트의 위대한 개방이 세계의 대세로 자리할 것이다.

미국 피터슨국제경제연구소Peterson Institute for International Economics 선임연구원 아빈드 수브라마니안Arvind Subramanian은 이 시대를 "전 세계가 성장하는 황금시대"라고 표현했다. 그는 1990년대 중후반에 시작된 세계경제 성장의 황금기가 계속 이어질 것이라고 단언했다. 글로벌 서던벨트에 속하는 각 나라의 상황을 살펴본 우리는 세계적인 변화와 새로운 시대의 도래, 경제 변화, 사회 변혁, 경쟁 구도 변화를 보다 구체적으로 확인할 수 있었다.

> 장기적 관점에서 서방 강대국들의 영향력이 약화됨에 따라
> 선진국과 신흥경제국 사이의 상호 의존 구도는
> 점차 개발도상국 간의 상호 의존 구도로 변화할 것이다.

좋든 싫든 다중심 세계의 리더로 부상할 국가는 바로 중국이다. 사실 비록 1인당 GDP는 여전히 낮은 수준일지라도 신흥경제국에서 중국의 비중이 너무 커서 대부분 별도의 범주로 처리된다. 이미 서방 세계가 신흥시장과 서방 세계에 대한 중국의 영향력이 커지고 있음을 인정할 수밖에 없는 상황이다. 중국은 불과 30년 만에 세계 제2위 경제대국으로 부상했고 세계 최대 제조국이자 무역국으로 우뚝 섰으며 세계 최대 소비시장의 역할까지 맡고 있다. 나아가 중국은 아시아, 아프리카, 라틴아

메리카 국가는 물론 서방 세계의 최대 무역 파트너로 떠올랐다.

향후 5년간 신흥경제국에서 증가하는 전체 부의 절반은 중국에서 창출될 것이다.[2] 더불어 도시화와 각 도시를 묶은 경제벨트 전략이 중국의 경제성장을 뒷받침하고 많은 중국 도시의 GDP가 일부 국가의 GDP보다 더 높아질 것이다.

세계은행의 〈다극화: 새로운 세계경제〉는 2025년 무렵 다극화된 세계 구도가 나타나 선진국이든 신흥경제국이든 모두 상당한 경제적 영향력을 얻을 것으로 보고 있다. 현재 경제력이 더욱 분산된 새로운 경제 질서로의 전환이 진행 중이라고 분석한 이 보고서는 세 가지 흐름을 지적했다. 첫째, 세계 발전의 저울이 선진국에서 신흥경제국으로 기울고 있다. 둘째, 신흥시장 기업들이 글로벌 비즈니스를 주도하고 있다. 셋째, 국제 화폐제도가 점차 다화폐체제로 바뀌고 있다.

> 중국이 앞장서서 북을 울렸고 글로벌 서던벨트에
> 속하는 나라들이 그 뒤를 바짝 따르고 있다.

중국인과 대화를 해보면 중국 정부에 호의적이든 아니든 상관없이 거의 모든 사람이 자국을 매우 사랑한다는 것을 알 수 있다. 그렇다고 중국이 또다시 '중화중심주의'로 돌아가려 한다는 이야기는 아니다. 18세기까지 중국인은 중국이 세계 문명의 중심이라고 생각해왔는데 이것이 바로 중화중심주의다. 중국을 본받고 싶어 하는 신흥경제국 사이에 중국의 영향력이 점점 커지고 있긴 하지만, 현재 중국 정부는 자국의 영향력보다 실리를 우선시하고 있다. 따라서 중국은 국제사회가 다극화로 나아감에 있어 중요한 한 축을 담당하게 될 것이다.

1980년대만 해도 중국을 방문하려면 어떤 항공기를 타든 반드시 홍콩을 경유해야 했다. 지금은 공항, 고속철도, 사통팔달 고속도로를 건설해 중국을 방문하고 여행하기가 훨씬 편리해졌고 다양한 분야에 투자하기도 수월해졌다. 서방 국가에서는 공공의 이익을 위한 투자가 개인의 권익과 상충하면서 갈등을 빚는 일이 많지만, 신흥경제국은 경제적 기반은 약해도 효율은 더 높다. 안락한 삶을 갈망하는 사람들이 경제성장을 위한 일이면 뭐든 받아들이고 기꺼이 자신을 변화시키기 때문이다.

서방 세계가 신흥경제국 사이에 나타나고 있는 변화를 정확히 인식하려면 서방 중심 사고에서 벗어나 현지 실정과 문화를 구체적으로 이해해야 한다. 중국인이 경극을 만들고 아르헨티나 사람들이 탱고를 사랑하는 것은 결코 우연한 결과가 아니다.

디지털화의 역할

인터넷이 없던 시대에 성장한 우리 세대는 인터넷이 세상을 얼마나 크게 바꿔놓았는지 더 분명하게 실감하고 있다. 특히 신흥경제국의 빈민 지역이나 농촌에서 거주하는 사람들에게 인터넷은 그들의 생활을 송두리째 바꿔놓은 문명의 이기다. 디지털화는 전 세계의 거시적·미시적 경제활동을 바꿔놓았고 인터넷은 신흥경제국의 내부 개혁과 부흥을 촉진하는 데 지대한 역할을 하고 있다. 중국의 비약적인 성장 역시 IT 기술의 발전에 힘입은 바 크다. 나아가 인터넷이라는 새로운 매개체는 경제발전을 촉진하고 사회의 투명성을 높이고 있다. 글로벌 서던벨트에 속하는 국가의 정부도 인터넷이라는 소통수단을 적극 활용함으로써 전자정부를 통해 공공 서비스의 효율을 높이고 있다.

정부의 인터넷 서비스는 기업 환경을 개선하는 효과도 발휘하고 있다. 가령 공무원 시스템의 몸집을 줄이면서 행정기관의 일처리가 빠르고 편리해졌다. 물론 가야 할 길이 아직 멀지만 중소기업은 특히 새로운 기술을 빠르게 받아들여 응용하고 있다. 현재 세계적인 소셜네트워크서비스sns 가운데 대기업이 개발한 것은 단 하나도 없으며 모두 창의력을 발휘하는 젊은 학생들이 만들어냈다. 인터넷 기술은 중소기업과 창의력을 갖춘 벤처기업가들에게 새로운 문을 활짝 열어주고 있다. 1인기업도 현지 상황을 잘 이해한다는 장점을 활용해 세계 각지의 기업가들과 협력할 수 있다.

역사를 돌이켜보면 1760년대에 영국에서 시작된 1차 산업혁명은 사회와 경제에 지대한 영향을 미쳤다. 증기기관을 이용한 기계화 생산으로 세계경제에 커다란 변화를 몰고 온 1차 산업혁명 당시 1인당 GDP가 694달러에서 2753달러까지 증가했다. 전기를 이용한 대량생산이 가능해지고 생산성이 비약적으로 상승한 2차 산업혁명을 통해 1인당 GDP는 또다시 2753달러에서 2만 42달러로 상승했다. 인터넷이 이끈 컴퓨터 정보화 및 자동화 생산 시스템이 주도한 3차 산업혁명에 이어 우리는 4차 산업혁명을 맞이하고 있다. 가상 물리 시스템을 기반으로 생산 활동이 이뤄지는 4차 산업혁명을 통해 2020년이면 1인당 GDP가 9만 달러까지 급증할 것으로 예상된다.[3] 사물 인터넷이 생산성을 가속화하고 인프라 격차를 극복하고 혁신을 주도하며 세계경제에서 게임 체인저가 될 수 있다고 크리스 베인Chris Vein 세계은행 글로벌 정보통신기술개발 부분 최고혁신책임자CIO는 말했다.[4]

2012년 여름 회의에 참석하기 위해 저장성 항저우를 방문한 우리는 그곳에서 평생 잊지 못할 며칠을 보냈다. 도시의 수려한 자연경관과 맛있는 음식이 아니라 현지의 자동차 타이어휠 생산 공장을 방문해 직접 눈으로 본 것들 때문이었다. 그 회사의 최고기술책임자CTO는 서른도 안 된 젊은이로, 모니터 직원 단 두 명과 함께 타이어휠을 시간당 600개씩 생산하는 기계 설비를 개발했다고 했다. 그처럼 젊은 엔지니어가 앞으로 또 어떤 전자동 생산설비를 개발할지 상상할 수 있겠는가.

> 3D 프린터 기술 개발로 디지털화한 도면만 있으면
> 지역과 품목에 관계없이 제품을 생산할 수 있다.

새로운 산업은 세계경제에 1차 산업혁명만큼이나 커다란 변화를 불러일으키고 화상회의 및 문서공유 프로그램을 이용해 그 무대를 온라인으로 넓혀갈 전망이다. 인터넷에 접속하기만 하면 언제 어디서든 각종 서비스가 가능하고 머지않아 3D 프린터 기술로 지구 어디에서나 모든 제품을 만들 수 있으리라. 유리컵, 주방기구, 심지어 인공 골반까지도 말이다. 그것은 자동차와 비행기 생산, 기계공학 그리고 건축, 예술, 디자인에 사용된다. 3D 프린터 기술만 있으면 제품을 물리적으로 운반할 필요 없이 파일 전송만으로 운송이 가능해진다.

우리 부부는 건강한 신체를 타고났다는 사실에 늘 고마워한다. 덕분에 큰 걱정 없이 외지고 낙후된 지역까지 방문할 수 있었기 때문이다. 물론 앞으로는 가난하고 낙후된 지역에서도 의료 서비스를 걱정할 필요가 없을 것이다. 원격진료로 어디서나 세계적인 수준의 의료 서비스를 받게 될 전망이니 말이다.

2012년 미국 디지털 의학 전문기업 프로테우스가 새로운 센서를 생산했다. 모래알만큼 작고 복용 가능한 이 센서는 체내에서 몸 상태를 외부로 전송하는 기능을 한다. 센서가 보낸 정보를 휴대전화로 전송받은 뒤 인터넷을 통해 다시 의사에게 전송하면 원격진료를 받을 수 있다. 이 기술 개발로 진료와 치료의 자동화가 가능해졌다. 원격의료가 우리 사회와 경제에 얼마나 큰 변화를 가져올지 상상할 수 있겠는가. 의료 수준이 낮은 국가에서는 의료자원이 부족해 병원에 가려면 몇 시간이나 이동해야 하는 일이 비일비재하다. 가령 아프리카 국가는 대부분 의사 한 명당 환자 수가 1000명에 달한다. 그러나 이 기술을 이용하면 아프리카 국가의 의료 수준을 획기적으로 개선하고 의료비용도 크게 줄일 수 있다.

예전에 우리는 중국 시짱 자치구의 라싸에 있는 티베트병원을 견학한 적이 있는데 그 병원에서는 전문가들이 온라인을 통해 환자를 원격진료했다. 당시 한 의사가 우리에게 한 시간 반 동안 티베트 전통의학과 관련해 종합적인 치료 방식을 설명해주었다. 라싸 일정이 이틀만 더 길었더라도 우리는 아마 그 병원에서 건강검진을 받았을 것이다. 수 세기에 걸쳐 형성된 훌륭한 전통을 소중히 여기는 것도 중요하지만 동시에 비효율적인 경제구조를 새롭게 바꾸는 것도 필요하다.

우리의 친구 로언 깁슨Rowan Gibson은 세계적인 혁신 전문가로 아프리카 국가를 자주 방문해 그들이 혁신 능력을 어떻게 유지하는지 직접 관찰하고 연구한다. 그는 우리에게 "케냐가 휴대전화 애플리케이션 및 서비스 분야에서 핀란드보다 더 큰 성과를 거두었다"라고 말했다. 개발도 상국의 젊고 활기 넘치는 젊은이들은 IT 기술을 이용해 창업하는 것은 물론 애플리케이션 개발로 인프라가 부족한 지역에 필요한 서비스를 제공함으로써 수백만 명이 빈곤에서 탈출하도록 돕고 있다. 같은 제품도 오프라인보다 온라인에서 구매하는 것이 더 저렴하기 때문에 많은 사람이 그들의 제품을 구매한다. 소규모 혁신기업들은 기술 혁신으로 생산력을 빠르게 전환하는 강점을 활용해 융통성이 부족한 대기업에 비해 더 강한 경쟁력을 보이고 있다.

비즈니스 분야는 이미 글로벌화를 실현했으므로 경제와 문화를 유연하게 결합해 보다 가능성이 큰 방법들을 고안해야 한다. 우리는 다문화 경영 Cross Cultural Management 전문가 스티븐 라인스미스 Stephen Rhinesmith 와 공동 연구를 진행하며 자주 도움을 받는다. 인간의 사고방식 변화에 대해 40년 넘게 연구해온 스티븐은 "국제화된 사고방식을 타고나는 사람은 없다"라고 말했다. 그는 약 20년간 국제문화교류단체인 AFS에서 교환 유학 업무를 담당했는데 당시 60개국 고등학생 10만 명 정도의 교환 유학을 성사시켰다. 스티븐에 따르면, 현지 가정에서 함께 거주하는 홈스테이를 선택한 학생이 상대적으로 더 국제화된 시각을 얻는다. 그들은 귀국해서 예전의 생활 방식으로 돌아가도 유학을 통해 얻은 국제화된 사고방식을 그대로 유지한다.

우리는 스티븐과 마찬가지로 젊은이들이 새로운 사상을 흡수하려면 기초 교육부터 받아야 한다고 생각한다. 만약 그런 교육을 받을 여건이 마련되지 않는 상황에서 같은 효과를 거두려면 환경을 바꿔야 한다. 지금은 인터넷과 디지털 기술 덕분에 자기 집, 자기 방에서도 환경을 바꾸는 것이 가능하다.

디지털 혁명으로 신흥경제국에서도 성공한 IT 기업이 속속 탄생하고 있다. 가령 엠페사, 파가, 콩가, 주미아 같은 신흥경제국 기업은 서방 세계에도 잘 알려져 있다. 중국의 바이두, 알리바바, 텐센트 등도 세계인의 주목을 받고 있다. 그들의 성공 비결은 더 젊고 국제적인 시각을 갖춘 소비자의 수요를 충족시켰다는 데 있다. 역사를 통틀어 인류에게 이처럼 커다란 기회가 찾아온 적은 없었다. 아시아, 아프리카, 라틴아메리카의 일부 가난하고 사회가 불안정한 지역에서도 고정관념을 버리고 시야를 넓히면 얼마든지 새로운 생활을 누릴 수 있다.

변화하는 소비 풍경 ─────────────────────── •

과거 수십 년 동안 주요 소비층은 서방 국가와 일본에 집중되어 있었고 우리는 그런 구도에 익숙해져 이 문제를 깊이 인식하지 못했다. 만약 향후 10년간 신흥시장의 한 해 소비액이 30조 달러까지 증가한다면 세계에 어떤 변화가 일어날지 예상해본 적이 있는가? 아마 거의 없을 것이다. 이는 그 변화에 어떻게 대비할 것인지에 대해서도 마찬가지다.

전 세계 중산층 인구는 2012년 20억 명에서 2030년에 49억 명까지 증가할 전망이다. 이 중 64퍼센트가 아시아 인구로 이 지역의 중산층 소비액이 전 세계 중산층 소비액의 40퍼센트를 차지할 것으로 보인다. 반면 유럽과 미국의 중산층 인구가 전 세계 중산층 인구에서 차지하는 비중은 2012년 50퍼센트에서 2030년 22퍼센트까지 급격히 감소할 것으

로 예측된다.[5]

역사적으로 유례없이 전 세계 중산층이 확대되고 있다.

중산층에 대해 논하려면 먼저 중산층을 여러 등급으로 구분해야 한다. 브루킹스연구소Brookings Institute는 미국 중산층의 최저 소득 기준을 연소득 4만 1000달러로 정했고, 미국 보건복지부HHS는 4인 기준 한 가구의 소비액이 2만 3850달러 미만인 경우를 빈곤 가정으로 정의했다. 하지만 이 정도 소득이면 신흥경제국에서는 중산층으로 분류된다. 국가뿐 아니라 도시와 농촌 간에도 중산층의 기준에는 커다란 차이가 있다.

라틴아메리카, 아시아, 아프리카의 소비자는 소비 방식도 각기 다르다. 라틴아메리카 사람들은 순수한 생계비 지출 외에 외식이나 친구와의 모임, 여가활동 참여 등에 적잖은 금액을 지출한다. 브라질 사람들의 소득 대비 저축률은 10퍼센트에 불과하지만 중국인은 소득의 3분의 1을 저축한다. 중국인은 남부가 상대적으로 지출이 많긴 해도 전반적으로 저축을 중시한다. 소비 행태가 지역에 따라 다르긴 하지만 어쨌거나 중국인의 전체적인 생활수준은 과거에 비해 훨씬 높아졌다.

우리에게는 오랫동안 풀리지 않은 한 가지 궁금증이 있었다. 중국에서 고가 제품을 파는 명품매장에 가보면 손님보다 점원이 더 많다. 손님보다 점원이 더 많은데 그들은 어떻게 매장을 유지하는 걸까? 그 해답을 알려준 사람은 우리의 친구인 홍콩 부동산개발업체 헝룽그룹의 천치쭝陳啓宗 회장이다. 중국에서 쇼핑센터를 여러 개 운영하는 천치쭝 회장은 이런 말을 들려주었다. "중국의 부자들은 매장에서 물건을 사는 걸 좋아하지 않아요. 먼저 매장을 한 바퀴 돌아본 뒤 매장 직원을 집으로 불러 물건을 구매하지요."

중국의 수많은 부자는 천치쭝 회장이 상하이에 지은 헝룽플라자나 우리가 베이징에 머물 때마다 묵는 리츠칼튼호텔 바로 옆의 레인크로포드 백화점 같은 쇼핑센터를 즐겨 찾는다. 베이징 리츠칼튼호텔이 2006년 10월 영업을 시작한 이후 우리는 해마다 그 호텔에서 몇 주씩 투숙했다. 매년 같은 호텔에 투숙하는 동안 우리는 조용한 변화를 감지했는데 그것은 바로 투숙객의 국적이 달라졌다는 점이다. 처음에는 투숙객의 80퍼센트 이상이 우리 같은 외국인으로 대개는 유럽인이나 미국인이었지만, 요즘에는 그 비율이 완전히 바뀌어 투숙객의 80퍼센트가 중국인이다.

〈로이터통신 Reuters〉의 조사에 따르면, 신흥경제국의 백만장자가 늘어나면서 세계적으로 부자 인구가 증가하고 있다.[6] 향후 20년간 새로 증가하는 중산층 인구는 대부분 인도인과 중국인일 것이다. 2030년까지 인도와 중국 두 나라에서 소득이 중간 이하인 인구 비중은 70퍼센트나 감소할 것으로 예상된다. 〈로이터통신〉은 이 같은 조사 결과를 발표하며 중국과 인도의 빈곤층 감소로 세계 빈곤층 인구도 계속 줄어들 것으로 전망했다.

1990~2010년 선진국 간 무역액이 전 세계 전체 무역액에서
차지하는 비중은 54퍼센트에서 28퍼센트로 감소했다.

전 세계 물동량은 계속 증가하겠지만 이동하는 상품의 목적지는 선진

국에서 신흥경제국으로 바뀔 것이다. 우리의 친구이자 우리 책의 독일어판 출판사 대표인 볼프강 스톡Wolfgang Stock은 페루와 멕시코에서 오랫동안 거주했는데 우리에게 이렇게 말했다.

"과거에는 독일인이 라틴아메리카에 가서 휴가를 즐겼지만 지금은 반대로 라틴아메리카 사람들이 유럽에 와서 소비를 한다. 나는 노이슈반슈타인 성을 손바닥 들여다보듯 잘 안다. 라틴아메리카 친구들이 독일에 올 때마다 데려가서 안내를 했기 때문이다. 두 분은《마인드 세트》에서 '유럽이 과감하게 개혁하지 않으면 부유한 외국 관광객들이 즐겨 찾는 역사 테마공원으로 전락할 것'이라고 경고했다. 요즘 라틴아메리카에 갈 때마다 그 경고가 사실임을 실감한다."

그렇다고 우리가 콜롬비아 수도인 보고타에서 맛본 개미참치정식이나 중국 쓰촨성에서 완곡하게 거절한 전갈구이, 멕시코에서 먹어본 송충이 페이스트리가 세계적으로 유행할 거라고 여기는 것은 아니다. 그러나 해외여행 증가로 이제 아시아의 슈퍼마켓에서 유럽 식품을 구입하는 것은 흔한 일이 됐다. 중국인은 치즈를 별로 좋아하지 않지만 중국의 대형 마트에 가면 다양한 치즈가 구비되어 있고, 상파울루의 레스토랑 라이게라La Higuera는 손님에게 오스트리아산 벨트리너 와인을 제공한다.

이런 변화는 신흥경제국들의 세계무역 참여도가 높아지면서 새롭게 나타난 현상이다. 수입이든 수출이든 신흥경제국들의 참여도가 과거에 비해 크게 높아졌다. 현재 전 세계 상품 유통량의 40퍼센트가 신흥경제국에서 출발하고 있으며 그중 60퍼센트는 다른 신흥경제국이 그 목적지다.[7] 글로벌 서던벨트는 가속화되는 글로벌 흐름에 동참하고 있다.

과거 수십 년 동안 중국의 경제성장은 대부분 노동집약형 산업 발전에 의지했다. 중국이 세계 2위 경제대국으로 부상한 것은 임금 상승과 생산성 향상에 힘입은 바 크다. 하지만 과거의 성공 방식을 계속 유지할 경우 신흥경제국들의 각광받는 벤치마킹 대상인 중국도 높은 경제성장률을 유지하기는 어렵다. 물론 중국은 이미 이 점을 정확히 인식하고 있다.

자오치정趙啓正 전前 중국 국무원 신문판공실 주임은 6년 전《푸둥의 기적浦東奇迹》이라는 책에서 다음과 같이 말했다. "가장 우수한 인재를 얻는 것은 최첨단 과학기술을 보유한 것과 같고, 우수한 인적자원을 보유하는 것은 나날이 치열해지는 국제 경쟁에서 주도권을 잡은 것과 같다."

중국은 IT, 바이오, 로봇, 의약 등 지식집약형 산업이 미래를 주도하고 도시 간 경쟁이 치열해질수록 가장 창의적이고 가치 있으며 국제화된 하이테크 클러스터를 구축해야 한다는 사실을 분명히 알고 있다. 맥킨지 글로벌연구소McKinsey Global Institute에 따르면, 지식집약형 상품의 무역액 증가 속도는 노동집약형 상품의 무역액 증가 속도의 1.3배에 이른다.[8]

블루칼라가 점점 설 자리를 잃고 있다.

앞으로 나타날 산업혁명, 즉 산업디지털화 혁명은 경제발전을 위한 기회이지만 한편으로 사회를 위기에 빠뜨릴 수도 있다. 전 세계적으로 비기술 인력에 대한 수요가 줄어들고 있고 신흥경제국은 이런 현상이 특히 심하다. 인재가 서비스산업으로 몰리는 현상도 심해지고 있다. 그러므로 각국 정부는 생산 방식의 디지털화에 발맞춰 기초교육과 고등교육, 직업교육 시스템을 개혁해야 한다. 장기적인 발전 계획을 수립할 때는 선거 주기의 영향을 받지 않는 독재정권이 오히려 더 큰 융통성을 발휘해 시시각각 변화하는 상황에 신속하게 대응할 수 있다. 경제발전과 국민의 생활환경 개선이라는 전제조건을 충족시키기만 한다면 세계 흐름에 최대한 유연하게 대처해야 한다.

세계적으로 중산층 인구가 급증하고 생활수준이 전반적으로 향상되면서 향후 수십 년간 하이테크 제품 소비가 계속 증가할 것으로 보인다. 물론 이것은 글로벌 서던벨트에 속하는 국가에 매우 유리하게 작용할 것이다.

> 미국과 유럽의 인재들은 여전히 발전 잠재력이 크지만
> 정치체제가 그들의 발전을 저해하는 걸림돌로 작용하고 있다.

경제학자 블랑코 밀라노비치 Branko Milanovic 전 존스홉킨스대학 교수는 "부자와 중국 중산층이 세계화의 승자가 되고 미국 중산층이 패자가 될 것"이라는 결론을 내렸다.[9] 이것은 미국인을 섬뜩하게 만들 만한 이야기지만 그의 결론은 우리가 보고 들은 것과 거의 일치한다.

과거에 진취적으로 발전을 꾀하던 미국인이 요즘에는 망설이거나 소극적인 태도를 보이고 있다. 희망이 있어야 원동력이 생기는 법인데 지금 미국의 중산층은 희망을 잃어버렸다. 서방 국가들은 정치체제를 신속히 개혁하고 세계의 변화에 적응해야 하지만, 당파 싸움과 내부 장벽 때문에 개혁을 요구하는 목소리가 힘을 얻지 못하고 있다. 국민이 발전하고 성과를 내도록 도와야 할 정치계가 오히려 개혁의 걸림돌로 전락했다는 말이다.

새로운 소비층이 부상하고 있다.

물론 미국인에게는 상황을 반전시킬 잠재력이 있다. 신흥국에서 소비층이 급증하는 것은 분명 미국에 커다란 호재다. 2025년이면 세계 소비인구가 18억 명으로 증가하는데 특히 신흥시장 소비인구 증가세가 두드러질 것으로 보인다. 신흥시장 소비인구의 한 해 소비액도 12조 달러에서 30조 달러로 급증할 것이다.[10] 이런 변화는 소비와 투자의 흐름에 커다란 영향을 미치고 소비시장과 소비습관을 빠르게 변화시킬 가능성이 크다. 거대한 변화의 물결이 가장 먼저 몰려들 곳은 바로 여행업이다. 비즈니스 출장이든 여가형 관광이든 모두 수요가 급증하고 새로운 시장 및 수혜자가 탄생할 가능성이 크다. 그 변화의 조짐은 이미 여행업 곳곳에서 나타나고 있다.

글로벌 서던벨트가 항공업의 새로운 중심으로 떠오르고 있다.

오랫동안 유럽이 항공교통의 중심이었지만 지금은 세계 항공교통의 주요 노선이 바뀌었다.[11] "21세기 들어 세계 항공업의 중심이 동쪽으로 이동하고 있다. 두바이, 베이징, 이스탄불 등이 항공업의 새로운 중심으로 떠오르며 해마다 여행객이 늘어나고 있다. 반대로 파리, 런던, 프랑크푸르트 등은 항공업 중심으로서의 지위를 상실하고 있다.

국제항공협회가 발표한 전 세계 여객처리량 증가율 순위 1~50위를 살펴보면 쿠알라룸푸르가 19.1퍼센트로 1위, 두바이가 15.2퍼센트로 2위를 차지했다. 그러나 여객 절대운송량으로 비교하면 두바이가 쿠알라룸푸르보다 훨씬 더 많다. 이것이 끝이 아니다. 두바이는 알마크툼 국제공항 확충 사업을 완료하는 2020년이면 한 해 여객 처리 능력이 연인원 1억 6000만 명까지 늘어날 것으로 기대하고 있다. 하루 44만 명의 여객을 처리한다는 이야기다. 두바이공항은 불과 10년 만에 런던 히스로 공항을 제치고 세계에서 가장 분주한 공항으로 우뚝 섰다.

옥스퍼드대학 산하 연구기관 옥스퍼드이코노믹스는 항공업을 통해 두바이에 25만 개의 일자리가 새로 창출될 것으로 전망했는데, 항공업 생산액은 이미 두바이 GDP의 28퍼센트를 차지하고 있다. 여객처리량 증가율 순위 1~10위에 서방 국가의 공항은 단 한 곳도 포함되지 않았다.

10년 전만 해도 이스탄불을 경유해 베이징에 간다는 것은 상상도 못한 일이었지만, 지금 우리는 베이징에 갈 때 이 노선을 선택한다. 그 이유는 간단하다. 독일 루프트한자항공의 비즈니스클래스는 좌석이 눕혀지지 않지만 항공권 가격은 터키항공의 두 배나 되기 때문이다. 더구나 터키항공의 비즈니스클래스 좌석은 완전히 눕혀진다. 게다가 이스탄불공항의 탑승동에 입점한 오스트리아의 유명한 체인레스토랑 도앤코Do&Co에서 맛있는 음식을 먹을 수 있다. 터키계 오스트리아인인 이 레스토랑 경영자가 오스트리아식 커피전문점인 데멜Demel도 함께 운영하는 덕분에 우리는 이스탄불공항의 탑승동에서 오스트리아의 정통 식사와 커피를 즐길 수 있다.

이스탄불공항은 지금도 세계 최대 공항으로 발돋움하기 위해 쉬지 않고 노력한다. 반국영인 터키항공과 이 거대한 공항 건설 프로젝트 뒤에는 레제프 타이이프 에르도안Recep Tayyip Erdoğan 터키 대통령이 있다. 에르도안 대통령은 터키 〈아나톨리아통신Anatolia〉과의 인터뷰에서 "항공업을 통해 터키의 경제발전을 촉진하는 한편 교통운송 환경을 개선하길 바란다"라고 말한 바 있다. 터키항공은 3년 연속 '유럽 최우수 항공사'로 뽑혔고 111개국 279개 공항을 잇는 항로를 개척했다. 승객 수도 2003년 1000만 명에서 2015년 6320만 명까지 증가해 2015년 루프트한자항공의 7920만 명에 점점 더 가까워지고 있다. 항로 수로 따져도 세계에서 다섯 손가락 안에 드는 규모다.

에르도안 대통령은 2023년까지 터키를 세계 10대 경제대국으로 끌어올리겠다는 포부를 밝혔는데, 2023년은 터키공화국 건립 100주년이 되는 해다.

착륙이 아닌 경유?

세계적으로 중산층 인구가 증가함에 따라 세계 각지의 여행업 발전에 새로운 기회가 찾아왔다. 하지만 수십 년 후면 북부에 위치한 국가들은 항공기의 목적지에서 비행 경유지로 지위가 추락할 것이다.

2000~2012년 북미 항로는 21퍼센트, 유럽 항로는 51퍼센트 증가하는 데 그쳤지만 같은 기간 중동의 항공 업무량은 무려 346퍼센트나 증가했다. 보잉에 따르면, 2013~2032년 서방의 주요 지역 항공기 수요는 1만 4619대, 아시아 태평양 지역과 라틴아메리카·아프리카·중동의 항공기 수요는 1만 9400대에 달할 것으로 예상된다.[12] 또한 신흥경제국의 급부상에 힘입어 상품의 유통 속도가 빨라지고 효율도 높아져 2032년까지 항공화물 운송량이 매년 5.0퍼센트씩 증가할 것으로 전망된다.

2016년 아태지역 항공여객 처리량은 전 세계 항공여객 처리량의
33퍼센트를 차지해 세계 최대 시장이 될 것으로 보인다.

국제항공운송협회IATA는 2014~2015년 북미의 해외관광객 증가율이
세계 최저 수준에 머물고 사실상 매년 4.3퍼센트씩 줄어들 것으로 전망
한 바 있다.[13] 양적으로든 질적으로든 전망은 크게 달라지지 않는다.

영국의 항공 서비스 전문 리서치기관 스카이트랙스Skytrax가 2013년
발표한 순위를 보면, 서방 항공사 가운데 가장 성적이 좋은 항공사는
11위를 차지한 루프트한자항공이다. 과거 명성이 자자했던 루프트한자
항공이 싱가포르항공과 아랍에미리트항공에 추월당하고 심지어 지명
도가 낮은 인도네시아의 가루다항공보다 순위가 뒤처진 것이다. 탈렙
리파이Taleb Rifai 유엔세계관광기구UNWTO 사무총장은 "여행업이 새로
운 시장 환경에 놀라운 적응력을 보여주고 있다"라고 말했다.

오스트리아에서 살고 있는 우리는 스타얼라이언스 항공동맹 소속 항
공사를 주로 이용한다. 하지만 스타얼라이언스의 항공 마일리지 공제
기준이 회원들에게 불리하게 바뀌고 마일리지로 보너스 항공권을 구매
할 때도 징수하는 공항세가 너무 비싸 제 돈을 주고 일반 항공권을 구매
하는 것과 큰 차이가 없다. 이 때문에 두바이처럼 그 자체로 매력적인 공
항을 경유하는 것이 보다 현실적인 선택이다.

맥킨지글로벌연구소에 따르면, 신흥경제국이 전 세계 단거리 운송 분
야에서 차지하는 비중이 갈수록 커지고 있다.[14] 신흥경제국의 출발여객
수가 전 세계 출발여객수에서 차지하는 비중이 2000년의 25퍼센트에
서 2010년에는 33퍼센트까지 증가했고, 도착여객수가 전 세계 도착여

객수에서 차지하는 비중은 2000년의 44퍼센트에서 2010년에는 51퍼센트까지 증가했다.

호텔업과 여행업의 목적지

기업가와 중산층 인구가 증가할수록 새로운 비즈니스 기회도 늘어나고 있다. 〈파이낸셜타임스 *Financial Times*〉에 따르면, 아프리카가 세계 호텔업의 새로운 경쟁지로 떠오르고 있다.[15] 이 신문은 탐험이나 사냥을 원하는 관광객에 관한 것이 아니었다. 유엔세계관광기구에 따르면, 2012년 5000만 명이던 이들 관광객이 2020년이면 8500만 명까지 증가할 전망이긴 하지만 말이다.

> 과거 10년간 이름이 거의 알려지지 않았던 도시와 지역이
> 국제 관광 및 비즈니스 여행업계에서 한자리를 차지하게 됐다.

최근 세계적으로 여행객이 빠르게 증가함에 따라 아코르, 메리어트, 베스트웨스턴, 켐핀스키 등 다국적 호텔체인의 목표 고객층도 이들로 바뀌고 있다. 비즈니스 여행객은 아프리카 대륙에서 점점 늘어나고 있는 상업화된 도시들 사이를 분주하게 누비고 있다.

차드공화국의 수도인 은자메나나 앙골라의 수도 루안다는 그 이름조차 들어보지 못한 사람이 많을 것이다. 그런데 〈파이낸셜타임스〉가 음식, 교통, 숙박 등 여러 가지를 고려해 세계에서 비즈니스 여행비용이 가

장 비싼 다섯 개 도시를 선정한 결과 이 두 도시가 여기에 포함됐다. 믿기 힘들겠지만 루안다에서 하루 숙박비 500달러 이하의 호텔을 찾는 것은 결코 쉬운 일이 아니다. 앙골라 같은 몇몇 나라는 이미 호텔업의 발전 가능성을 알아채고 정부 차원에서 호텔업에 투자할 계획을 세웠다.

최근 몇 년간 가나, 나이지리아, 가봉, 남아공, 케냐에서 호텔업이 성장해 침상이 1만 3000개나 증가했다. 이것은 많은 수치이긴 하지만 아프리카대륙 곳곳에 흩어진 탓에 호텔업이 발전하기에는 아직 제약이 많다. 아프리카 각국의 법률이 제각각 다르다는 점도 하나의 문제점이다. 소비인구가 아프리카 전체 소비인구보다 30퍼센트나 많은 중국은 중앙정부가 통일된 시장 규칙을 정해놓았지만 아프리카는 50개가 넘는 국가의 법률 및 규정이 제각각이다.

케냐에서는 농업에 이어 여행업이 두 번째 주력산업이다. 세계여행관광협회가 발표한 자료에 따르면, 여행업은 케냐의 GDP 중 14퍼센트를 차지하고 전체 일자리의 12퍼센트를 창출하고 있다. 케냐의 여행업에 투자한 국제자본 중에는 물론 중국 자본도 포함되어 있다. 〈차이나데일리China Daily〉는 "케냐의 여행업이 구조조정을 겪고 있으며 중국의 투자가 찬사를 받고 있다"라고 보도한 바 있다.[16]

쇼핑업의 목적지 ─────────────────────────────── •

2013년 전 세계 여행객은 전년에 비해 5200만 명이나 증가했다. 서방국가들이 전반적으로 경제 불황을 겪고 있는 동안에도 여행업은 예상을 뛰어넘는 높은 성장세를 기록한 것이다. 상대가치로 계산할 때, 중국은 2012년 세계 최대 수출국이었고 세계 각국에 큰 영향을 미쳤다. 작은 나라인 오스트리아에도 중국의 영향력이 구석구석 침투했다.

빈에서 동쪽으로 몇 킬로미터 떨어진 곳에는 디즈니랜드처럼 생긴 대형 아웃렛이 위치해 있다. 그곳에서는 구찌, 프라다, 아르마니, 에스까다, 토즈, 버버리 등의 매장이 전깃줄에 나란히 앉아 있는 참새들처럼 일렬로 죽 늘어서 있다. 정상가보다 20~50퍼센트 저렴한 가격에 제품을 판매하는 이 아웃렛은 개장하자마자 손님들이 문전성시를 이룬다. 그들 중에는 오스트리아인 외에 이웃 국가인 불가리아, 체코, 슬로바키아에서 온 사람들도 많이 있다.

그런데 요즘에는 예전에 들리지 않던 새로운 언어가 아웃렛을 거의 점령하다시피 하고 있다. 바로 중국어다. 대형 버스에서 우르르 쏟아져 내린 중국인 쇼핑객은 몇 시간 뒤 구찌, 프라다, 아르마니, 에스까다, 토즈, 버버리 등 각종 브랜드의 크고 작은 쇼핑백을 양손에 잔뜩 들고 다시 차에 오른다. 피곤한 줄도 모르고 흥분 상태로 '사냥'을 마친 그들은 겨우 이성을 찾은 뒤 전리품들의 라벨을 자세히 들여다본다. 그제야 구두, 셔츠, 외투, 양복 등 거의 모든 제품에 '메이드 인 차이나'라는 선명한 글씨가 찍혀 있음을 발견한다.

이 광경을 보고 중국이 중국 경제는 물론 오스트리아, 이탈리아, 영국, 프랑스 경제에 기여한다고 생각하는 이들도 있다. 중국에서 만든 제품을 오스트리아에서 판매하기까지 그 제품이 거치는 각 단계마다 다양한 사람들이 맡은 역할을 수행하며 계획자, 생산자, 최종소비자가 함께 구워낸 케이크를 조금이라도 얻어먹으려고 애쓴다.

다국적기업의 제품을 취급하는 세계적인 명품 쇼핑센터들은 비록 비슷비슷하지만 현지 소비자의 요구에 부응하기 위해 노력하고 있다. 오늘날에는 소비자들이 더욱 다양하고 지역도 분산되어 있기 때문이다. 가령 신흥경제국의 소비자들은 포화시장 소비자들과는 다르다. 따라서

중국의 1인당 소득수준 :

연도	1인당 소득수준
1990년	310달러
2000년	950달러
2010년	4450달러
2013년	6190달러

1990년과 2011년 각 소비재 제품의 100가구당 보유 비율 비교 :

제품	1990년	2011년
자가용	0	18.6%
오토바이	1.9%	20.1%
전자레인지	0	60.0%
카메라	19.2%	44.5%
유선전화	0	69.6%
컴퓨터	0	81.9%
세탁기	78.4%	97.1%
온수기	0	89.0%
냉장고	42.3%	97.2%
컬러TV	59.0%	135.2%
휴대전화	19.5%(2000)	205.3%

새로운 도시에 자리 잡은 수천 개의 대기업은 물류망과 교류망을 새로 구축하고 여러 관련 기업과 새로운 비즈니스 문화에 적응해야 한다.

중국의 1인당 GDP 증가 추세와 중국인의 소비습관을 비교해보면 다른 신흥경제국의 소비행태 변화 추세에 대해서도 유용한 결론을 내릴 수 있을 것이다. 중국의 1인당 소득수준은 안정적인 증가세를 보이고 있다. 중국의 소비자는 지역, 도시마다 소비습관에 차이가 있고 도시와 농촌 간에도 차이를 보인다. 이처럼 글로벌 서던벨트에 속하는 각 나라에는 공통점이 있지만 자국만의 독특한 발전 방식에 따른 차이점도 존재한다.

비즈니스의 목적지

2014년 세계경제포럼의 가장 큰 주제는 브릭스BRICS 국가의 '중년위기론'이었다. 그러나 이것은 매우 부적절한 주제였다. 브릭스 국가의 발전이 아직 사춘기에도 도달하지 못한 상황에서 중년의 위기를 논하는 것 자체가 어불성설이기 때문이다.

인도인은 나렌드라 모디Narendra Modi 총리가 당선된 후 잠시 희열감에 젖었으나 자국이 '성숙해지려면' 아직 갈 길이 멀다는 사실을 금세 깨달았다. 브라질도 경제 불황의 터널에서 빠져나오지 못해 깊숙이 잠들어 있는 거대한 발전 잠재력을 아직 발휘하지 못했다. 러시아는 자원이 풍부하지만 국민은 그 자원의 혜택을 제대로 경험하지 못했다. 컨설팅회사 액센츄어가 기업의 고위임원 1000명을 대상으로 실시한 설문조사에 따르면, 응답자의 60퍼센트가 "브릭스 국가에서 철수해 그보다 더 빠르

게 발전하는 시장에 투자할 계획"이라고 대답했다.[17]

발전의 관점에서 브릭스 국가에는 아직 불확실한 요소가 많다. 그중 가장 큰 문제가 바로 개혁이 속도를 내지 못하고 있다는 점이다. 에너지 산업이 호황을 누리자 많은 국가가 개혁을 미루고 경제적 이익을 얻는 데 주력했기 때문이다. 대표적으로 브라질, 러시아, 남아공이 에너지 가격 상승의 수혜자였으나 에너지 가격이 하락세로 돌아서자 수많은 현실적인 문제가 그들 앞에 닥쳤다.

> 성장은 끊임없이 변화하는 과정이며 개발도상국에서
> 선진국으로 발전하는 과정도 다를 바 없다.
> 즉 이것은 당연한 것이 아니라 행동을 통해 창조해낸 결과다.

일부 신흥경제국은 환희의 노래를 부르며 빠르게 전진하고 있지만 방향이 잘못됐다. 그럼에도 불구하고 우리는 향후 수십 년 동안 그들 나라의 위상이 크게 높아질 거라 확신하면서 글로벌 서던벨트에 속하는 모든 국가를 관심 있게 지켜보고 있다.

유럽 500대 기업 매출액 중 3분의 1은 신흥시장에서 창출되고 있고 그 비중은 계속 늘고 있다. 모건스탠리에 따르면, 이는 1997년의 세 배 수준이다.[18] 오스트리아 철강기업 푀스트알피네의 볼프강 에더 Wolfgang Eder 회장은 2014년이 '용의 해'임을 강조했다. 어쩌면 이것은 아시아 문화권에서 길조로 여기는 용의 해를 맞아 용이 구름 속으로 날아오르듯 발전하기를 바라는 마음을 내비친 것인지도 모른다. 2020년 북미와 유럽 시장 매출액이 각각 30억 유로와 25억 유로에 이를 것으로 전망하는 퓌스트알피네는 2020년까지 중국에 공장 15개를 새로 짓고 매출액을 현재의 다섯 배까지 끌어올린다는 목표를 세우고 있다. 종합생활용품 기업 유니레버도 매출액의 절반을 신흥시장에서 거둬들이고 있다.

프랑스의 2위 자동차기업 르노는 2013년 파트너사인 닛산 덕분에 겨우 적자를 면할 수 있었다. 현재 중국 시장에 진출한 르노는 2017년 중국에서 창출한 영업이익이 전체 거래량의 5퍼센트를 차지할 것으로 기대하고 있다. 이밖에 다른 기업들도 나날이 증가하는 글로벌 서던벨트 국가 소비자들을 공략하기 위한 전략을 마련하고 있다.

> 2025년이면 〈포천Fortune〉 선정 글로벌 500대 기업 중
> 신흥경제국 기업의 비중이 지금의 25퍼센트에서 대폭 늘어나
> 45퍼센트가 될 것으로 예상된다.

세계의 부는 이미 신흥시장으로 이동하고 있다. 하지만 2013년 〈포천〉 글로벌 500대 기업 가운데 가장 많은 수를 차지한 것은 미국 기업이었다.[19] 중국 기업은 2012년 79개에서 95개로 증가했으나 미국이나 유럽, 일본 기업들과 달리 중국의 경우 국영기업이 많다. 여하튼 2025년에는 글로벌 500대 기업 중 신흥경제국 기업의 비중이 지금의 25퍼센트에서 대폭 늘어나 45퍼센트가 될 것으로 예상된다.

〈포브스Forbes〉가 선정하는 '세계에서 가장 혁신적인 기업 순위' 변화도 매우 흥미롭다.[20] 2013년 1~10위를 차지한 기업 가운데 여섯 개가 미국 기업인데 이 중 1~4위가 모두 미국 기업이고 5위는 영국 기업이었다. 중국 바이두가 6위를 차지하긴 했지만 이 순위는 중국이 혁신적인

국가로 발돋움하려면 아직 갈 길이 멀다는 것을 보여준다.

> 향후 10년간 새롭게 설립되는 시장가치 10억 달러 이상 기업 중
> 70퍼센트가 신흥경제국 기업일 것이다.

현재 10억 달러 이상의 영업이익을 내는 기업이 전 세계에 8000여 개에 달하는데 이 가운데 약 6000개가 선진국 기업이다. 맥킨지글로벌연구소에 따르면, 향후 10년간 소비재 상품과 서비스 수요가 증가함에 따라 영업이익 10억 달러가 넘는 기업이 7000개가량 증가하고 그중 이머징마켓emerging markets 기업이 70퍼센트를 차지할 것으로 예상된다.[21]

2013년 전 세계에서 영업이익 1000억 달러가 넘는 기업이 약 50개였고 이들 기업의 본사는 30개 도시에 흩어져 있었다. 신흥경제국이 부상할수록 이들 기업은 더 많은 도시에 지사나 사무소를 개설할 전망이고 그 숫자가 200~300개에 이를 것으로 보인다. 회사 하나가 새로 생길 때마다 식당, 소매, 미용, 법률 서비스, 의료위생 등이 유발하는 경제적 가치는 매우 크다.

이머징마켓 발전은 선진국에도 호재로 작용한다. 이머징마켓과 선진국이 윈윈 효과를 내며 양쪽 모두 경제가 발전하기 때문이다. 특히 신흥경제국에 대한 수출 증가는 선진국 경제 회복에 커다란 도움을 준다. 대부분의 국가들이 부채가 GDP의 50퍼센트 이하인 양호한 재정 상태를 유지하고 있으나, 미국은 이미 재정적자가 GDP를 초과했고 일본의 재정적자는 그보다 더 심각해 GDP의 두 배가 넘는다.

신흥경제국은 여전히 외국자본의 직접투자 유치에 관심이 많지만 유

럽 국가들처럼 경제 상황이나 실업률, 발전 잠재력이 제각각 다르고 투자 리스크와 전망도 나라마다 천차만별이다. 이에 따라 한 국가 내에서도 지역이나 분야에 따라 투자의 성패가 달라질 수 있다.

> 투자할 나라에 대해 진정으로 알고 싶다면 반드시
> 그 나라의 문학작품을 읽어야 한다.

새로 개업한 상점을 둘러본 뒤 그 상점이 오래지 않아 문을 닫을 거라고 예상했던 적이 있는가. 만약 있다면 그 이유는 보통 판매하는 상품이 현지 수요와 무관하기 때문일 것이다. 우리가 사는 동네에는 어떤 상점이 들어서든 오래가지 못하고 폐업하는 자리가 있다. 우리는 그 상점의 주인들이 어째서 현지 수요도 조사하지 않고 상점을 개업했는지 궁금했다. 시장조사를 하지 않고 사업을 시작하는 것은 어리석은 일이다.

〈포천〉에서 오펜하이머 디벨로핑 마켓 펀드Oppenheimer Developing Market Funds로 370억 달러를 운용하는 펀드매니저 저스틴 레버렌즈Justin Leverenz의 인터뷰 기사를 읽었을 때도 우리는 이와 비슷한 생각을 했다.[22] 그는 신흥시장의 성장세가 단기간에 끝날 것이라는 일각의 예측에 동의하지 않았다. 마흔다섯 살로 아시아에서 10년간 거주한 이 펀드매니저는 유창한 중국어 실력도 놀랍지만 그보다 더 놀라운 건 투자자들에게 이런 충고를 했다는 사실이다. "투자할 나라에 대해 진정으로 알고 싶다면 반드시 그 나라의 문학작품을 읽어야 한다."

그가 운용하는 오펜하이머 디벨로핑 마켓 펀드는 2007년부터 줄곧 연평균 17.3퍼센트의 높은 수익률을 유지하고 있는데, 레버렌즈는 다음과 같이 말했다. "현재의 상환 능력은 1980~1990년대와 완전히 다르다. 외부 자본이 글로벌 유동성이 높은 시기에만 이머징마켓에 흘러들어간 다는 관점은 이제 구시대적인 발상이다. 전체적으로 볼 때, 신흥경제국 은 이미 국제 자본시장에서 더 이상 채무자가 아니며 그 신분이 채권자 로 바뀌었다. 개발도상국은 통화 유연성이 높고 재정적자 규모를 잘 관 리하며 은행 시스템도 상대적으로 건전하다."

그가 운용하는 펀드 가운데 투자 규모가 큰 기업 중에는 중국의 인터 넷기업 텐센트도 포함되어 있다. 그가 주식을 매입할 당시 텐센트의 시 가총액은 60억 달러에 불과했지만 현재 텐센트의 시가총액은 무려 1500억 달러에 이른다. 이런 우량기업을 찾아내는 비결이 무엇이냐는 기자의 질문에 그는 투자를 결정하기 전에 수석애널리스트 두 명과 함 께 자신이 직접 해당 지역의 산업을 자세히 연구한다고 대답했다. 그는 "이건 구글의 기업 이념과 비슷하다. 서로 아무 관계가 없어 보이는 일이 지만 그렇게 함으로써 누구도 찾아내지 못하는 연관성을 찾고 만들어낼 수 있다"라고 말했다.

이 펀드에 투자하고 싶지 않은가? 안타깝지만 이미 늦었다. 이 펀드는 더 이상 신규 투자를 받지 않고 있다.

> 비서방 경제체의 발전은 오랜 역사에서 그 뿌리를 찾을 수 있다.
> 향후 수십 년간 이머징마켓의 발전 속도가 선진국을 추월할 것이다.

서방 국가에 희소식이 될 만한 이야기도 있다. 과거 몇 년간 선진국과 개발도상국의 관계가 상호관계로 바뀌면서 혁신, 투자, 경쟁이 모두 선진국뿐 아니라 이머징마켓에서 먼저 시작되기도 한다. 양쪽에서 각각 시작된 변화가 서로에게 전해진 뒤 전 세계로 확산되는 경우도 있다. 액센츄어가 글로벌 경쟁의 새로운 판도를 분석해 발표한 보고서에 따르면, 이머징마켓에서 탄생한 기업들은 현지 수요에 맞는 혁신적인 제품을 개발한 뒤 다양한 방법과 기회를 통해 선진국 시장에 진출하고 있다.[23]

신흥경제국은 더 이상 서방 국가에 의존하지 않고 새로운 파트너십을 구축한 뒤 빠르게 발전하고 있다. 지금 우리는 국가 간의 관계 변화를 직접 눈으로 확인하고 있다. 과거에는 국가 간 등급이 엄격하게 나뉘어 있었지만 이제는 각국의 관계가 평등해지고 있으며 글로벌 비즈니스의 중심은 오히려 신흥경제국 쪽으로 기울고 있다. 〈파이낸셜타임스〉의 칼럼니스트 기드온 래치먼 Gideon Rachman은 "비서방 경제체의 발전은 오랜 역사에서 그 뿌리를 찾을 수 있다. 향후 수십 년간 이머징마켓의 발전 속도가 선진국을 추월할 것이다"라고 단언했다.[24]

중국을 제외한 전 세계 150개 신흥경제국의 2013년 GDP 총합은 미국을 제외한 37개 선진국의 GDP를 모두 합친 것보다 많았다.[25] 중국과 미국의 GDP는 각각 속한 그룹의 전체 GDP 가운데 30퍼센트를 차지했다. 모든 신흥경제국을 한꺼번에 계산할 경우 개별 국가의 상황을 설명하기 어렵고 한 나라나 일부 지역의 산업 발전 상황을 자세히 분석할 수도 없다. 이는 한 학교 전교생의 평균 시험점수가 학생들 개개인의 성적을 대표하지 못하는 것이나 마찬가지다. 각 반의 평균 시험점수가 제각각 다르다는 것, 반마다 우등생과 유급생이 섞여 있다는 것은 깊이 살펴보아야 알 수 있다.

신흥경제국마다 분명한 차이점과 공통점이 존재하지만 너무 통계수
치에 의존하면 깊이 생각하거나 살펴보기가 어렵다. 그 대표적인 사례
가 최근의 유럽이다. 독일 경제는 호황을 누리고 있고 그리스 경제는 최
악의 곤경에 빠져 있는데 두 나라 모두 유럽연합 회원국에다 서방 국가
라는 공통점이 있다.

경제 글로벌화의 최종 실현

국가마다 경제 상황이 각기 다른 것은 경제 글로벌화의 결과이기도 하
다. 우리는 현재 자본국가화 시대에서 자본 글로벌화 시대로 넘어가는
단계에 있다. 이 과도기는 오랫동안 지속되겠지만 최종적으로는 경제
글로벌화가 실현될 것이다. 그렇더라도 신흥경제국과 선진국 간의 경쟁
을 평가하는 일반적인 지표가 GDP의 증가, 정체, 감소이므로 이 책에서
는 국가의 GDP를 주요 평가지표로 삼았다. GDP는 지금도 유일하게
받아들여지고 있는 평가지표이기도 하다. GDP가 완벽하지 않은 이유
중 하나는 기본 공식을 70여 년 전에 확립한 후 경제 상황 변화에 맞춰
수정하지 않았기 때문이다.

> 한 국가의 모든 재화와 서비스를 합치면 그 나라의
> 모든 지혜는 그 뒤에 가려진다.

독일의 GDP는 장기간 제자리걸음이었지만 독일에는 빠르게 성장하

는 기업이 많다. 그런데 나날이 쇠퇴하는 기업과 산업의 결과물을 모두 합치면 활기차게 발전하는 기업의 실적이 모조리 상쇄된다.

　GDP 증가율이 세계 최고 수준인 인도에서 GDP 증가에 기여하는 분야는 IT 기술이 유일하다. IT 기술 아웃소싱 서비스가 인도에서 창출하는 경제적 가치는 어마어마하다. 그렇지만 IT 업종도 성장 과정에서 인도 정부의 세수제도 및 각종 규제와 치열하게 맞서야 했다.

> 세계 각국에서 무슨 일이 일어나고 있는지 알아야
> 동맹이나 합병, 판매 등의 기회가 있을지 예상할 수 있다.
> GDP만으로 이를 판단하는 것은 무모한 일이다.

　앞으로는 과거의 평가지표가 점차 사라지고 21세기에 적합한 평가지표로 대체될 것이다. 레버렌즈는 투자 전략을 짤 때 GDP 대신 각 업종과 기업을 구체적으로 분석한 뒤 투자할 기업을 선택한다. 그는 "기업은 음악가와 같아 타고난 재능만으로는 부족하다. 나는 그들이 예술에 쏟아 붓는 노력에만 관심이 있다"라고 말했다.[26]

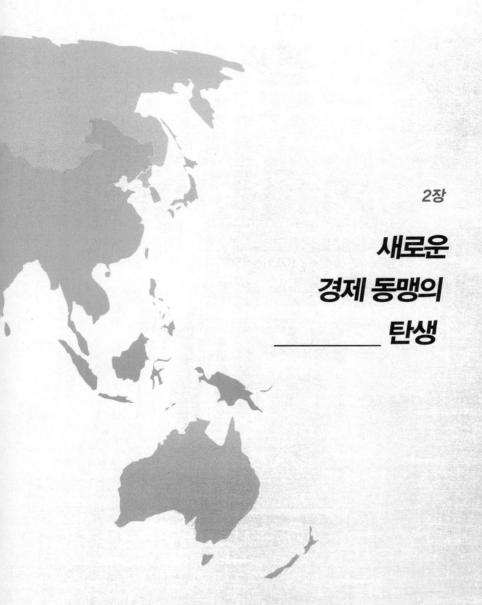

2장

새로운
경제 동맹의
_____ 탄생

Global Game Change

How the Global Southern Belt Will Reshape Our World

2001년 6월 우리는 베이징에서 결혼 1주년 기념일을 맞이했다. 당시 베이징대학 교수로 있는 미국계 화교 친구가 우리를 한 식당으로 초대했다. 우리는 한창 번화가로 발돋움하는 곳에 위치해 있던 그 식당의 작은 정원에 앉아 중국의 세계무역기구WTO 가입에 대해 이야기를 나누었다. 몇 개월 후 중국의 WTO 가입이 최종 승인될 예정이었기 때문이다. WTO 가입은 중국이 세계무대로 한 걸음 다가선다는 의미였지만 몇 가지 우려되는 문제도 있었다. 그 무렵에는 중국이 WTO 가입을 위해 미국에 너무 많이 양보한 것 아니냐고 우려하는 시선이 많았고 가장 큰 화두는 '과연 글로벌화가 미국화를 의미하는가?'라는 것이었다.

　그로부터 13년 후인 2014년 7월 〈파이낸셜타임스〉는 "세계 무역의 판도 변화, 중국도 변화에 발맞추고 있다"라는 기사를 통해 중국이 국제무역 협상에서 우위에 서기 시작했다고 보도했다.[1] 중국은 이미 세계 최대 상품 무역국으로 부상했다. 서방 세계는 이제 중국의 영향력이 전 세계로 확대되는 것을 우려하며 중국의 WTO 가입 의도에 의구심을 제기하고 있다.

세계경제의 구조 변화 ─────────────────────────────•

정부 간 국제기구는 대부분 서방 세계가 서방의 이익을 지키기 위해 창설한 것이다. 그러나 지금은 국제사회가 유엔, 국제통화기금IMF, 세계은행 등을 창설할 때와는 상황이 크게 다르다.

> 서방 세계는 국제사회의 절대적인 중심에 있었고
> 세계 정치 및 경제의 주축이었다.
> 하지만 그 시대는 점점 종말을 고하고 있다.

전 세계은행 부총재이자 넬슨 만델라Nelson Mandela 남아공 대통령의 자문위원이었던 옥스퍼드대학 이언 골딘Ian Goldin 교수는 자신의 책 《각국의 분열 Divided Nations》에서, 이들 기구는 20세기의 문제에 대응할 때는 성과를 거두었지만 변화한 세계 속에서 새롭게 등장하는 문제에는 신속하게 적응하지 못하고 있다고 말했다.[2]

세계적인 힘의 저울이 움직이면서 이제 국제기구나 서방 국가 정부가 지휘봉을 휘둘러 '신흥경제국 악단'을 지휘하는 것은 곤란해졌다. 서방 세계는 더 이상 주인공이 아니다. 금방이라도 무너질 듯 흔들리는 서방 중심 세계관은 사실 겉으로 바위처럼 단단해 보이던 시절부터 서서히 와해되고 있었다.

1991년 구소련 해체로 공산주의의 활동이 크게 위축되면서 자유주의, 민주주의, 시장경제로 대표되는 서방 세계 가치관 및 원칙이 세계의 주류로 자리 잡았고 이것이 전 세계를 완전히 장악하는 것은 시간문제로 보였다. 실제로 서방 세계는 희희낙락하며 프랜시스 후쿠야마 Francis Fukuyama가 자신의 책《역사의 종말 End of History》에서 내놓은 관점을 받아들였다. 하지만 이런 맹목적인 자만심은 오래갈 수 없다.

서방 세계는 우주에서 통용되는 가치관과 정의의 수호자임을 자처하며 자신들이 세계의 중심에 있다고 자랑하지만, 이제 글로벌 서던벨트에 속하는 수많은 신흥경제국이 서서히 개혁을 시작하고 있다. 이들은 자국의 역사와 문화를 바탕으로 미래를 위한 새로운 기반을 다져나가고 있다. 그들은 자신들이 서방 세계의 명령에 따를 필요가 없으며 서방 세계와 상호 의존적인 관계를 맺는 것은 물론 자국의 힘만으로도 충분히 발전할 수 있음을 알고 있다. 이른바 '역사의 종말'이 새로운 경제 동맹이 탄생하는 기회로 변화한 셈이다. 그리고 이렇게 변화한 세상에서 사람들의 세계관, 지정학적 힘의 판도, 나아가 경제 관계에도 새로운 변화가 나타나고 있다.

글로벌 서던벨트에 속하는 신흥경제국의 인구는 전 세계 인구의 80퍼센트를 차지하고 있으며 이들은 점차 자신만의 리듬을 찾고 있다. 보아오포럼 BFA 등 다양한 동맹이 탄생해 독립적인 '연주'를 시작했다. 물론 그 과정이 순탄하기만 한 것은 아니다.

아세안은 창설된 지 50년이 넘도록 세계적인 영향력을 얻지 못했다. 최근 들어서야 아세안 10개국(인도네시아, 말레이시아, 필리핀, 싱가포르, 태국, 브루나이, 미얀마, 캄보디아, 라오스, 베트남)의 국제적 위상이 점점 높아지고 있는 상황이다. 2013년 현재 아세안의 총인구는 6억 명이고 전체 GDP는 2조 4000억 달러에 달한다. 글로벌 서던벨트의 한 축을 담당하는 아세안은 회원국의 전체 GDP가 세계 7위이며 전체 수출액은 유럽연합과 북미, 중국의 뒤를 이어 세계 4위 규모다.

국제적 사안에서도 아세안의 역할과 위상은 점점 더 높아지고 있는데 그 주된 원인은 생산성 향상에 있다. 홍콩상하이은행 HSBC은 시장이 다원화되어 있고 문화, 종교, 인종 등의 배경이 각기 다른 아세안을 두고 "향후 20년간 아세안은 세계에서 소비성장률이 가장 빠른 지역이 될 것"이라고 전망했다. 2014년 아세안의 약 6700만 가구가 '소비층(재량소득이 비교적 높은 계층)'에 진입했고 2025년이면 그 수치가 두 배로 증가할 전망이다.[3]

> 아세안은 공통된 버전과 동일한 정체성을 가진
> 하나의 공동체다.

2014년 5월 23일 아세안 각국의 노동장관과 '아세안+3'의 회원국인 한국, 중국, 일본의 관련 부문 수장들이 미얀마에서 상호 협력 강화를 위한 회의를 가졌다. 이 회의에서 리커창李克强 중국 총리는 "아세안은 중국의 중요한 대외투자 창구"라며 중국 기업들에게 아세안 상품의 수입품목과 수량을 확대해달라고 주문하는 한편 아세안 각국 기업들의 대중국 투자를 환영한다는 뜻을 밝혔다.

홍콩상하이은행은 2014년 1월 이미 "과거 수십 년간 중국은 아세안 수출의 큰 경쟁 상대였으나 이제는 아세안의 중요한 수출시장"이라고 평가했다.[4] 싱가포르 난양공과대학의 한 교수는 이렇게 말했다. "중국과 아세안 국가 간의 경제적 의존도 강화는 매우 자연스럽고 반드시 필요한 일이다. 이는 과거에 심각한 위협을 받았던 이 지역의 평화에도 중대한 의의가 있다. 요즘처럼 경제 전망이 불확실한 시대에 동맹을 강화하고 진실하게 협력하며 공동 발전을 꾀하자는 리커창 총리의 호소는 시의적절하다."

이를 뒷받침하듯 홍콩상하이은행은 "양자 간 무역 강화와 상호 투자 확대에 대한 소망이 중국과 아세안의 관계에 긍정적인 기반을 다져주길 바라며, 19억 인구를 자랑하는 이 거대한 시장이 나날이 성숙해지기를 기대한다"라고 밝혔다.

많은 사람이 아시아의 밝은 미래를 기정사실로 여기는 듯했다. 그런데 2014년 4월 중국 하이난성에서 보아오포럼이 열리는 동안 "아시아의 새로운 미래: 신성장동력 발굴 Asia's New Future: Identifying New Growth Drivers"이라는 포럼의 주제를 뒤집듯 아시아의 미래에 불확실성을 더하는 사건이 발생했다.

보아오포럼의 공식 홈페이지에 들어가면 '아시아의 목소리 전파', '아시아의 협력 촉진', '아시아의 공감대 구축'이라는 슬로건이 번갈아가며 나타난다. 2001년 창설된 이 포럼은 아시아 국가 및 신흥경제국이 모이는 중요한 대화의 장으로 자리 잡았다. 하지만 보아오포럼 폐막 이후 불과 일주일 만에 사람들은 이 포럼이 추구하는 공동 협력의 길이 얼마나 멀고 험난한지 실감했다.

당시 우리는 보아오포럼 개최지인 보아오에서 그리 멀지 않은 하이난

성 싼야의 아름다운 해변에 있었다. 그날 석양이 질 무렵 잔잔한 파도가 넘실대는 수평선 위로 나란히 줄지어선 불빛들이 번쩍이며 나타났다. 듣자하니 정찰 중인 중국 군함들이라고 했다. 군함이 하이난 앞바다에 나타난 이유는 베트남 탐사선이 영유권 분쟁 중인 해역에 들어오면서 중국과 베트남 사이의 긴장이 고조됐기 때문이다. 아이러니하게도 중국과 베트남은 모두 보아오포럼의 창설국이다.

그로부터 1년 전 시진핑 중국 주석은 2013 보아오포럼에서 각국이 운명 공동체 의식 아래 아시아와 세계 발전에 기여하자고 호소했다. 실제로 중국과 아세안은 2020년까지 무역액을 1조 달러까지 끌어올린다는 목표를 세웠다. 2013년 중국의 대아세안 직접투자 규모는 57억 4000만 달러였으나 2014년에는 상반기에만 35억 6000억 달러를 달성했다.

우리는 양국이 단순한 입장 표명에 그치지 않고 성실한 자세로 아세안과 보아오포럼의 앞날에 불협화음을 일으키는 충돌을 현명하게 해결하기를 소망했다. 후진타오胡錦濤 전 중국 국가주석은 중국의 발전이 주변국에게도 이로우며 중국은 아시아 각국과 공동 발전을 위한 협력관계를 수립할 것이라고 말한 바 있다. 중국이 이 약속을 성실히 이행하기를 기대한다.

남반구 개도국 시대가 열린다

중국 상무부 통계에 따르면, 2002~2012년 중국과 기타 아시아 국가 간 무역액은 548억 달러에서 4001억 달러로 증가했다. 아세안 각국은

2015년 말까지 아세안경제공동체AEC 출범을 합의했는데 이 기구는 아세안 지역에서 상품과 서비스, 투자, 자본, 숙련 노동력의 자유로운 이동으로 지역경제 통합 및 세계적 규모의 단일 시장을 구축하는 데 목적이 있다. 장기적인 안목으로 볼 때, 경제 글로벌화는 미래 세계경제 발전의 거대한 흐름이다.

〈타일랜드비즈니스뉴스 *Thailand Business News*〉는 2014년 10월 "아세안이 위안화를 국제통화로 사용하는 새로운 분위기를 주도할 전망이다. 이미 아세안은 무역 대금 결제와 각종 금융 및 투자에 위안화를 사용하기 시작했다. 이는 아세안 지역에서 달러화에 대한 신뢰와 의존도가 점점 약해지고 있기 때문이다"라고 보도했다.[5]

현재 싱가포르달러화와 위안화는 직접 거래가 가능하다. 국제은행간통신협회 SWIFT에 따르면, 2014년 1분기 싱가포르의 위안화 저축액은 2200억 달러였고 위안화 대출액도 전년 대비 25퍼센트나 증가한 3000억 달러였다.[6] 국제은행간통신협회는 위안화가 세계 7위 결제통화로 부상했다고 밝혔다.

영국 연구기관인 센트럴뱅킹퍼블리케이션스Central Banking Publications에 따르면, 전 세계 69개국 중앙은행을 상대로 설문조사한 결과 조사 대상 은행 중 3분의 2가 "위안화의 매력이 점차 높아지고 있다. 이는 중국경제의 영향력이 커지면서 위안화가 비교적 강세를 보이고 있기 때문이다. (…) 현재 금융기관과 다국적기업 사이에서 위안화를 통한 거래가 늘어나고 있다"라고 응답했다.[7]

중국과 인도의 관계를 보면 각국이 첨예한 대립을 피해야 하는 이유를 알 수 있다. 오랫동안 국경 분쟁을 겪어온 중국과 인도는 최근 관계가 개선되면서 경제협력과 무역거래가 증가하고 있다. 100개 기업 이상의 중국 기업이 가입한 뉴델리 중국공상연합회 리젠李健 사무국장은 "인도의 무궁무진한 성장 잠재력 때문에 많은 중국 기업이 인도로 진출하고 있다"라고 말했다. 인도의 아룬 자이틀레이Arun Jaitley 재무장관은 "몇 년 안에 인도의 경제성장률을 7~8퍼센트까지 끌어올리려면 어떤 개혁을 실시해야 하는지 확실히 아는 것은 아니지만 모든 투자자가 싫어하는 소급세 부과는 취소하겠다"라고 약속했다.

중국과 인도 양국의 무역액이 660억 달러까지 증가한 2012년, 양국은 2015년의 무역액 목표를 1000억 달러로 잡았다. 상공업 발전을 매우 중시하는 나렌드라 모디 총리는 총리로 당선되기 전부터 기대를 한 몸에 받아온 인물이다. 이를 반영해 어떤 이는 2018년까지 중국과 인도의 무역액이 3000억 달러까지 증가할 것이라고 전망하기도 한다.

글로벌 서던벨트에 속하는 신흥경제국 가운데 아시아는 현재 가장 강한 성장세를 보이고 있으며 경제가 새로운 단계로 올라서고 있다. 중국 국무원 신문판공실은 공식문서에서 현재의 국제정세에 대해 "복잡한 변화를 겪고 있는 세계경제 발전에서 주요 원동력은 바로 새롭게 등장한 신흥개발도상국이다"라고 발표했다.

세계은행은 2010년에 발표한 〈남반구 개도국의 성장이 남남 협력에 미치는 영향 Rise of the Global South and Its Impact on South-South Cooperation〉라

는 특별보고서에서, "세계경제의 중심이 새롭게 성장하고 있는 남반구 개도국으로 이동하고 있다. 이는 거스를 수 없는 흐름이므로 남남협력을 특징으로 하는 개발도상국 간 협력 증대를 폭넓은 관점에서 분석해야 한다"라고 지적했다.[8]

카타르의 알자지라방송 Al-Jazeera은 2013년 3월 "떠오르는 남반구 개도국 The rise of the global South"이라는 제목의 보도에서, 2020년까지 브라질·인도·중국 3개국 경제 규모가 캐나다·프랑스·독일·이탈리아·영국·미국 6개국 경제를 모두 합친 것보다 더 커질 것이라고 전망했다. 이 방송은 또한 개발도상국의 중산층 인구가 전 세계 중산층 인구의 80퍼센트를 차지하게 될 것이라고 내다보았다.[9]

그때쯤이면 20세기 말에서 21세기 초에 출생한 세대가 직업 전선에 뛰어드는데 그들의 삶과 직업 세계는 지금과는 많이 다를 것이다.

실크로드 경제벨트와 개방형 모델 ─────────── •

이 책은 글로벌 서던벨트의 개방과 21세기 경제성장의 새로운 동력으로 떠오른 글로벌 서던벨트의 거대한 잠재력을 주로 소개하고 있다. 그런데 글로벌 트렌드를 연구하는 학자로서 우리가 중국을 빼놓고 연구를 진행하는 것은 거의 불가능하다. 이 사실 자체만으로도 우리는 세계경제에서 중국의 향후 역할이 얼마나 중요한지 알 수 있다.

오랜 역사를 자랑하는 중국의 나라 명칭은 '중앙에 있는 나라'라는 뜻이다. 오늘날 질주하듯 도약하고 있는 중국은 때로 미끄러지듯 달리고

····· 陆上丝绸之路   ---- 海上丝绸之路

— 〈신화통신〉이 소개한 육상실크로드와 해상실크로드 지도.

때로 살금살금 기면서 국제사회에서 중요한 역할을 수행하고 있다. 중국은 나라 이름 그대로 '중앙'에서 영향력을 확대하는 중이다.

중국의 국영통신사 〈신화통신新華通訊〉은 〈새로운 실크로드, 새로운 꿈〉이라는 특집 시리즈에서 실크로드 경제벨트 구축에 관한 중국의 구상과 글로벌 무역에서의 중국의 새로운 역할을 논한 바 있다. 이 시리즈의 1편 "어떻게 세계의 공동 번영을 실현할 것인가? 중국이 그 해법을 찾고 있다"에는 중국이 구상한 청사진이 담겨 있다.

〈신화통신〉은 2014년 5월 '신 육상실크로드'와 '신 해상실크로드' 지도를 소개했다. '육상실크로드—帶, One Belt'는 중국 산시성의 시안에서 출발해 중앙아시아를 거쳐 이란 북부까지 이어진 뒤 터키를 돌아, 다시 보스포루스 해협을 통과해 유럽으로 들어가고 네덜란드 로테르담에서 남쪽으로 향해 종착역인 베네치아에 도착한다. '해상실크로드—路, One

Road'는 중국 푸젠성 취안저우에서 출발해 광둥성 광저우와 하이난 성을 거쳐 남쪽의 말라카 해협을 돌아 쿠알라룸푸르, 자카르타, 나이로비를 지나 홍해로 들어간 뒤 다시 아테네를 거쳐 베네치아에서 육상실크로드와 합쳐진다.

외교안보 전문매체 〈더디플러맷 *The Diplomat*〉은 2014년 5월 "육상실크로드와 해상실크로드가 하나로 이어지는 거대한 띠가 아시아, 아프리카, 유럽 세 대륙을 연결한다. 〈신화통신〉이 소개한 이 지도는 중국이 다시 '중앙의 나라'가 될 것이라는 믿음을 효과적으로 전달하고 있다. 이 프로젝트의 명칭인 '실크로드 경제벨트'도 과거 중국이 세계적인 정보 및 상품의 발원지였다는 사실과 밀접한 관련이 있다"고 보도했다.[10] 이 잡지는 "중국은 이 원칙이 글로벌 무역의 새로운 질서를 구축하는 주요 원칙이 될 것임을 믿고 있다"라고 했고, 〈신화통신〉도 "개방형 세계경제 구축에 관한 중국의 원대한 구상이 점점 국제사회의 인정을 받고 있다"라며 자부심을 드러냈다.

중국은 '상호 존중, 상호 신뢰'를 바탕으로 '이익-운명-책임' 공동체라는 새로운 동반자 관계를 구축하자고 제안했는데, 이 새로운 모델은 이미 아시아를 넘어 아프리카와 유럽까지 뻗어나갔다. 물론 이 야심찬 구상을 실현하기 위해서는 넘어야 할 산이 매우 많다. 모든 국가가 서로 존중하고 신뢰한다는 것 자체가 《아라비안나이트》의 내용처럼 현실성 없는 이야기로 들린다. 그렇지만 중국이 커다란 이상을 품고 있다는 것만큼은 분명한 사실이다.

실크로드 정신 아래 중국 – 아랍 관계가 부활되다.

중국과 아랍의 무역은 일찍이 정통 칼리프 시대(이슬람 역사에서 마호메트가 죽은 뒤부터 우마이야 왕조가 들어서기 전 네 사람의 칼리프가 지배했던 시기 – 옮긴이)인 632~661년에 시작됐다. 그 후 여러 가지 원인으로 중단됐다가 20세기에 재개했고 21세기에는 중국과 아랍이 관계를 새롭게 회복해 탄탄한 경제 동맹을 구축했다. 특히 이들은 2004년 중국-아랍 협력포럼 창설을 계기로 협력관계를 더욱 강화했다. 그때부터 중국과 아랍의 무역액은 매년 14퍼센트씩 증가했는데 2012년 양자 간 무역액이 2220억 달러까지 늘어나면서 중국은 아랍의 2대 무역 파트너로 부상했다.

2014년 6월 첫 주 중국-아랍 협력포럼 제6차 장관급 회의가 베이징에서 개최됐고 중국-아랍 협력포럼 10주년 기념행사가 열렸다. 이 포럼을 창설한 목적은 중국의 무역 및 투자 기회를 확대하고 최종적으로 양자 간 무역 협정을 체결하는 데 있다.

시진핑 주석은 개막식에서 향후 10년은 중국과 아랍 모두의 발전에 매우 중대한 시기라고 말하며, "실크로드 정신 아래 민족 부흥이라는 공통된 사명을 완수하기 위해 상호 문명을 존중하고 협력을 유지하며 평화적인 대화를 지속해나가야 한다"고 천명했다. 그는 또 중국 기업에 아랍의 에너지, 화학, 농업, 제조업, 서비스업 등에 적극 투자할 것을 제안하고 향후 10년간 양국 간 무역액을 6000억 달러까지 끌어올리겠다는 구상을 밝혔다.

이 포럼에서 양측은 중국-걸프협력회의 자유무역협정 체결을 위해 지속적으로 노력한다는 데 의견을 같이했다. 걸프협력회의 회원국은 주요 원유 수출국인 아랍에미리트, 오만, 바레인, 카타르, 쿠웨이트, 사우디아라비아 6개국이다. 향후 3년간 중국 정부는 아랍 국가에 6000명의 인력을 파견하고 앞으로 10년 내에 중국과 아랍의 예술가 1만 명의 상호 방문을 추진하기로 했다.[11]

중국-아프리카-라틴아메리카 트라이앵글 ───────●

통계마다 구체적인 수치에 차이가 날 수 있지만, 세계 196개 주권국가 중 150개국이 글로벌 서던벨트에 속한다. 이 중 많은 국가가 자원 부족 혹은 심각한 자원 고갈 상태에 직면해 있으며 여러 가지 정치적 문제와 경제적 혼란도 겪고 있다. 그렇지만 이들 국가 내부에서 개혁을 요구하는 목소리가 점차 거세지고 있으며 경제성장세도 뚜렷이 나타나고 있다. 나아가 글로벌 서던벨트 국가 간의 경제 동맹도 활발하게 이루어지고 있다.

글로벌 서던벨트 중에서 가장 중요한 동맹관계는 중국-아프리카-라틴아메리카 트라이앵글이다. 중국과 아프리카 간의 긴밀한 협력관계에 대해서는 이 책의 1장에서 언급한 바 있다. 중국은 한쪽 발은 아프리카에, 다른 한쪽 발은 라틴아메리카 및 카리브 해 연안 지역에 딛고 있다. 중국의 거대한 상품 수요를 아시아와 아프리카의 상품으로만 충족시킬 수는 없으며 또 중국이 그것을 원치도 않는다.[12]

이 세 지역은 민족과 역사적 배경이 다르고 문화도 상이하지만 공통의 목표를 지향한다. 그것은 바로 수억 명에 달하는 막대한 인구의 빈곤율을 낮추는 일이다. 이 문제를 해결하기 위해 중국은 시장과 상품 수입선을 다양화하고 라틴아메리카 국가는 미국 및 유럽에 대한 의존도를 낮추려 하고 있다. 이들 지역과 관련해 독일 공영방송 도이체벨레 Deutsche Welle는 "여러 라틴아메리카 국가가 중국과의 관계에서 이익을 얻고 있다"라고 분석했다.

　영국 일간지 〈가디언 Guardian〉은 2014년 1월 칭화대학의 옌쉐퉁 閻學通 국제관계학 교수가 〈월드포스트 WorldPost〉에 발표한 기고문을 인용해 "미국의 외교정책이 중국에 넓은 문을 열어주었다"라고 보도했다.[13] 옌쉐퉁 교수는 이 기고문에서 "중국의 새로운 외교 전략은 충돌을 조장하는 것이 아니라 오히려 충돌을 피하고 단합을 강조하고 있다. 덩샤오핑 鄧小平은 외교적으로 도광양회 韜光養晦 전략(국제적으로 영향력을 행사할 수 있는 국력이 생기기 전까지 몸을 낮추는 전략 – 옮긴이)을 구사하고 미중 관계를 우선시했지만, 시진핑 주석은 최근의 몇 차례 발언을 통해 과거와 달리 분발유위 奮發有爲 전략(떨치고 일어나 할 일을 하는 전략 – 옮긴이)으로 전환했음을 분명히 보여주고 있다"고 말했다.

　옌쉐퉁 교수는 또 "몇몇 예외적인 경우도 있지만 중국은 지난 20여 년간 '친구도 적도 없다'는 외교정책 아래 다른 나라들을 차별 없이 동등하게 대해왔다. 그런데 시진핑 주석이 취임한 이후 중국은 친구와 적을 각기 다른 태도로 대하기 시작했다. 중국이 우선시하는 것이 중국의 발전에 가장 유리한 외적 환경을 조성하는 일이기 때문이다. 그러므로 중국이 성장하는 과정에서 적극적인 역할을 수행하는 국가는 중국의 경제발전과 더불어 실질적인 이득을 얻을 것이다"라고 덧붙였다.

아프리카 순방에 나선 리커창 총리가 첫 방문국에서 설명한 16개 합의서에는 융자 협약, 도로 및 산업단지 건설 협약 등이 포함되어 있었다. 중국은 이미 아프리카의 용수 및 전기 공급, 철도, 통신 등의 건설 프로젝트에 참여했다.[14]

중국-아프리카-라틴아메리카 트라이앵글에 속한 각국이 중국의 새로운 정책 아래 이익을 얻을 것이고 또 그들이 그것을 원한다는 데는 의심의 여지가 없다. 그밖에도 아프리카는 과거의 이미지에서 탈피해 중국 상공업에 축적된 노하우를 배우고 싶어 한다. 물론 중국-아프리카-라틴아메리카 트라이앵글이 공식 기구를 창설하거나 정식 협약을 체결할 가능성은 낮다. 그러나 이 트라이앵글에 속하는 각국은 경제, 정치, 문화 등 다양한 분야에서 활발하게 교류하고 3자간 무역 규모를 확대할 확률이 높다. 나아가 이들의 경제 개방을 이익 창출의 기회로 삼으려는 사람들이 점점 늘어날 것이다.

21세기 '정화의 원정' ─────────────────── •

유감스럽게도 우리는 중국인의 탐험사에 대해 아는 것이 거의 없다. 그저 역사 선생님에게 몇몇 흥미로운 이야기를 들은 것이 전부다. 과거에 나침반을 발명한 중국인은 탐험을 떠나는 데 유리한 조건을 갖추고 있었다.

특히 15세기 명나라 무장인 정화鄭和는 선박 200여 척, 선원 2만 7000여 명으로 구성된 함대를 이끌고 항해에 나섰다. 이것이 바로 그 유명한 '정화의 원정'이다. 정화와 그의 선원들은 모두 일곱 차례 항해를 떠났는데 그들의 원정 목적은 중국의 세계적인 영향력을 확대하는 데 있었다. 당시 정화의 함대는 태평양과 인도양을 거쳐 아라비아 반도와 동아프리카에 도달했고 중국은 이 항해를 위해 장쑤성 난징에 외국과의 교류를 담당하는 기관을 설치했다.

2005년 중국은 정화의 원정 600주년을 기념하는 행사를 열었다. 이때 역사적 자료를 토대로 재연한 범선이 칭다오 항에서 출항해 정화의 항로를 따라 항해하며 아시아와 아프리카의 여러 항구에 정박했다.

몇 세기 동안 중국과 아프리카의 관계에 관한 역사적 기록은 거의 없었다. 이는 중국과 아프리카 사이에 오래된 역사적 은원恩怨관계가 없다는 뜻이다. 힐러리 클린턴Hilary Clinton이 다닌 메인이스트고등학교는 오스트리아나 미국의 여느 고등학교처럼 중국의 해양탐험사를 가르치지 않았을 것이다. 따라서 그녀가 현재 중국의 아프리카 '항해'를 서양인에게 배운 것으로 착각할지라도 크게 탓할 생각은 없다. 2011년 잠비아를 방문한 힐러리는 중국을 비난하며 "현재 아프리카에서 일어나고 있는 일은 식민지시대에 많이 보았던 것들이다. 그들은 이곳에 와서 지도자를 매수하고 자원을 채굴한 뒤 홀홀 털고 떠나버린다"라고 말했다.

중국과 아프리카의 관계에 관한 최초의 역사적 기록은 14세기 이븐바투타Ibn Battuta가 모로코를 출발해 중국에 갔던 경험을 기록한 내용이다. 하지만 중국과 아프리카의 관계가 가까워지는 데는 아프리카의 반인종주의 운동에 대한 중국의 지지가 큰 역할을 했다. 《승자독식Winner Take All》의 저자인 잠비아 경제학자 담비사 모요Dambisa Moyo는 "중국의 아프리카 투자는 새로운 형태의 제국주의가 아니라 아프리카가 경제성

장을 실현할 가장 큰 희망"이라고 말했다.[15]

아프리카 경제가 잠에서 깨어나 기지개를 켜는 데 중요한 전제조건은 바로 유럽과 서방 국가의 통제에서 벗어나 새로운 동맹국을 찾는 일이다. 아프리카 특파원인 바르톨로메우스 그릴Bartholomäus Grill은 자신의 책《오, 아프리카Oh Africa》에서 "정치적으로 서방 국가들의 민주주의는 매력을 상실하고 있다"라고 말했다.[16] 실제로 아프리카의 정치인들은 아시아의 신흥경제국으로 시선을 돌려 새로운 본보기를 찾고 있다. 다시 말해 아프리카는 더 이상 서방 강대국의 강요에 순종하지 않고 그들이 선전하는 윤리를 받아들이려 하지 않는다. 그들은 이미 세계를 장악한 서양의 세계관에 도전하기 시작했다. 모요는 "미국 정부가 새로운 경쟁 상대에게 점점 밀리고 있다는 것은 의심의 여지가 없다. 중국이 아프리카 투자를 늘리는 동안 미국은 경기장의 터치라인에서 자신들의 영향력이 점차 약해지는 것을 그저 바라만 보고 있다"라고 말했다.

아프리카의 최대 국제기구는 54개 아프리카 국가가 결성한 아프리카연합Africa Union이다. 에티오피아의 수도 아디스아바바에 위치한 아프리카연합의 본부 건물은 중국이 아프리카에 보낸 선물로, 이는 매우 역사적인 사건 중 하나다. 중국의 영향력은 투자와 무역에만 국한되지 않으며 아프리카에 정보까지 제공하고 있다. 가령 2012년 1월 중국 국영방송 CCTV의 아프리카 지사가 케냐에서 정식으로 방송을 개시했다. 이 지사는 아프리카에 대한 중국인의 이해의 폭을 넓히고 중국과 아프리카의 우호관계를 강화함으로써 아프리카인에게 진정한 중국을 알리는 한편 중국인에게 진정한 아프리카를 세계에 보여주는 데 목적이 있었다.

이처럼 중국의 CCTV, 아랍의 알자지라 등 새롭게 탄생한 글로벌 뉴스 네트워크는 서양의 여론 독점 구도를 깨뜨리고 있다. 이제 아프리카의 문이 세계를 향해 활짝 열렸다. 그렇다고 그들이 중국 모델을 맹목적으로 답습하리라고 기대하면 곤란하다. 30년 전 중국이 그랬듯 아프리카도 다양한 나라를 본보기로 삼아 자신들의 경제성장에 유리한 모델을 선택할 것이다. 우리는 앞으로 새로운 동맹관계 탄생을 목격할 테지만 그 촉매제는 서방 세계가 아니라 바로 세계경제의 성장이다.

중국은 아프리카에 정치 모델을 수출할 생각이 없다.

케냐 에퀴티은행Equity Bank의 고위임원이자 언스트앤영 최우수 기업가상Ernst & Young Entrepreneur of The Year 수상자인 제임스 므왕기James Mwangi는, "아프리카가 안고 있는 가장 큰 문제는 우리를 바라보는 세계인의 시각이다. 나는 언스트앤영 기업가상을 놓고 경쟁한 기업가 50여 명이 아프리카를 미래의 시장 개척지로 선택해주길 바란다"라고 말했다.

서양인은 그들의 선입견 때문에 아프리카와 평등한 대화를 나누기가 쉽지 않지만, 중국이 아프리카를 바라보는 시선은 서방 세계와는 사뭇 다르다. 서양인의 부정적인 시각은 아프리카와 마찬가지로 중국에도 커다란 걸림돌이다. 중국은 서구 열강과 일본의 군국주의에 짓밟혀 '100년의 굴욕'을 경험했으나 이제 과거의 고통이 남긴 상처는 차츰 아물고 있다. 그런데 이런 동질감은 결코 무시할 수 없는 효과를 발휘한다. 비슷한 불행을 겪었다는 동질감이 중국과 아프리카의 관계를 가깝게 이어주는 것이다.

더욱이 중국은 아프리카 시장에 진출한 이후 아프리카와 평등하게 대화한다는 입장을 고수했다. 〈차이나데일리〉 미국 지사의 천웨이화陳偉華 부편집장은 2013년 5월, "중국은 아프리카를 활기에 넘치는 대륙으로 생각하지만 서방은 희망이 없는 암울한 곳으로 여긴다. 이렇듯 둘의 생각은 선명한 대조를 이룬다. 물론 중국은 자국 내에서든 아프리카에서든 완벽하지 않다. 그렇다고 중국이 아프리카에서 기울이는 노력을 단순히 토지와 자원 수탈 혹은 신식민주의로 폄하하는 것은 잘못된 시각이다"라고 말했다.[17]

서방의 이중적 잣대

2014년 7월의 어느 날, 우리는 우연히 세계 각국 및 도시의 중요한 역사적 사건을 소개하는 오스트리아의 라디오방송을 청취했다. 그날 방송에서는 1904년 당시 독일의 식민지였던 서남아프리카 나미비아에서 발생한 일을 소개했다. 로타어 폰 트로타Lothar von Trotha 장군이 지휘하는 독일 군대가 식민통치에 저항하는 헤레로족Hereros을 진압할 당시의 끔찍한 이야기였다. 헤레로족은 오랜 게릴라전 끝에 수용소에 갇혔고 재산을 몰수당했으며 모든 권리를 박탈당한 뒤 강제노역에 시달렸다.

독일은 100년 후인 2004년에야 당시 독일 정부가 저지른 악행을 인정했다. 현재 나미비아에 사는 10만 헤레로족의 지도자 쿠아이마 리루아코Kuaima Riruako는 당시 독일이 저지른 일에 대해 40억 달러를 배상하라고 요구했으나 요슈카 피셔Joschka Fischer 독일 재무장관은 이에 대해 아무런 입장 표명도 하지 않았다. 그릴은 자신의 책 《오, 아프리카》에서 이렇게 말했다. "아프리카의 정치 지도자들은 중국이 아프리카의 일에 참여하는 것을 환영한다. 그들의 정권을 강화하는 것은 물론 경제적으로 막대한 이득을 얻어 호화로운 생활을 할 수 있기 때문이다. 서방 국가 역시 아프리카와 협력하고 있지만 서구 사상가들은 중국이 아프리카에서 하는 모든 행동을 사리사욕을 채우기 위한 수탈이라는 이중적 잣대로 바라본다. 중국이라는 경쟁 상대를 강하게 비난하는 그들은 정작 자신들이 아프리카에서 자행하는 자원 약탈과 시장 장악에는 도덕적인 베일을 씌우고 있다."[18]

중국의 아프리카 진출 목적은 자국의 이익을 취하고
상대도 이익을 얻게 하는 데 있다.

중국은 소프트파워 강화와 투자 확대에 주력하고 현지의 정치에는 전혀 간섭하지 않는 반면 서방의 아프리카 지원은 국제적 원조, 사회복지, 설교에 중점을 두고 있다. 이 두 가지 중 지속가능한 협력 모델 수립에 더 효과적인 것은 중국의 방식이다.

모요는 자신의 책《죽은 원조 Dead Aid》에서, "원조는 아프리카 각국 국민과 정부 사이의 혈육관계를 단절시켰다. 원조금 사용에 관해 국민에게는 아무런 발언권이 없고 정부는 국민이 아니라 원조국의 구미에 맞춰 그 돈을 사용하기 때문이다. 다행히 2008년 금융위기 이후 서방의 아프리카 원조가 줄어들었다. 우리는 마침내 우리 정부에 이 구조적 결함을 바로잡고 국민을 책임지라고 요구할 수 있게 됐다"라고 역설했다.[19]

다른 신흥경제국과 마찬가지로 아프리카 국가도 세상에 공짜 점심은 없다는 사실을 깨달았다. 서방의 원조에는 언제나 갖가지 조건이 따르게 마련이다. 2009년 세계 각국의 아프리카 직접투자는 줄어든 반면 자원 수요가 많은 중국은 오히려 아프리카 진출을 확대하고 직접투자도 늘렸다. 중국 국무원 신문판공실은 2013년 8월 발표한 보고서에서, "변화하는 글로벌 환경에 부응해 중국은 아프리카의 최대 무역 파트너가 됐고 아프리카는 중국의 최대 수입 지역이자 제2위 건설계약체결국, 제4위 투자대상지로 부상했다"라고 밝혔다.[20]

2012년 아프리카의 대중국 수출액은 1131억 7000만 달러로 2011년에 비해 20퍼센트 이상 증가했다. 2014년 중국 정부는 중국-아프리카 무역액을 1985억 달러로 추산했고 2015년에는 3800억 달러를 돌파하리라고 예상했다. 특히 중국은 아프리카의 30개 최빈곤국에서 수입하는 상품 중 60퍼센트에 대해 무관세 혜택을 부여하고 있다. 이미 2500개가 넘는 중국 기업이 아프리카에 투자하고 있으며 중국의 아프리카 시장 진출은 점점 빨라지고 있다.[21]

아프리카는 30년 전 중국이 경험한 산업 모델의 변혁을 경험하고 있지만
중국 모델을 그대로 따를 가능성은 낮다.

아프리카가 중국을 어떤 이미지로 받아들이는가에 대해 그동안 수많은 의문이 난무했다. 여하튼 중국인이 아프리카의 일자리 창출에 기여하고 기술을 전수해 경제에 활력을 불어넣으면서 중국의 이미지는 바뀌고 있다. 실용적인 것을 중시하는 중국의 태도가 아프리카에서도 인정받고 있는 것이다. 아프리카의 지도층은 중국을 신흥경제국 가운데 가

장 큰 협력 파트너로 여기고 있지만 그렇다고 유일한 협력 파트너로 생각하는 것은 결코 아니다."[22]

아프리카 국가들이 중국 모델을 경솔하게 따라할 가능성은 희박하다. 그들은 30년 전 중국이 그랬던 것처럼 다양한 모델을 취사선택한 뒤 경제성장 목표를 실현할 수 있는 모델을 선택할 것이다. 새로운 아프리카에 가장 중요한 것은 서방의 간섭에서 탈피해 새로운 동맹을 맺는 일이다.

발 빠르게 움직인 중국 상무부와 1만 6500개 민간기업이 참여한 중국 광채사업촉진회 中國光彩事業促進會(빈곤 지원 사업을 하는 민간단체 – 옮긴이)는 중국-아프리카 민간기업협회 China-Africa Business Council라는 민간단체를 설립했다. 이 협회는 중국 기업들이 앙골라, 카메룬, 콩고, 에티오피아, 가나, 케냐, 라이베리아, 모잠비크, 나이지리아, 탄자니아 등 아프리카 국가들과 경제·무역·투자 협력관계를 수립하도록 효과적이고 실용적인 비즈니스 기회를 제공하고 있다. 나아가 후진타오 전 국가주석은 2006년 11월에 열린 중국-아프리카 협력포럼에서 중국-아프리카 개발기금 China-Africa Development Fund 창설을 선포했다. 이 기금은 아프리카 투자에 주력하는 유일한 주식투자기금으로 주로 농업, 제조업, 인프라, 자원개발 등에 투자하고 있다.

2013년 중국-아프리카 민간기업협회와 중국-아프리카 개발기금은 글로벌 투자 환경 변화에 부응해 아프리카 투자를 촉진하기 위한 두 가지 기금을 새로 내놓았다. 당시 츠젠신 遲建新 중국-아프리카 개발기금 총재는 "아프리카에서 총 24억 달러 규모의 프로젝트를 추진할 이 기금을 계기로 중국과 아프리카 각국의 동반자 관계가 더욱 탄탄해지기를 기대한다"라고 밝혔다.

중국-아프리카 민간기업협회의 정웨원鄭躍文 회장은 2013년 6월 〈차이나데일리〉와의 인터뷰에서, "아프리카 대륙도 30년 전 중국처럼 경제모델 전환을 실현하고 원자재 수출에만 그치는 현 상태를 벗어나 중요한 상품 생산국으로 도약할 수 있을 것"이라고 말했다.[23]

중국-아프리카 민간기업협회의 투자자 중 80퍼센트는 민간기업으로 충칭의 자동차기업인 리판그룹, 광둥성 광저우의 신발회사인 화젠그룹, 에너지회사인 선전에너지 등이 포함되어 있다. 그들은 아프리카 32개국에 11억 달러를 투자하고 있으며 2016년까지 50억 달러를 추가로 투자할 계획이다. 리커창 총리는 에티오피아, 나이지리아, 앙골라, 케냐에 대한 첫 방문에서 약 60건의 협약을 체결했는데, 이들 협약은 향후 중국과 아프리카의 관계 발전에 탄탄한 기초를 제공할 전망이다. 중국은 아프리카의 발전에 기여할 수 있는 경험과 능력을 풍부하게 갖추고 있다.

무대 전면에 나서다

중국-아프리카 개발기금의 공식 홈페이지에는 이런 글이 있다.

"아프리카에 대한 중국의 직접투자가 빠르게 증가하고 있다. 어떤 기업은 시장점유율 확대에 주력하고 또 어떤 기업은 최종소비자와 보다 가까운 곳에 생산 공장을 세우기를 바란다. 또 다른 기업은 풍부한 자원을 위해 아프리카에 투자한다. 중국-아프리카 개발기금은 정책 분석, 리스크 통제, 각종 부가서비스 등 현재의 장점을 발휘해 중국과 아프리카 기업 간의 협력을 촉진하고 중국과 아프리카의 새로운 전략적 동반자 관계 수립에 적극 기여할 것이다."[24]

2010년 중국은 미국을 제치고
아프리카의 최대 무역 파트너로 부상했다.

2012년 당시 후진타오 국가주석은 중국-아프리카 협력포럼 제5차 장관급 회의에서 기조연설에서, "중국은 아프리카 각국의 자주적인 발전 모델 선택을 지지하며 그들이 독립적인 실력을 기르도록 성심을 다해 도울 것"이라고 천명했다. 그리고 이듬해 3월 시진핑 주석은 아프리카 순방에서 새로운 아프리카 지원 정책을 발표했다.

어려운 상황에 놓여 있는 일부 아프리카 국가에게 필요한 것은 바로 중국처럼 기댈 수 있는 어깨다. 이런 현실을 반영하듯 불안정한 과도기에 놓여 있는 남아공의 최대 무역 파트너는 중국이다. 그러나 2012년 당시 남아공 국영기업부장관이던 말루시 기가바Malusi Gigaba는, "우리가 여러 지역과의 상호 투자를 확대할 수 있다면 이머징마켓이 세계경제 무대에서 중요한 힘을 발휘할 수 있을 것"이라고 말했다.

2014년 5월 첫 아프리카 순방에 나선 리커창 총리는 에티오피아, 나이지리아, 앙골라, 케냐를 방문했다. 당시 리커창 총리는 "현재 2100억 달러인 양자 간 무역액을 2020년까지 두 배로 끌어올리겠다"라고 밝히는 한편 아프리카에 고속철도발전센터를 설립하겠다는 계획을 발표했다.

투자가 조지 소로스George Soros는 중국, 일본 등 여러 국가가 아프리카에서 신식민주의를 펼치고 있다고 비난했다. 크리스 올던Chris Alden, 대니얼 라지Daniel Large, 히카르두 소아르스 지올리베이라Ricardo Soares de

Oliveira는 《중국은 아프리카로 돌아간다 *China Returns to Africa*》라는 공저서에서, "중국이 중국-아프리카의 관계를 발전시키려 애쓰는 것은 아프리카의 자원을 얻기 위한 중국 정부의 전략이다. 중국은 나날이 증가하는 에너지 수요를 충족시키기 위한 안정적인 원료 공급을 모색하고 있다"라고 분석했다.[25] 반면 IMF는 "아프리카 발전의 20퍼센트는 중국-아프리카 간 협력에서 창출되고 있다. 중국과 아프리카 각국 정부는 양자 간 협력을 윈윈 전략으로 여긴다"라고 한 사실을 밝혔다.[26]

> 아프리카가 더 발전하려면 글로벌 가치사슬의
> 상위 단계로 이동하기 위해 노력해야 한다.

아프리카의 대중국 수출품 중 약 80퍼센트가 광물자원이다. 이 때문에 중국이 아프리카와 협력하는 유일한 목적은 아프리카의 '자원'이라고 비난하는 사람도 많다. 그러나 우후루 케냐타 Uhuru Kenyatta 케냐 대통령은 "중국과 케냐의 관계는 광물자원 수탈이 아니라 투자, 제조업, 인프라 건설을 기반으로 하고 있다"라며 중국을 두둔했다.[27]

아프리카와 중국의 양자 간 무역액은 지난 12년간 20배 가까이 급증해 2001년 100억 달러였던 무역액이 2013년 2100억 달러까지 증가했다. 이는 1960년 중국-아프리카 무역액의 2000배에 이른다. 2013년 아프리카를 방문한 중국인은 140만 명으로 아프리카의 외화수입 증대에 적잖게 기여했다. 또한 아프리카에 진출한 2000개 이상의 중국 기업에서 엔지니어, 일반 근로자, 주방장 등 중국인 직원이 약 100만 명이나 일하고 있다. 물론 아프리카 수출품은 거의 대부분 자원이며 그것도 원료 형태로 수출하고 있다. 부가가치 및 노동력 창출은 모두 다른 나라에서 이루어지고 있는 것이다. 이처럼 아프리카는 여전히 가치사슬의 맨 아래 등급에 위치하고 있다.

한편 타국의 내정에 간섭하지 않는다는 중국의 원칙이 아프리카의 일부 독재자에게 유리하게 작용하고 있음은 부인하기 어려운 사실이다. 그렇지만 중국은 현지 인프라와 국영기업에 직접 투자해 아프리카 사람들에게 새로운 비즈니스 기회를 창출해주고 있다.

다른 한편으로 중국은 저가상품으로 아프리카 여러 나라의 산업 시스템을 붕괴시키고 있다. 브렌트하우스트러스트Brenthouse Trust가 발표한 통계자료에 따르면, 과거 10년간 아프리카의 방직 업종에서만 75만 개의 일자리가 사라졌다. 남아공에서도 신발 및 방직품 중 40퍼센트는 중국산 제품이다.

다른 신흥경제국 역시 아프리카의 중요성을 인식하고 있으며 이들 국가에 대한 아프리카의 의존도는 점점 높아지고 있다. 아프리카는 우선 악순환의 고리를 끊고 부패, 실업, 도농격차 등 과거의 문제부터 해결해야 한다. 도시의 오피스 빌딩은 궁전처럼 화려하지만 농촌의 주택에는 아직 전기조차 들어오지 않는 경우가 허다하다. 아프리카의 전력산업에 대한 직접투자가 이 문제를 해결하는 데 긍정적인 역할을 할 것이다.

중국의 목표는 아프리카에 투자하는 중소 투자자들을 한데 모아 중국과 아프리카 모두 이익을 얻는 데 있다. 주목해야 할 것은 아프리카 각국과 중국의 관계가 밀접해지면서 대만과 아프리카의 관계에 불협화음이 생기고 있다는 점이다. 한 예로 2013년 11월 감비아공화국이 대만과의 외교관계 단절을 선언했다. 이로써 대만과 외교관계를 유지하고 있는 아프리카 국가는 스와질란드, 상투메프린시페, 부르키나파소 3개국밖에 남지 않았다.

앞선 중국, 추격하는 인도 ————————————————— •

앞에서 말했듯 중국 선박이 아프리카 동해안으로 항해하려면 반드시 인도양을 거쳐야 한다. 지구상에서 세 번째로 큰 바다에 인도양이라는 이름을 붙인 것은 결코 우연이 아니다.

20세기 초 많은 인도인이 아프리카에 가서 철로를 건설했고 그들의 윗세대 중에는 아프리카에서 거주한 사람도 많았다. 예를 들어 마하트마 간디는 남아공에서 20년간 거주했으며 자와할랄 네루Jawaharlal Nehru 인도 초대 총리는 아프리카의 민족운동을 지원한 바 있다. 네루가 시행한 사회주의제도는 지금도 인도 정치에 큰 영향을 미치고 있다. 오만한 관료체제와 경제성장 둔화라는 현실이 인도의 향후 전망에 어두운 그림자를 드리우고 있긴 하지만, 인도 기업가들은 아프리카 시장에 커다란 기대를 품고 있다.

테미 오퐁Temi Ofong 바클레이스 아프리카 기업금융본부장은 2014년 3월, "인도와 아프리카 사이에는 깊으면서도 오랜 교류 역사가 있다. 아프리카에 대한 우리의 관심은 사라지지 않았다. (…) 아프리카는 내가 향후 5년간 가장 많은 관심을 기울일 지역이며 다음 20~30년간 지속적으로 발전할 것이다"라고 말했다.[28]

인도-아프리카 관계는 모디 인도 총리 취임 이후 크게 확대됐다. 모디 총리는 아프리카가 인도의 대외경제 정책에서 중요한 부분을 차지한다고 밝혔다. 현재 많은 인도인이 아프리카에 거주하고 있는데 이것은 모디 총리의 국제적인 이미지 형성에 크게 기여하고 있다. 맥킨지글로벌연구소에 따르면, 2025년까지 인도가 아프리카와의 관계에서 얻는 수입은 현재의 두 배인 1600억 달러까지 증가할 것이다. 특히 IT 서비스, 일용소비재, 전력, 농업 서비스 시장에서 얻는 수익이 각각 연평균 7퍼센트, 5퍼센트, 10퍼센트, 2~5퍼센트씩 증가할 것으로 전망된다.[29]

〈이코노미스트〉는 2013년 10월 인도와 중국을 '코끼리와 호랑이'에 비유하며 "아프리카는 이들에게 다방면으로 시금석이 될 것이다. 인도가 아프리카에서 어떤 정책을 펼치고 또 어떤 성과를 거두는가에 따라 인도가 이머징마켓에서 어떤 역할을 할지 예상할 수 있다"라고 논평했다.[30]

중국은 인도에 절호의 기회를 준 셈이다. 우리의 경험에 비춰볼 때, 베이징외국어대학 중국해외한학연구센터 장시핑張西平 주임의 지적은 매우 정확하다. 〈차이나데일리〉와의 인터뷰에서 그는 "중국 대학생들은 서양의 지식인 및 문화에 관해서는 많이 알고 있지만 캄보디아, 라오스 등에 대해서는 아는 것이 거의 없다"라고 말했다.[31] 이것은 서방 패권주의가 중국에 속속들이 파고든 결과이기도 하다.

이제 글로벌 트렌드가 바뀌면서 아시아는 세계경제 중 가장 활기가 넘치는 대륙으로 부상했다. 이에 따라 아시아 문화를 이해하는 것이 경제 활동에서 긍정적인 역할을 하고 있다. 앞서 말했듯 "투자할 나라에 대해 진정으로 알고 싶다면 반드시 그 나라의 문학작품을 읽어야 한다"라는 저스틴 레버렌즈의 충고를 명심해야 한다. 장시핑은 앞의 인터뷰에서 "과거 100년간 우리는 미국 및 유럽 국가에는 지대한 관심을 쏟으면서

정작 우리의 이웃 국가는 소홀히 했다"라고 말했다. 하지만 그런 상황에
점차 변화가 생기고 있다.

라틴아메리카 변화의 원동력 ●

"라틴아메리카 국가가 중국의 범세계적 통합화global integration 정책에서
가장 큰 무역 수혜자가 될 것이다."

경제협력개발기구OECD는 2006년에 발표한 연구보고서의 마지막 부
분에서 이런 결론을 내렸다.[32] 중국의 글로벌 대융합 과정에서 중요한
이정표가 된 사건은 2001년 중국의 WTO 가입이다. 이 연구보고서는
"중국 경제의 급부상은 라틴아메리카 국가의 각성을 촉구하기도 했다.
라틴아메리카에는 여전히 여러 가지 개혁이 필요하며 특히 인프라 분야
의 개혁이 시급하다"라고 지적했다.

2010년 6월 원자바오溫家寶 당시 중국 총리는 남미 순방 기간에 50억
달러 규모의 직접투자를 약속하고 라틴아메리카 국가의 인프라 건설을
위해 100억 달러를 융자해줄 계획이라고 밝혔다. 그 무렵 중국의 라틴
아메리카 국가에 대한 융자액은 이미 370억 달러에 가까웠고 투자액도
100억 달러에 달했다. 더욱이 투자액은 2009년 대비 50퍼센트나 급증
한 규모였다. 2005~2013년 중국의 라틴아메리카 전체 투자액은
1000억 달러에 육박해 2001년 6억 2100만 달러였던 중국의 라틴아메
리카 투자액은 2010년 440억 달러까지 증가했다. 2005~2011년 라틴
아메리카에 대한 중국의 융자액도 750억 달러에 달했다.

과거 10년간 라틴아메리카 변화의 가장 큰
원동력은 중국의 참여였다.

〈이코노미스트〉는 2014년 4월 "융통성 있는 친구Flexible friends"라는 기사에서 중국의 급부상이 지구촌 곳곳을 변화시켰다고 논평했다.[33] 중국은 라틴아메리카 및 카리브 해 연안 국가에 꾸준히 진출하고 있으며 라틴아메리카에서의 경제활동도 계속 확대하고 있다. 반면 과거에 라틴아메리카의 좋은 친구였던 미국은 라틴아메리카에 대해 그리 낙관적이지 않다.

시진핑 주석은 첫 라틴아메리카 순방에서 중국의 자유무역 파트너인 트리니다드토바고, 멕시코, 코스타리카를 방문했다. 아시아 거인의 라틴아메리카 시장 진출은 막을 수 없는 대세이며 속도가 둔화될 조짐도 전혀 보이지 않았다.[34]

시진핑 주석의 2013년 라틴아메리카 순방은 상징적 의미가 매우 크며 라틴아메리카 각국은 그의 방문을 두 팔 벌려 환영했다. 이에 부응하듯 트리니다드토바고 방문 당시 시진핑 주석의 주머니에는 30억 달러 융자라는 선물이 들어 있었다. 또한 시진핑 주석이 취임 이후 멕시코와의 협력 강화를 주도하면서 양국 관계는 빠르게 발전했다.

시진핑 주석은 2014년 7월 브라질에서 열리는 브릭스 정상회담에 참여했다. 그 이전인 2014년 4월 18일부터 27일 사이에는 왕이王毅 중국 외교부장이 아르헨티나, 브라질, 쿠바, 베네수엘라를 방문했다. 중국 외교부장이 라틴아메리카에서 그처럼 오랫동안 머문 것은 이례적인 일이며 이는 중국이 라틴아메리카와의 우호관계를 얼마나 중시하는지 여실히 보여준다.

맨해튼에 본부를 둔 아메리카소사이어티Americas Society의 에릭 판스워스Eric Farnsworth 부대표는 "중국과 미국이 라틴아메리카 및 카리브 해 연안에서 경쟁할 것인가"라는 질문에 "양국 정부가 자국의 상황 및 수요에 맞춰 적당한 절차를 선택할 뿐 서로 경쟁하거나 상대의 이익을 침해하지는 않을 것"이라고 대답했다. 그러나 그의 이런 생각은 동화처럼 천진난만한 것이다.

중국은 큰 그림 안에서 동맹관계를 맺고자 한다.

〈월스트리트저널Wall Street Journal〉은 2013년 9월 중국의 카리브 해 진출에 관해 다른 관점을 내놓았다.[35] 이 신문은 "중국과 카리브 해 여러 나라의 관계 강화를 이해하는 가장 좋은 방법은 이 지역에 영향력을 행사하는 먼 나라 러시아의 방법을 참고하는 것이다. 미국 정부는 현재 카리브 해 연안이 고인 물과 같아 전략적으로든 경제적으로든 어떤 방법을 써도 물결을 일으킬 수 없을 것이라고 생각한다. 그러나 러시아와 중국의 생각은 다르다. 그들은 라틴아메리카와 카리브 해 연안 국가들을 아킬레스건으로 여기고 있다"라고 논평했다.

〈파이낸셜타임스〉는 2013년 12월 "카리브 해에 진출한 중국은 미국의 입장을 그다지 고려하지 않는다. 중국은 이 지역에서 초강대국 미국이 빠져나간 공백을 메우려 애쓰고 있으며 특히 인프라에 투자함으로써 자국의 지위를 탄탄히 다지려 하고 있다"라고 논평했다.[36] 그런가 하면 미국 브루킹스연구소의 리청李成 수석연구원은 "카리브 해 연안에서의 중국의 노력이 아직 초보 단계이긴 하지만 미국은 중국의 카리브 해 진출을 예의 주시할 필요가 있다"라고 충고했다.[37]

최근 유엔 산하 중남미·카리브경제위원회 CEPAL는 라틴아메리카 및 카리브 해 연안 국가 연구보고서에서 2016년에는 중국이 유럽연합을 제치고 라틴아메리카 및 카리브 해 연안의 제2위 무역 파트너가 될 것으로 전망했다. 물론 1위는 미국이지만 결국 중국이 이 지역에서의 미국의 지위를 무너뜨릴 것이라고 예상하는 사람들도 있다.

2012년 10월 저장성 항저우에서 제6차 중국-라틴아메리카 비즈니스서밋이 열렸다. 이 회의 참석자들은 다자간 경제관계에 대해 낙관적인 태도를 보였고 중국과 라틴아메리카 기업들은 새로운 협력관계 수립과 양자 간 무역 및 상호 투자 촉진을 위해 적극 나서기로 합의했다.

2013년 11월 코스타리카에서 열린 제7차 중국-라틴아메리카 비즈니스서밋에서 중국은 라틴아메리카 및 카리브 해 연안 국가들과 50개가 넘는 양자 간 협약을 체결했다. 칠레, 콜롬비아, 멕시코의 경제가 성장하면서 이들 3개국에 대한 중국의 전체 투자액은 2012년 550억 달러까지 증가했다. 나아가 칠레, 콜롬비아, 멕시코, 페루의 경제통상부는 물류 서비스 및 자본의 유동성을 촉진하기 위해 중국과 중국-태평양 동맹 다자간연합 China-Pacific Alliance Multi-Chamber Union 창설에 합의했다. 앞으로 투자는 다원화되고 주로 제조업, 농업, 상업, 중소기업에 집중될 전망이다. 중국은 라틴아메리카의 최대 채권국으로, 베네수엘라 한 나라에 제공한 융자액만 해도 500억 달러에 달한다.

중국 – 라틴아메리카의 관계는 나날이 가까워지고 있다.

멕시코는 이웃 국가인 미국과 밀접한 관계를 맺고 있다. 멕시코의 한 주간 대미 수출량이 1년간 대중 수출량보다 많을 정도다. 멕시코는 저비용 제조기지로 중국의 대미 수출 경쟁 상대이자 중국에 필요한 미국산 제품의 수출 대상국이다. 주로 구리, 철광석, 콩 등의 원자재를 수출하고 저가 공산품, 기초기술을 수입하는 멕시코는 과거의 대중국 무역 기조에서 벗어나기를 희망하고 있다. 중국이 라틴아메리카에 대한 투자 확대를 약속하고 몇 가지 통상 협정을 새로 체결했기 때문이다.

라틴아메리카 국가 중 중국의 최대 무역 파트너는 브라질이다. 2012년 중국-브라질 무역액은 750억 달러였다. 중국의 자동차기업은 브라질에 진출한 지 단 2년 만에 브라질 자동차 시장점유율을 2퍼센트로 끌어올렸다. 현실적으로 중국과 라틴아메리카 최대 경제국인 브라질 간의 관계가 핵심이다. 최근 이 두 대국의 관계에 변화가 생기고 있다. 서로 상대방 국가에 대한 인식과 기대치가 초보적인 단계를 넘어 보다 성숙하고 이성적인 단계로 올라섰다.[38] 클로도알두 우주에네이 Clodoaldo Hugueney 전 중국 주재 브라질 대사는 "중국과 라틴아메리카는 상호보완적인 관계에 있다. 중국은 원자재를 필요로 하고 우리는 자원이 풍부하다. 중국은 라틴아메리카에 중요한 나라일 뿐 아니라 전 세계에서도 매우 중요한 나라다"라고 말했다.

IMF 보고서에 따르면, 2012년 중국과 라틴아메리카의 무역액은 2555억 달러이고 무역증가율은 8퍼센트였다. 이는 미국과 라틴아메리카의 무역증가율인 6퍼센트보다 높은 수치다. 라틴아메리카의 에너지산업 및 인프라에 대한 중국의 투자가 빠른 증가세를 보이고 있다. 현재 라틴아메리카의 인프라 건설에 대한 중국의 총 투자액은 5000억 달러까지 증가했다.[39] 과거 5년간 라틴아메리카 기업들의 대외 투자액은 2000억 달러를 넘어섰는데 이 가운데 중국과의 협력 프로젝트가 큰 비중을 차지했다. 미주개발은행 Inter-American Development Bank에 따르면, 2000년 39억 달러였던 중국의 대라틴아메리카 수출액은 2011년 860억 달러까지 증가했다.

중국과 라틴아메리카 무역에는 아직도 큰 잠재력이 있으며 중국은 세계적으로 자국의 이미지를 새롭게 다지기 위해 노력하고 있다.

중국 미디어가 라틴아메리카에 진출하고 있다.

중국이 라틴아메리카에 대한 영향력을 확대하고자 한다는 것은 분명한 사실이다. 가령 칠레에 사는 호제리오가 중국과 중국 정치를 알고 싶으면 중국의 영어방송 채널이 아니라 중국 CCTV에서 스페인어로 내보내는 TV 프로그램을 시청하면 된다. CCTV의 스페인어 프로그램은 2007년 방송을 시작했다. TV 프로그램으로 얻는 정보가 부족할 경우 호제리오는 중국 관영신문 〈인민일보 人民日報〉의 스페인어 사이트에 접속할 수도 있다. 이 사이트는 2011년에 개설됐다.

중국과 라틴아메리카의 거리는 점점 가까워지고 있다. 중국에는 미국의 CNN 같은 민영 뉴스 네트워크는 아직 없지만 CCTV를 전 세계로 방송한다는 사실만으로도 대단한 발전이라 할 수 있다. 2000년 시작 단계였던 CCTV 글로벌 채널은 중국 개혁개방 초기의 성장 과정과 유사했다. 글로벌 미디어 분야에 처음 진출했을 때 중국은 세계적인 TV 네트워크인 CNN 방식을 본보기로 삼았다. CCTV 뉴스 프로그램을 처음부터 줄곧 시청해온 우리는 이 방송이 점차 안정 단계로 들어선 뒤 지금처럼 수준 높은 뉴스 보도가 가능해지기까지의 전 과정을 모두 지켜보았다.

　중국이 라틴아메리카 사람들의 모국어로 그들과 소통한다는 것은 소프트파워 면에서 중요한 의미가 있다. 그밖에 라틴아메리카에 개설한 30개의 공자아카데미도 중국을 라틴아메리카 국가에 알리는 데 크게 기여하고 있다.

쿠바의 대외 개방 ─────────────────────────────────●

세계은행에 따르면, 2016년 라틴아메리카와 카리브 해 연안 국가의 경제성장률은 3.7퍼센트까지 상승하고 콜롬비아 등 일부 국가의 경제성장률은 4퍼센트를 웃돌 것으로 보인다.[40] 크리스토퍼 사바티니 Christopher Sabatini 콜롬비아대학 교수는 2012년 3월 "미국 학자와 정책입안자는 상대 국가가 발전한다고 해서 정치적 교섭이 불가능해지는 것이 아님을 알아야 한다. 21세기 들어 라틴아메리카 국가들은 자기만의 발전 추세를 찾았으며 이런 현실을 충분히 고려하는 것은 매우 중요하다"라고 말했다.[41]

　전 세계 33개국 지도자들이 2014년 1월 미국 하바나에 모여 라틴아메리카-카리브 해 국가공동체CELAC 정상회담을 개최했다. 이 회담의 주요 의제는 지역동맹이었는데 유럽국가와 미국은 여기에 참여하지 않았다. 미국 외교관계협의회 The Council on Foreign Relations의 줄리아 스웨이그Julia Sweig 수석연구원은 이 공동체의 제2차 정상회담이 중요한 전환점이 될 것이라며 "미국이 미주 국가와의 관계를 좌지우지하는 상황으로 되돌아가는 것은 상상할 수 없다. 나는 오바마 정부가 충분한 상상력과 창의력, 자신감을 가지고 라틴아메리카 국가들의 독립적이고 자주적인 외교정책에 적응하기를 기대한다"라고 말했다.

사바티니는 다음과 같이 지적했다. "미국 정부는 민주정치의 발전과 다자간 경제자유화 사이에 인과관계가 있다고 믿어왔고 상대국과 미국 모두가 이익을 얻기를 바란다. 이것은 지역관계 발전 전략 수립에서 미국이 줄곧 지켜온 원칙이다. 하지만 불행히도 이 사고방식은 상대국 내부의 경제발전 논리와 각국의 영구적인 경쟁관계를 고려하지 않은 것으로 시장경제의 다양성마저 무시하고 있다. 중국은 나날이 성장하는 경제력을 이용해 미국이 남반구에서 누리던 경제적 영향력을 약화시키고 있다."

라틴아메리카-카리브 해 국가공동체는 중국-라틴아메리카 국가공동체포럼을 창설해 중국과 라틴아메리카의 협력관계 발전에 중요한 장을 마련할 계획이다. 이것은 중국이 라틴아메리카에서 기울여온 노력에 대한 긍정적인 피드백이기도 하다. 시진핑 주석은 이 정상회담 개최를 축하하는 축전에서 중국-라틴아메리카 국가공동체포럼 창설 건의에 특별히 찬사를 보내는 한편 이런 말로 반겼다. "제2차 정상회담에서 '중국-라틴아메리카 국가공동체포럼 창설을 지지하는 특별성명'이 순조롭게 통과된 것은 라틴아메리카와 카리브 해 각국이 중국-라틴아메리카 협력 강화를 바라고 있음을 보여준 것이며, 이는 중국-라틴아메리카 관계 향상에 도움을 줄 것이다."

중국-라틴아메리카 국가공동체포럼 창설을 적극 지지하는 중국은 호혜평등, 공동발전을 원칙으로 한 중국-라틴아메리카의 협력이 두 지역 국민을 보다 이롭게 하고 나아가 두 지역 및 세계 평화와 발전에 기여하기를 바라고 있다. 뉴스 사이트 〈인사이드코스타리카 *Inside Costa Rica*〉는 2014년 2월 "라틴아메리카-카리브 해 국가공동체에는 33개 회원국 간의 동맹 외에 또 다른 중요한 목적이 있다. 그것은 바로 라틴아메리카 및 카리브 해 연안에 대한 미국의 영향력을 약화시키는 것이다. 이들은 비록 미국의 가까운 동맹국이긴 하지만 새로운 비즈니스 기회를 모색하기 위해 중국과도 대화를 나누고 있다"라고 밝혔다.[42]

> 미국의 정책은 아메리카 대륙의 현실과 동떨어져 있다.
> 현재의 정책을 고수한다면 결국 고립될 것이다.

쿠바의 라틴아메리카-카리브 해 국가공동체 순회의장국 임기가 곧 끝날 것이다. 하지만 이번 라틴아메리카-카리브 해 국가공동체 정상회담은 대외적으로 쿠바의 개혁을 알리는 기회였다. 이 회의를 계기로 많은 사람이 쿠바에서 개혁이 이뤄져 민간경제 규모가 크게 확대되고 자유로운 여행이 가능해졌으며 외국에 투자의 문을 활짝 열었음을 알게 됐다. 정상회담은 미국을 향해 날린 강편치였다. 미국의 정책은 이 대륙의 현실과 동떨어져 있고 미국은 고립될 수밖에 없다.[43]

라틴아메리카 여러 나라의 최고지도자가 하바나에 모였다는 사실은 미국의 대쿠바 정책과 쿠바의 대라틴아메리카 정책 사이의 큰 차이를 선명하게 보여주었다. 라틴아메리카 국가들은 쿠바가 경제 개혁을 통해 점점 개방되기를 기대하는 한편, 보다 민주적이고 인권을 더 보장하는 문제에서 행동 없이 말뿐인 현재의 쿠바 상황이 바뀌기를 바라고 있다.[44] 라틴아메리카-카리브 해 국가공동체 정상회담과 유사한 회의는 많이 존재하고, 라틴아메리카라는 커다란 깃발 아래 그들이 해야 할 일도 아주 많다. 유럽연합 정상회담에서도 이런 모델을 자주 논의하지만 대부분 말로만 그칠 뿐 행동으로 옮기지는 않는다.

태평양동맹

라틴아메리카 각국이 중국과의 경제협력을 강화하고 다양한 노력을 통해 자유무역을 확대하는 동안 서방 언론들은 그 노력에 대해 거의 언급하지 않았다. 그런데 2013년 5월 모든 언론의 시선이 엔리케 페냐 니에토 Enrique Pena Nieto 멕시코 대통령, 후안 마누엘 산토스 Juan Manuel Santos 콜롬비아 대통령, 세바스티안 피녜라 Sebastian Pinera 칠레 대통령, 오얀타 우말라 Ollanta Humala 페루 대통령에게로 쏠렸다. 이 4개국 대통령이 2012년 6월 체결한 태평양동맹 Alianza del Pacifico이 최종 확정됐기 때문이다.

〈월스트리트저널〉은 2013년 7월 "이 협정이 1994년 체결된 북미자유무역협정의 뒤를 이어 라틴아메리카의 경제발전에 효과적인 촉진제가될 것"이라고 전망했다.[45] 태평양동맹을 체결한 4개국 인구를 모두 합치면 2억 1000만 명으로 라틴아메리카 전체 인구의 36퍼센트를 차지한다. 이 동맹의 목표 중 하나는 외국인투자가들을 위해 확실하고 안정적인 투자 환경을 제공하는 것이다. 멕시코 재무장관은 "라틴아메리카 지역을 단일 지역으로 봤을 때 이 지역은 세계 8위 경제체이자 7위 수출 지역이 될 것"이라고 기대했다.

2011년 처음 구상한 이후 4개국 대통령은 모두 일곱 차례 만나 이 지역에서 상품과 서비스, 투자, 자본, 숙련 노동력의 자유로운 이동을 실현하기 위한 방법을 논의했다. 서방의 관점에서 이것은 놀라우리만치 빠른 진행이었다. 콜롬비아 언론은 이 협약을 통해 92퍼센트에 달하는 상품의 무역관세가 사라졌다는 소식을 전하며 흥분을 감추지 못했다.

더 가까워지는 라틴아메리카와 아프리카 ──────────•

대부분의 대형 언론사는 아프리카 각국에 대한 중국의 대대적인 투자 소식을 일 면 머리기사로 보도했다. 그러나 브라질이 아프리카 국가들과의 경제협력을 확대하고 있고 특히 포르투갈어를 사용하는 기니비사우, 카보베르데, 앙골라, 모잠비크 등과의 협력에서 진전을 거두었다는 소식은 거의 보도하지 않았다. 여하튼 라틴아메리카, 중국, 아프리카는 향후 10년간 서로 경쟁 상대이자 협력 파트너 관계를 이어갈 전망이다.

라틴아메리카와 카리브 해 연안 국가는 상호 협력하고 중국과의 관계를 강화하는 한편 아프리카 각국과의 경제관계도 개선했다. 사실 브라질의 2억 인구 가운데 7500만 명이 아프리카 혈통이다. 이들 두 대륙의 여러 나라에는 서방 식민주의자에게 짓밟힌 슬픈 역사 외에도 무능한 정부, 심각한 빈부격차, 부패 등 적잖은 공통점이 있다. 한편 이들 두 대륙의 공통적인 장점은 젊은 인구가 많고 자원이 풍부하며 성장 잠재력이 크다는 것이다.

비록 역사적·문화적·민족적 배경은 각기 다르지만 두 대륙의 관계를 탄탄히 하고 국제기구 설립을 통해 다양한 협력을 촉진하며 성장 잠재력을 공유하고자 하는 노력은 점점 활발해지고 있다. 현재 기초적인 수준에 머물러 있는 협력관계를 새로운 수준으로 끌어올리려면 적극적인 대화를 통해 두 대륙이 과학기술, 교육, 환경, 에너지, 인프라, 관광 분야에서 지니고 있는 기회를 충분히 활용해야 한다.

라틴아메리카와 아프리카 국가들은 다자간 교류의 문을 활짝 열었다.

말만 앞세울 뿐 행동하지 않는 고질적인 습관을 고친다면 다양한 대화 방식을 통해 모든 장애물을 제거하고 공통의 이익을 확대할 수 있다. 2013년 2월 제3차 아프리카-라틴아메리카정상회담 ASA이 적도 기니의 말라보에서 열렸다. 이 회의의 목표는 '남남협력을 강화할 전략 및 메커니즘을 모색하는 것'이었다. 70억 달러이던 라틴아메리카와 아프리카의 무역액은 이미 2011년 390억 달러로 증가한 상태였다.

리카르도 파티뇨Ricardo Patino 에콰도르 외무장관은 "아프리카와 라틴아메리카 모두 역사적으로 식민 지배를 받은 경험이 있다. 물론 우리는 현재 서로를 잘 알지 못하고 함께 일해 본 경험도 없다. 그러나 우리는 비즈니스 분야의 협력 외에도 서로에게 제공할 수 있는 것이 아주 많다"고 말했다. 마르코 하우시키Marco Hausiki 나미비아 부총리는 "라틴아메리카와 아프리카 국민은 둘 다 비슷한 역사적 비극을 겪었고 자유와 민족의 독립을 위해 숱한 노력을 기울였다. 우리는 두 지역 국민의 공통 이

익을 위해 할 수 있는 모든 일을 적극 시도해야 한다"라고 말했다.[46]

> 브라질과 나이지리아는 자기 대륙에서 인구가 가장 많은 나라지만
> 아직도 자국 내에서 잠재력을 충분히 발휘하지 못하고 있다.

문화적·정치적·경제적 배경의 차이를 넘어 공통된 입장을 모색하고 수립하려면 현재 자국에게 필요한 것을 충족시키는 동시에 다양한 분야에서 장기적인 이익을 고려해야 한다. 이것은 그리 쉬운 일이 아니지만 자기 대륙에서 가장 인구가 많은 브라질과 나이지리아는 이를 목표로 삼고 있다. 양국 간 무역 규모는 2002년 15억 달러에 불과했으나 2012년 90억 달러에 육박해 다섯 배 넘게 급증했다. 특히 브라질 국영 석유기업 페트로브라스는 나이지리아 에너지산업에 수억 달러를 투자했다.

아프리카-라틴아메리카정상회담에서 지우마 호세프 전 브라질 대통령이 굿럭 조너선Goodluck Jonathan 나이지리아 대통령과 만나 대화한 이후 두 나라 사이에 고위급 회담이 빈번하게 이뤄졌다. 양국 회담에서는 농업 및 식품 안전, 휘발유, 전력, 바이오연료, 무역과 투자, 광산 채굴, 교육, 항공, 인프라 관리, 금융, 문화 등 다양한 분야에 관해 폭넓은 의견 교환이 있었다.

> 미국은 말뿐이고 중국은 행동한다.

우리는 버락 오바마라는 인물을 처음 알게 된 순간을 지금도 생생히

기억하고 있다. 2004년 우리 부부는 싱가포르의 한 호텔에서 CNN 뉴스를 시청하고 있었다. 그날 미국 민주당 전당대회에서 존 케리John Kerry가 대통령 후보로 지명됐고 당시 젊은 오바마는 기조연설을 했다. 오바마에게 깊은 인상을 받은 우리는 그날 연설 내용을 지금도 생생하게 기억하고 있다. 그의 연설을 들은 아프리카인은 모두 놀라움을 감추지 못했을 것이다. 하지만 그것은 이야기의 시작이었을 뿐이다.

2008년 버락 오바마라는 흑인이 미국 대통령으로 당선되자 아프리카 전체가 감격의 도가니에 빠졌다. 사람들은 이것이 북미와 아프리카의 협력을 강화하는 계기가 될 것이라고 전망했다. 그러나 아프리카와 진정한 우정을 쌓기 위해 손을 내민 것은 "내 몸속에는 아프리카인의 피가 흐르고 있다. 내 가족사가 곧 아프리카의 비극과 성공의 축소판이다"라는 감동적인 말을 한 오바마가 아니라 시진핑 주석이었다. 그는 중국 국가주석으로 취임한 후 첫 방문지로 아프리카를 선택했다.

2013년 오바마 대통령이 세네갈, 남아공, 탄자니아를 방문했을 때 백악관은 대통령의 이번 방문이 경제성장과 투자 및 무역을 확대하겠다는 의지를 표명하기 위한 것이라고 밝혔고, 그 바람에 아프리카 각국이 오바마 대통령에게 거는 기대는 더욱 커졌다. 그렇지만 미국이 아프리카에 가장 강하게 요구한 것은 '민주주의 강화와 차세대 아프리카 지도자 육성'이었다.

미 상원외교위원회 내 아프리카위원회 의장인 크리스 쿤스Chris Coons 민주당 의원은 미국이 아프리카 문제에서 오류를 범하고 있음을 처음으로 경고했다.

그는 "미국은 아프리카에서 번번이 실패하고 있고 경쟁 상대에게 기회를 고스란히 내주고 있다. 최근 중국의 아프리카 투자가 활발해지면서 가치관을 위주로 한 미국의 목표 실현을 방해할 가능성이 크다. 미국도 아프리카의 무역과 대아프리카 투자를 강화하는 방향으로 전략을 수정해야 한다"라고 말했다.

중국-아프리카 포럼이 다양한 의제를 다루며 10년 넘게 발전해온 것과 달리, 미국은 이제야 미국-아프리카 무역 및 금융 관계를 강화하기 위해 8월 제1차 미국-아프리카 비즈니스포럼을 개최하겠다고 발표했다.[47] 미국인도 자신들이 이 경기장에서 가장 빠른 선수가 아님을 알고 있었던 것 같다.

익명을 요구한 미국의 한 고위공무원은 〈파이낸셜타임스〉와의 인터뷰에서 "아프리카 각국이 이를 매우 좋은 기회로 여기고 있으며 미국도 환영하고 있다. 우리는 아프리카가 많은 기회를 품은 나라라고 생각한다"라고 말했다.

미국-아프리카 무역액은 과거 10년간 두 배로 증가했어도 아직 1100억 달러에 불과하지만, 중국-아프리카 무역액은 2013년 이미 2000억 달러를 기록했다.

미국의 세계적인 영향력은 점차 약화되고 있고
이는 글로벌 서던벨트에 속하는 신흥경제국에 대한 영향력도 마찬가지다.

워싱턴 소재 싱크탱크인 인터아메리칸다이아로그Inter-American Dialogue 의 연구원 에릭 존슨Eric Johnson은 다음과 같은 주장을 내놓았다. "미국은 라틴아메리카에서 점점 영향력을 잃고 있다. 중국의 활동은 이 지역에서 미국의 국제적인 지위를 어떻게 변화시킬 것인가? (…) 라틴아메리카는 더 이상 미국의 뒤뜰이 아니며 이들이 외국과의 관계에서 이익을 추구하는 능력은 커지고 있다."[48] 그는 중국이 미국을 대신해 라틴아메리카에 시장과 무기를 공급함으로써 라틴아메리카에 대한 미국의 정치적·경제적 영향력을 약화시키고 있다고 말했다.

케빈 갤러거Kevin Gallagher 보스턴대학 국제관계학 교수도 미국이 라틴아메리카를 무시한다며 질책했다. "미국이 내놓은 범태평양 동반자 관계에는 부가적인 조건이 너무 많다. 반면 중국은 라틴아메리카에 30억 달러를 투자하면서도 몇 안 되는 조건만 제시했다. (…) 2003년부터 중국의 각 정책은행은 라틴아메리카에 860억 달러의 융자를 제공했다. 이는 세계은행 산하 미주개발은행과 미국수출입은행의 융자액을 넘어선 액수다."[49]

2011년 라틴아메리카를 방문한 오바마 대통령은 미국과 라틴아메리카 각국의 관계를 새롭게 정의했다. 그러나 그때의 약속은 지금껏 행동으로 옮겨지지 않았다. 2014년 5월 28일 열린 뉴욕 주 웨스트포인트사관학교 졸업식에서 연설한 오바마 대통령은 라틴아메리카를 거의 언급하지 않았다. 미국에 대한 그의 인식은 그저 과거의 화려했던 시절에 머물러 있을 뿐이다.

그는 "오늘날 대부분의 지표가 미국의 국력이 과거 그 어느 때보다 강하다는 사실을 보여주고 있다. 어떤 이는 여기에 동의하지 않고 미국이 쇠락하고 있으며 국제적인 사안에서 주도적인 지위를 상실했다고 주장한다. 그들은 역사를 잘못 인식하는 것이 아니라 당파 정치의 소용돌이에 휩쓸린 것이다"라고 말했다.

미국은 여러 번이나 기사회생한 전력이 있다. 낙천적인 전통을 계승한 미국인은 하늘을 원망하지 않고 실용적인 자세로 문제를 해결함으로써 세계의 흐름을 바꾸는 한편 자신들에게 유리한 항해 방향을 잘 찾아내곤 한다.

맥킨지글로벌연구소는 〈게임체인저*Game Changer*〉라는 보고서를 통해 미국이 발전할 수 있는 다섯 가지 기회를 제시했는데, 실제로 미국 경제가 회복되고 있다는 긍정적인 신호가 나타나고 있다.[50] 실업연금 수령자가 14년 만에 최저치인 26만 4000명으로 줄어들었고 공장, 광산, 공공사업 부문의 생산액은 2014년 9월에만 1퍼센트 증가했다. 이는 월평균 증가율로는 2012년 12월부터 지금까지 가장 큰 수치다.[51]

미국의 GDP 증가를 견인하는 가장 큰 원동력은 바로 셰일가스와 원유다. 이 두 자원은 2020년까지 미국 경제에 6900억 달러의 수익과 일자리 170만 개를 창출해줄 것으로 예측된다. 그런데 셰일가스와 원유 채굴은 미국의 에너지 자급을 실현하고 에너지의 수입 의존도를 크게 낮춘 반면 환경문제를 유발했다. 누구든 미국 곳곳을 다녀보면 맥킨지글로벌연구소의 이런 지적에 동의할 것이다.

인프라 투자는 향후 미국 경제의 중요한 성장축이 될 전망이다. 맥킨지글로벌연구소에 따르면, 미국의 고정자산 투자가 2030년까지 180만 개의 일자리를 창출하고 매년 국민경제에 3200억 달러의 수익 유발 효과를 안겨줄 것으로 예상된다.

지식집약형 제품의 경쟁력 강화, 빅데이터 구축, 효율성 제고 등을 통해 미국 엘리트들이 능력을 발휘할 수 있는 효과적인 시스템을 구축해야 한다. 이것이 미국이 전세를 역전시킬 중요한 무기이기 때문이다. 그렇지만 이런 무기는 모두 선결조건을 충족시켜야 얻을 수 있고 또 앞으로 발생 가능한 상황일 뿐이다. 맥킨지글로벌연구소는 마지막으로 "지금 당장 행동해야 미국의 경제 상황을 역전시키고 향후 몇 십 년간 발전 및 번영할 수 있다"고 결론을 내렸다.

〈파이낸셜타임스〉는 2014년 10월 열린 IMF 총회를 분석한 기사에서, IMF가 미국과 유럽의 앞날을 매우 어둡게 바라보았지만 신흥경제국에 대해서는 완전히 다른 전망을 내놓았다고 보도했다. 현재 신흥경제국의 경제성장률은 과거 30년간의 평균성장률을 웃돌고 있다. 특히 중국이 세계 최대 경제국으로 부상하면서 향후 세계의 발전 전망에 변화가 생기고 불평등한 상황이 개선됐다. 개혁의 길은 험난하고 일부 국가는 현재의 상황조차 낙관할 수 없지만 대부분의 국가가 번영을 향해 나아가고 있다.[52]

이런 분석과 평가는 시대에 맞지 않는 서방 중심의 세계관을 바탕으로 하고 있다. 전 세계 경제체 중 3분의 2의 경제가 깨어난다는 것은 선진국에게도 커다란 기회다. 이 책에 소개한 수많은 사례가 이 점을 증명하고 있다. 하지만 오늘날 서방의 각국 경제는 성장이 제자리걸음을 하고 원동력도 나날이 쇠퇴하고 있다. 짧은 노동시간, 훌륭한 사회복지 등 우리가 과거에 칭송한 많은 성과가 이제는 사치품이 된 현실을 인정해야 한다. 쇠퇴하는 서방 경제를 역전시키기 위한 노력은 이런 현실적인 요인을 충분히 고려해 이뤄져야 한다.

금융 개혁의 새로운 노선 ———————————————— •

글로벌 서던벨트에 속하는 나라 중에서도 브릭스의 성장은 특히 글로벌 시장의 주목을 받고 있다. 짐 오닐Jim O'Neill 영국 재무차관이 2001년 처음 '브릭스BRICs'라는 개념을 내놓을 때만 해도 이에 동의하지 않는 사람이 많았다. 그러나 시간이 흐르면서 이들 4개국은 점차 이를 받아들였고 2009년 6월 러시아 예카테린부르크에서 첫 회의를 개최했다. 이듬해 12월 중국이 남아공의 가입을 정식 요청하고 다른 회원국도 이에 동의함으로써 BRICs라는 명칭은 BRICS로 바뀌었다.

물론 브릭스뿐 아니라 글로벌 서던벨트에 속하는 신흥경제국 모두 세계경제 변혁에 크게 기여할 것이다. 그렇더라도 네 대륙에 걸쳐 있고 전체 인구가 세계 전체 인구의 43퍼센트를 차지하는 브릭스가 신흥경제국의 본보기로서 세계무대에 당당히 진출해 있음은 분명한 사실이다.

아프리카 문제 전문가이자 국제법학자, 경제학자인 로런스 브람Laurence Brahm은 다음과 같이 말했다. "글로벌 금융 질서의 판도를 바꿔놓고 있는 브릭스 국가들은 이미 문제에 대응하는 방법을 찾아냈다. 더불어 글로벌 자본의 흐름이 변화하면서 그들은 점점 우렁찬 목소리를 내고 있고 영향력도 계속 확대되고 있다. 이는 지극히 당연하고 필연적인 결과다. 브릭스 국가들은 신흥경제국과 함께 WTO의 틀 밖에서 양자 간 무역체제를 수립하고 새로운 노선을 구축해 개발은행, 통화안정기금, 무역 분쟁 해결 메커니즘을 만들어내고 있다. 이 새로운 기구들은 과거에 세계은행, IMF, WTO가 담당했던 역할을 수행할 것이다."

현재 브릭스 국가는 글로벌 서던벨트의 신흥경제국을 대변해 목소리를 내고 있다. 그들은 오래된 국제금융 질서를 대체할 새로운 체제를 수립하고 있으며 '실천을 통해 진리를 얻는다'는 중국의 철학사상을 공통된 신념으로 삼고 있다. 글로벌 서던벨트에 속하는 국가들은 탁상공론을 믿지 않고 상식에 부합하며 실천을 통해 검증된 방법만 믿는다. 비록러시아, 인도, 중국, 남아공, 브라질 5개국 간에 여러 이견이 존재하긴 하지만 그보다는 그들과 미국 혹은 유럽연합 사이의 이견이 훨씬 더 많다.

신흥경제국은 점진적으로 서방의 간섭에서 벗어나고 있다.

브릭스 국가 지도자들은 세계적으로 새로운 공감대를 형성하는 것이 자신들에게 매우 유리하다는 사실을 잘 알고 있다. 2012년 3월 인도에 모여 '델리선언'을 채택한 그들은 새로운 국제금융 질서를 확립해야 한다고 호소했다. 이 선언은 한 가지 기본 원칙을 세웠는데 이는 과거의 금융 질서와 동등한 관계에 있는 새로운 금융 질서를 확립할 필요가 있다는 것이다. 간단히 말해 이것은 글로벌 금융 질서의 민주화를 실현해야한다는 뜻이다.

"우리는 대표성이 있는 글로벌 금융 시스템을 수립해 개발도상국의 발언권과 위상을 높이는 한편, 각국에 유리하고 신흥경제국 및 개발도상국의 발전을 도모할 공정한 글로벌 통화체계를 구축해야 한다고 호소한다. 신흥경제국과 개발도상국은 이미 전방위적 성장을 통해 세계경제 회복의 중요한 원동력이 됐다."

2013년 3월 남아공 더반에서 열린 제5차 브릭스 정상회담에서 시진핑 중국 주석과 블리디미르 푸틴Vladimir Putin 러시아 대통령은 30여 개

합의서에 서명했다. 이 기간 동안 각국 정상은 세계은행을 대체할 브릭스개발은행을 창설하고 브릭스기업협회를 설립하기로 합의하는 등 노선을 분명히 했다. 이 은행은 행정기구 역할을 수행하고 브릭스 자유무역지구 창설에 협조하며 WTO와 동등한 입장에서 동일한 역할을 담당할 것이다.

2014년 10월 중국은 20개국과 양해각서를 체결하고 국제적인 개발은행 업무를 개시했다. 이들 지역의 인프라 건설에 자금을 지원하기 위한 이 은행의 설립은 중국과 기타 신흥경제국이 금융 인프라 건설을 강화하면서 나타난 필연적인 결과다. 세계경제에서 중국의 위상(구매력으로 평가할 경우 중국은 세계 최대 경제체다)은 세계은행의 일상적인 사무를 처리할 때 중국이 얻는 발언권에 걸맞지 않는다. 중국의 투표권은 5.3퍼센트인 반면 미국의 투표권은 16퍼센트에 이른다.

양해각서를 체결한 국가 중에는 중국·인도처럼 큰 나라도 있고 브루나이·카타르·싱가포르 같은 부유한 나라와 방글라데시·라오스·미얀마·태국 등의 신흥경제국도 있다. 오스트레일리아·인도네시아·한국은 중국의 중요한 무역 파트너지만 아직 양해각서에 서명하지 않았다. 이 양해각서에 대한 각국의 반응이 제각각인 것은 매우 자연스러운 일이다. 세계은행과 아시아개발은행은 모두 이 새로운 은행의 출범을 환영했으나 미국은 "문턱을 낮춤으로써 세계은행과 아시아개발은행을 약화시키려는 의도"라고 평가하며 예의주시했다. 세계은행과 아시아개발은행은 각각 미국과 일본이 쥐락펴락하고 있다.[53]

그 후에도 브릭스는 종전의 국제금융기구를 배제하고 새로운 기구를 설립했다. 2013년 9월 1000억 달러의 통화안정기금을 공동 구축한 브릭스는 IMF 외에 또 하나의 선택권을 얻었다. 중국은 410억 달러를 출자하겠다고 약속했고 브라질·러시아·인도는 각각 180억 달러, 남아공은 50억 달러를 출자하기로 했다.[54] 브릭스의 통화안정기금, 즉 위기대응기금 CRA은 약 2400억 달러의 외화를 비축할 수 있을 것으로 보이는데 이는 150개국의 GDP를 모두 합친 것과 맞먹는다.

브릭스는 국제준비통화 중 달러 의존도를 낮추기 위해 페소, 루피, 위안화, 랜드가 공동으로 국제결제통화의 역할을 하기를 희망한다. 브릭스 지도자들은 5개국 간의 무역거래에서 자국 화폐를 사용할 수 있기를 바라며 다른 이머징마켓도 이 구상을 지지한다. 이미 브라질, 러시아, 인도, 중국, 남아공의 개발은행은 두 가지 협약을 공동 체결하고 각국이 양자 간 무역거래를 할 때 현지 통화로 융자를 제공할 수 있도록 규정했다. 이로써 5개국 간에 자유로운 환전이 가능해져 반드시 달러를 결제통화로 사용할 필요가 없게 됐는데, 이는 서방의 금융위기가 이들 나라의 경제에 미치는 영향을 줄여준다.

개발도상국의 중심에 서 있는 브릭스는 세계무대에서 지위를 확고히 하는 한편 우방국들이 빈곤에서 벗어날 수 있도록 적극 돕고 있다. 브릭스개발은행 출범에는 아직도 수많은 불확실성이 존재하지만 잠재력은 결코 무시할 수 없다. 브릭스의 힘은 행동의 원동력이 될 것이다. 브릭스가 자신들의 청사진을 실현할 진정한 실력을 갖추었기 때문이다.[55]

런던 캐피털이코노믹스 Capital Economics의 수석 경제학자인 앤드루 케닝엄 Andrew Kenningham는 브릭스개발은행의 미래에 대해 "은행의 자본분배와 관리구조 문제는 합의에 도달하기가 쉽지 않다. 만약 이 은행이 실제로 출범해 업무를 시작한다면 중국개발은행이 주도하는 자본운용

시스템을 그대로 복제하거나 대체할 것이다"라며 회의적인 입장을 보였다.[56]

2014년 7월 14일 브라질 포르탈레자에서 열린 브릭스 회의를 앞두고 〈러시아인도보고서_Russia-India Report_〉는 "브릭스는 협력기구 설립 과정에서 큰 성과를 거두었고 이는 앞으로 각국의 협력을 이끌어내는 데 유리한 역할을 할 것"이라며 기대감을 표했다. 브람은 "브릭스의 통화안정기금은 IMF를 대신해 개발도상국(일부 선진국 포함)의 마지막 지푸라기가 될 것이다. 이런 상황 변화에 따라 우리는 포스트 브레튼우즈체제가 영원히 변화할 것임을 받아들일 수밖에 없다"라고 말했다.[57]

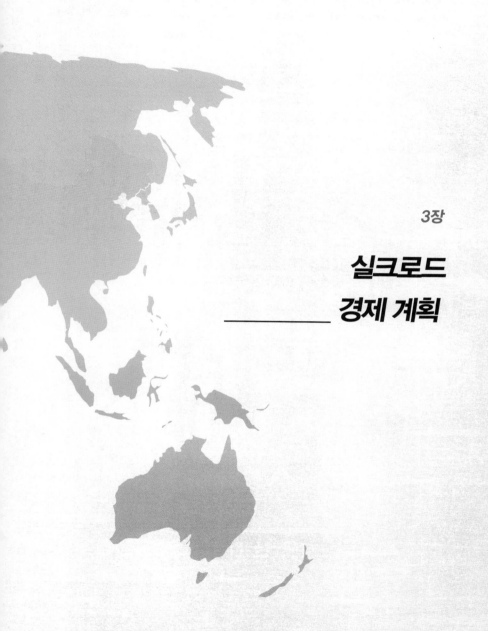

3장

실크로드
_____ 경제 계획

Global Game Change

How the Global Southern Belt Will Reshape Our World

세계가 중국을 바라보는 시선은 심하게 양극화되어 있는데 국제사회에서 중국의 지위가 높아질수록 그런 경향도 점점 강해지고 있다. 세상을 바꾸는 것은 중국의 특기다. 중국은 자국의 국토를 새롭게 변화시킨 뒤 이번에는 세계의 판도를 바꿔놓고 있다.

　지난 10년간 우리는 중국 곳곳을 돌아다니며 자료를 수집했고 이를 바탕으로 중국에 관한 책을 다섯 권 집필했다. 그런데 중국을 우호적으로 다룬 그 책들이 서방 독자들의 신경을 자극한 모양이다. 우리가 중국에 굉장히 우호적인 것은 맞지만 사실 중국을 대하는 방법이 하나로 고정된 것은 아니다. 역동적으로 변화하는 중국의 얼굴은 다층적이며 그만큼 중국을 바라보는 시각도 다양하다. 중국은 지금 이 순간에도 놀라운 속도로 변화하고 있기 때문에 그 나라를 연구하는 것은 흥미진진하고 끝이 없는 일이다.

　사람들이 중국을 대하는 방식은 어떤 각도에서 바라보느냐에 따라 제각각이다. 우리 부부는 각각 오스트리아와 미국 출신으로 독립적이고 자주적이며 낙천적인 미국의 특성과 신중하고 미시적이며 갈등을 원치 않는 오스트리아의 특성을 갖추고 있다. 그렇지만 우리는 최대한 중국인의 입장에서 그들을 이해하려고 노력한다. 중국인은 개개인을 전체의 일부라고 생각하는데 국가에 대한 그들의 충성심은 우리와는 사뭇 다르다. 무엇보다 5000년의 유구한 역사를 바탕으로 어른을 공경하는 자세가 몸에 배어 있고 국민은 정권에 순종해야 한다는 인식이 뿌리 깊게 자리 잡고 있다.

가장 중국적인 것이 가장 세계적인 것 ⚫

이제 중국의 미래 모습과 글로벌 서던벨트의 리더로서 국제사회의 판도를 바꿔가는 중국이 어떤 역할을 할 것인지 논하고자 한다. 다소 편향적인 언론은 중국의 약점을 흥미진진하게 다룬다. 우리는 언론과의 균형을 유지하기 위해 중국의 잠재력과 장점을 중심으로 논할 생각이다. 그 가운데 우리의 최대 관심사는 중국의 경제성장과 글로벌 영향력 확대다.

시진핑 주석을 중심으로 한 중국의 지도체제는 자국의 부흥과 세계 중심으로서의 지위 회복에 역점을 두고 있다. 중국에 어떤 변화가 생길 것인가? 중국은 국제사회를 어떻게 변화시킬 것인가? 분명한 것은 중국이 서방 모델에 자신을 억지로 끼워 맞추는 것이 아니라 자국의 역사와 문화, 자아인식, 비전, 이상을 고수할 것이라는 점이다. 한마디로 우리는 중국이 대내적으로는 중국의 본래 모습을 지키고 대외적으로는 더욱 글로벌화한 모습을 보여주기를 바란다.

앞으로 중국은 글로벌 투자국으로서의 지위가 더욱 확고해질 전망이다. 중국의 해외 투자는 특정 지역에 편향되지 않고 지리적인 분포와 구조가 합리적이다. 그 과정에서 중국 기업가와 기업은 풍부한 경험을 쌓고 다양한 투자 환경에 적응하는 능력을 길렀다. 이처럼 중국은 세계무대에서는 글로벌화를 더욱 확대하고 있으나 반대로 국내에서는 중국만의 특색을 중시한다. 이 두 가지는 국가 안정을 위해 반드시 필요한 전략으로 여기에는 고도의 균형 감각이 필요하다. 경제력이 커질수록 국제문제에서 중국의 역할이 중요해지고 국내에서는 중국적 특색이 더욱 뚜렷해질 것으로 보인다.

시진핑 주석은 취임 직후부터 '중화민족의 위대한 부흥'이라는 기치를 내걸었다. 이것은 행동이 아니라 과정을 의미하며 경제 개혁 및 정치 혁신을 포괄하는 개념이다. 중국은 국제사회를 바꿀 만한 원동력을 갖춘 나라다. 중국 국내에 어떤 변화가 생길지는 예상할 수 없지만 차이나드림이 산산이 부서지는 일은 없을 것이다.

중국의 정책이 이데올로기 중심에서 경제 중심으로 바뀌었다.

중국의 신속한 임기응변 능력을 과소평가해서는 안 된다. 중국의 대외개방에서 가장 두드러진 특징이자 근본적인 힘은 바로 급격한 개혁이다. 1978년 중국의 국가 정책은 이데올로기 중심에서 경제 중심으로 바뀌었다. 중국의 국책을 근본적으로 혁신한 덩샤오핑은 개혁개방으로 경제성장세를 촉발해 국민경제가 나선형으로 발전하는 데 기여했다.

중국의 개방에는 두 가지 특징이 있다. 하나는 과거의 잘못을 용기 있게 인정한 것이고, 다른 하나는 끊임없는 분석과 새로운 시도로 자국에 유리한 발전 전략을 수립한 일이다. 당시 덩샤오핑 주도로 실시한 여러 가지 개혁은 매우 파격적인 것이었다. 이 모든 변화는 2020년까지 국민을 부유하게 만들겠다는 원대한 목표 아래 이뤄졌다. 환경이 변하면 새롭고 획기적인 방법으로 목표를 향해 나아가야 한다는 것이 바로 중국식 사고방식이다.

중국 지도자들은 여러 가지 개혁 조치로 특유의 능력을 십분 보여주었다. 1999년 중국 정부는 전국인민대표대회에서 비공유제 경제가 국유제 경제를 보완하는 역할에서 벗어나 사회주의 시장경제의 중요한 요소가 됐다고 발표했다. 이는 중국의 경제 개혁에서 매우 큰 사건이었다. 이후 중국 정부는 민영기업에 대한 규제를 폐지하고 그들이 중국의 글로벌 경쟁력 강화 및 산업 발전의 원동력이 되도록 적극 지원했다. 서방의 관점에서 이런 후속 조치는 지극히 자연스러운 것이지만 중국인에게는 커다란 변화였다. WTO체제 내에서는 전 세계 경쟁자가 중국 시장에 진출할 수 있으므로 중국 기업들은 더욱 유연해져야 했다. 이 변혁을 주도한 인물은 글로벌화의 중요성을 깊이 인식한 주룽지朱鎔基 당시 중국 국무원 총리였다.

시진핑 주석과 리커창 총리는 과감한 조치로 국제사회에서 중국의 위상을 높임으로써 중국을 글로벌 서던벨트의 리더이자 국제사회의 주축으로 끌어올리겠다는 야심찬 계획을 세웠다. 중국의 미래를 단순히 과거에 비춰 내다보는 것은 오산이다. 중국 지도층은 수시로 방향을 조정해 보다 나은 미래를 행해 나아가는 능력을 갖추고 있다. 리커창 총리는 정부 스스로 '자아혁명'으로 몸집을 줄이고 시장에 활력을 불어넣는 한편, 시장 메커니즘으로 경제성장을 촉진해야 한다고 여러 번 강조했다.

> 큰 포부와 강인함으로 똘똘 뭉친 그들은
> 현대화를 환영하고 개혁을 두려워하지 않는다.

서방 세계에서는 많은 사람이 정치적으로 민감한 문제가 불거질 경우 지금까지 중국 경제가 거둔 성과가 모두 물거품이 될 거라고 말한다. 사람마다 관점이 다른 것은 당연한 일이다. 그렇더라도 정확하고 공정한 자료를 근거로 주장을 펼쳐야 할 텐데 그런 경우는 많지 않은 것 같다.

지난 몇 년간 우리 부부에게 중국의 분쟁 지역을 소재로 책을 내라고 제안하는 사람이 많았다. 중국의 대표적인 분쟁 지역은 바로 티베트나 우루무치에 자치구 정부를 둔 신장위구르자치구다. 하지만 우리는 그 제안을 모두 거절했다. 이들 지역의 상황이 굉장히 복잡하기 때문이다. 무엇보다 우리는 그 문제를 바라보는 다양한 시각과 민족정서 그리고 역사를 자세히 알지 못한다.

언젠가 우리 부부는 시짱 자치구의 라싸에서 일주일간 지냈는데 그때 현대적인 도시의 면모와 함께 현지인의 깊은 신앙심을 목격했다. 빠르게 성장하는 중국 경제와 융합하기를 바라는 티베트인도 있었지만 한편으로 스스로 탄압당한다고 생각하는 사람들도 있었다. 티베트인은 중국 정부의 역할을 놓고도 제각기 다른 평가를 내놓았다. 어떤 이는 중국 정부가 티베트의 발전을 지원한다고 했고 또 어떤 이는 정부가 티베트인을 억누르기만 한다며 불만을 토로했다.

아무튼 중국 정부의 입장과 관계없이 티베트의 개혁을 가로막는 것은 불가능하다. 티베트에서 일어나는 변화는 이미 산업화했거나 빠르게 산업화하는, 혹은 산업화를 건너뛰고 곧장 디지털 시대로 진입한 세계 여러 지역의 상황과 큰 차이가 없다.

우리는 젊고 열정적인 티베트 기업가도 많이 만났지만 한족을 티베트 지역에서 당장 쫓아내야 한다고 주장하는 사람도 만났다. 그뿐 아니라 우리는 정부의 지원을 진심으로 반기며 새로 지은 집과 젖소를 자랑스럽게 여기는 농민의 농장을 견학하기도 했다. 그들은 고등교육을 받은 자신이 크게 힘들이지 않고 행복한 생활을 누리는 것에 만족해했다.

티베트는 만화경 같은 곳이다. 그들의 수많은 모습 가운데 분명한 것은 단 하나뿐이다. 한족이든 티베트인이든 모두 큰 포부와 강인함으로 똘똘 뭉친 그들은 현대화를 두 팔 벌려 환영하고 있으며, 개혁이 달콤한 열매를 가져다준다는 사실을 잘 알고 있다는 점이다.

신장의 상황도 마찬가지다. 물론 서방 언론이 집요하게 보도하는 심각한 상황도 존재하지만 그것은 단지 동전의 한 면일 뿐이다. 우리는 그곳 사람들의 초청을 자주 받았는데 심지어 그곳에 소요사태가 벌어졌을 때 방문해달라는 요청을 받은 적도 있다. 아쉽게도 우리는 아직까지 그곳을 한 번도 방문하지 못했다.

많은 언론사가 신장 관련 기사를 다루고 있으나 그 내용이 대개는 2014년 6월 〈포브스아시아*Forbes Asia*〉에 실린 것과 크게 다르지 않다.[1] 그 기사는 신장 어칼캐피털Erqal Capital의 공동창업자이자 젊은 위구르족 기업가인 쿠드렛 야쿠프Kudret Yakup의 이야기를 소개하고 있다. 야쿠프는 향후 3~5년을 내다본 발전 전략과 인력, 안정적인 자금을 갖춘 중국 기업 가운데 소수민족이 경영하는 기업은 300~500개 중 하나에 불과하다고 말했다. 우루무치에 본사를 둔 어칼캐피털은 현지의 토종 기업이다. 어칼캐피털에는 현재 다섯 명의 투자자가 있으며 2500만 달러 규모의 투자를 여섯 건이나 진행하고 있다.

〈포브스아시아〉는 야쿠프를 이렇게 소개했다. "쿠드렛 야쿠프는 현지에서 선구자 같은 인물이다. 신장에는 1300만 명의 소수민족이 살고 있으며 대부분 위구르족이다. 그는 한족 학교를 다녔고 하버드대학에서 학사학위를 받았다. 대학을 졸업하고 4년 뒤 그는 고국으로 돌아와 현지의 탄탄한 자본을 이용해 사업을 시작했다."

> 우리의 생각이 옳다는 것을 증명하고
> 개방적인 자세로 새로운 것을 배울 수 있다.

야쿠프의 동업자 아이커바이어 압둘라Aikebaier Abudula는 다른 미공개 자산 외에도 회사에 현금 1400만 달러를 투자했다. 압둘라는 화전옥和田玉(중국 신장 지역에서 나는 귀한 옥 – 옮긴이) 산업이 발전하기 전인 1980년대 말 신장에서 최초로 화전옥을 개발한 몇몇 기업가 중 한 사람이다. 두 형제와 함께 화전옥 사업으로 돈을 번 그는 사업을 전국으로 확대하는 한편 부동산, 제약회사, 병원 등에도 투자하고 있다.

그는 특히 중국 동부 지역에서 사업을 적극 확장했는데 이것이 나중에 사업에 큰 도움을 주었다. 압둘라는 야쿠프의 전문적인 금융 지식과 미국 시장을 잘 안다는 점을 높이 샀다. 그는 다음과 같이 말했다. "여러 곳을 다니며 다양한 기업가를 만나면서 신장의 기업가들이 타지의 기업가와 얼마나 큰 격차가 있는지 절실히 깨달았다. (…) 합자 방식을 잘 활용하지 못하면 우리 기업은 발전할 수 없고 우리가 현재 가지고 있는 경제적 자본을 후대에 물려줄 수도 없다."

오스트레일리아 모나시대학의 마리카 비시지아니Marika Viciziany 교수는 신장의 민영기업을 처음 연구한 학자로, 그녀는 부유한 소수민족 가정이 예상보다 훨씬 많다는 사실을 알아냈다. 언젠가 우리는 중국 서북부 신장웨이우얼자치구 카스의 작은 마을에 갔다가 한 소수민족 가정을 방문한 적이 있다. 그 집은 넓은 정원이 딸린 몇 층짜리 주택에 고급 자동차를 여러 대 소유하고 있었다.

이후 야쿠프는 '진취적인 소수민족 기업가들이 있는 지역'에 주목하기 시작했다. 사실 그런 지역은 중국에 아주 많다. 〈포브스아시아〉는 한족이든 소수민족이든 부동산 개발이나 광산업을 하려면 토지와 광물 자원의 개인 소유가 불가능해 정부에 의존해야 하지만, 호텔업을 하면 중국 어디에든 마음대로 분점을 낼 수 있다고 보도했다.

개방과 조력

개혁개방 초기에 중국은 전 세계를 향해 문을 활짝 열겠다는 확고한 의지를 밝혔다. 중국은 처음부터 세계를 향한 개방을 강조한 것이다. 여기서 우리가 짚어봐야 할 것은 서방 세계에서 말하는 '세계'란 곧 서방을 의미한다는 점이다.

2001년 서방 세계가 마침내 중국의 WTO 가입을 허락했을 때 서방 국가들은 중국이 친서방화할 것이라고 예상했다. 그런데 중국의 관점에서 WTO의 일원이 된다는 것은 글로벌 무역에 참여한다는 뜻이었다. 사실 세계 각국이 참여한 WTO 회원국 중 많은 국가가 경제적으로 서방 국가의 주목을 받은 적은 거의 없다. 반면 중국은 처음부터 그 나라들을 장기적인 전략적 청사진에 포함했다.

개혁개방 초기에 중국의 가장 시급한 과제는 선진국의 경험을 배워 실력을 기르는 일이었다. 시간이 흐른 뒤 중국이 두 번째로 내놓은 전략은 서방 국가가 '낙후된' 지역으로 낙인찍은 나라들과 단결하는 것이었다. 이들 동맹국의 관계는 빠르게 발전했고 2005년부터 2013년까지 중국은 세계 각지에 6880억 달러를 투자했다. 더구나 중국이 투자한 나라들은 대부분 글로벌 서던벨트에 속해 있다.

2013년 중국의 대외 투자 규모는 세계 3위로 사상 최대 규모인 1080억 달러를 기록했다. 물론 중국은 이 기록을 계속 경신하고 있다. 랴오췬廖群 중국 중신은행연구소 수석애널리스트는 "2017년 중국의 대외 투자

중국의 세계 각지 투자액 :

지역	투자금액
라틴아메리카	770억 달러
동아시아	1,572억 달러
서아시아	849억 달러
아프리카 사하라 이남 지역	1,197억 달러
아랍	602억 달러

자료: Derek Scissors, "China's steady Global Investment: American Choices," Heritage Foundation Issue Brief, July 22, 2013.

액은 2000억 달러까지 증가하고 대유럽 투자 비중은 더 늘어날 전망이다"라고 했다.[2]

중국 국영통신사 〈신화통신〉의 인터넷판 신화망新華網은 2014년 9월 중국이 국내 기업의 규제를 완화해 기업들이 자유롭게 해외에 투자하도록 허락할 것이라는 중국 상무부장의 발언을 인용 보도했다. 이는 1억 달러 이상 해외 투자는 상무부의 승인을 거쳐야 한다는 기존 규정을 폐지할 가능성이 있음을 암시한다.

중국이 개혁개방을 처음 실시할 무렵의 상황을 돌이켜보자. 중국의 저명한 경제평론가 우샤오보吳曉波는 《격탕 30년激荡三十年》에서 다음과 같이 썼다. "1978년 중국이 역사적인 변혁을 시작했을 때 나라 전체의 자본은 1089억 9000만 위안에 불과했는데, 이는 국영기업과 중앙정부의 자본까지 포함한 것이었다. 한 은행이 모두 소유한 이 자본은 전국 통화량의 83퍼센트를 차지했다."[3]

중국이 글로벌 서던벨트에 투자한 4990억 달러가 경제적인 측면에만 집중된 것은 아니다. 2장에서 말했듯 중국은 신흥경제국이 서방 세계에 대한 의존 국면에서 벗어나도록 적극 돕고 있다. 최근 시진핑 주석이 빈번하게 해외순방을 다니는 것은 중국이 대외 개방을 확대하고 있음을 잘 보여준다. 시진핑 주석은 2013년부터 러시아, 스위스, 독일, 루마니아, 카자흐스탄, 우즈베키스탄, 키르기스스탄, 투르크메니스탄, 인도, 콩고, 탄자니아, 남아공, 말레이시아, 인도네시아 등을 방문했다.

중국은 일거수일투족을 모두 공개한다. 누구라도 관심이 있으면 중국의 오늘과 내일을 뚜렷하게 볼 수 있을 것이다.

아프리카 전략: 점점 커지는 존재감 ─────────•

중국 정부는 중국 관영신문 〈인민일보〉 인터넷판을 통해 중국의 대아프리카 정책 기조를 다음과 같이 밝혔다. "21세기 초반 몇 년 동안 세계정세가 복잡하게 변화하고 글로벌화가 더욱 확대됐다. (…) 세계 최대 개발도상국인 중국은 평화적인 발전 노선을 계속 유지할 계획이다. (…) 아프리카는 세계에서 가장 많은 개발도상국이 위치한 대륙이다. 앞으로 아프리카는 세계 평화와 발전을 지키는 중요한 힘으로 발돋움하고 중국과 아프리카의 전통적인 우호관계에도 새로운 기회가 찾아올 것이다."4

이 발표문에서 중국 정부는 중국과 아프리카의 향후 발전 방향을 분명히 밝혔다. 먼저 아프리카의 위상과 역할을 소개하고 이어 중국과 아프리카의 관계를 해석했다. 다음으로 중국의 대아프리카 정책을 설명한 뒤 마지막으로 경제, 교육, 과학, 문화, 사회 분야에서 중국과 아프리카가 협력하기 위한 14개 기본 원칙을 제시했다. 이 발표문은 세계무대에서 서방 세계에 의존하지 않고 독립적인 입장을 고수해온 중국의 일관성 있는 방식과 일치한다.

중국은 과거에도 그랬지만 오늘날에도 자신들이 서방 세계에서 말하는 이른바 '동방'에 위치한다고 여기지 않는다. 수천 년 동안 중국은 '중앙의 나라'였다. 개혁개방정책을 추진하고 나서 10년간 중국은 서방 국가와의 경제적 관계를 중시했지만 이는 서방 국가를 닮고 싶어서 그런 것이 아니었다. 오늘날 중국은 완전히 문을 열어젖혔고 아프리카에서 중국의 존재감은 점점 커지고 있다.

2000년 중국-아프리카 협력포럼이 결성됐을 때, 서방 세계가 그들의 움직임에 크게 주목하지 않은 것은 당연하다. 중국-아프리카 협력포럼은 "중국과 아프리카가 장기적이고 안정적이며 평등한 동반자 관계를 맺기 위한 장을 마련하겠다"라는 취지를 밝혔다. 중국과 아프리카의 관계는 세계적으로 이목을 끌었지만 중국이 극한지대에서 거둔 성과에 관심을 기울이는 사람은 많지 않은 것 같다.

남극대륙과 북극해 전략: 자원의 보고 ─────────●

러시아의 극지탐사선 'MV 아카데믹 쇼칼스키MV Akademik Shokalskiy 호'가 지구에서 가장 추운 남극빙 지역에서 좌초됐을 때, 중국 선박 '쉐룽雪龍 호'가 적극 구조에 나섰고 전 세계 언론이 이 사건을 대대적으로 보도했다. 그 이전까지는 중국이 남극과 북극까지 진출했다는 사실조차 모르는 이들이 많았다. 2014년 2월 중국은 만리장성, 광둥성 중산, 쿤룬 세 지역의 남극탐사기지에 이어 네 번째 남극탐사기지로 산둥성 타이산 기지를 세웠다. 다섯 번째 기지는 2015년부터 짓고 있다.

　현재 중국의 남극탐사기지는 과학 연구에만 집중하고 있으나 중국의 존재감이 커지면서 앞으로 정치적 의미도 생길 전망이다. 2048년 남극조약이 만료될 무렵이면(남극 지역 영유권에 관해 1959년 10월 12개국이 체결한 조약. 2048년까지 50년간 어느 나라도 남극의 영유권을 주장할 수 없다는 것과 자원개발을 금지하는 데 합의했다. – 옮긴이) 각국의 자원 이용 계획을 놓고 새로운 협상이 진행될 것이다. 중국 국가해양국 천롄쩡陳連增 부국장은 "앞으로 남극 자원의 평화적인 이용이 인류 전체를 위한 사업이 될

것"이라고 단언했지만 구체적인 이용 계획은 언급하지 않았다.[5]

남극대륙은 자원이 매우 풍부한 지역으로 언제든 정치적 충돌이 일어날 가능성이 있다. 남극대륙의 원유 매장량만 해도 2억 300만 배럴로 세계 최대 규모를 자랑한다.[6] 2030년이면 전 세계 물 수요가 현재 공급 가능한 양을 40퍼센트나 초과할 것으로 예상된다. 미국 국가정보국Office of the Director of National Intelligence이 2012년 발표한 보고서에 따르면, 남극대륙에서 '물 전쟁'이 발생할 위험이 매우 높다.[7] 남극대륙의 담수 저장량이 전 세계 담수 저장량의 90퍼센트에 이르기 때문이다. 중국은 남극 연구 분야에서 빠른 속도로 선진국들을 추격하고 있다. 남극은 잠재력이 풍부한 대륙으로 중국은 남극대륙에서의 입지를 탄탄히 다지고 2048년 이전에 유리한 위치를 차지하기 위해 노력하고 있다.

중국은 남극대륙 외에 빙하 면적이 점점 줄어들고 있는 북극해에도 진출해 있다. 북극해에는 광물자원과 에너지자원이 풍부하게 매장되어 있으며 이곳은 항공업 분야에서도 매우 중요한 항로다.

2013년 12월 상하이에 중국-북유럽 북극연구센터가 들어섰고 중국, 아이슬란드, 덴마크, 핀란드, 노르웨이, 스웨덴 등 10여 개국 연구기관이 북극 연구 분야의 협력 강화를 위해 공동협약을 체결했다. 장샤張霞 중국-북유럽 북극연구센터 부주임은 "중국은 후발주자로서 해야 할 일이 아주 많다"라고 말했다.

스웨덴 정유기업 룬딘페트롤리엄은 노르웨이 관할 북극해 지역에서 최대 매장량을 자랑하는 유전을 발견했다. 이는 북극해 지역에 풍부한 천연자원이 매장되어 있음을 증명한다. 원유 4억 배럴, 천연가스 1억 2500만 배럴이 매장된 유전을 발견한 룬딘페트롤리엄은 이것이 세계에너지 사업 판도를 바꿔놓을 것으로 기대하고 있다.

동남아 전략: 해상실크로드 구축 ───────────●

중국의 해상실크로드 경제 계획은 중국의 대동남아 전략을 잘 보여준다. 중국은 세계 1위 수출국이자 2위 수입국으로 해상운송 인프라 구축에 큰 관심을 기울이고 있다. 세계 최대 선박 생산국이자 세계 컨테이너선의 20퍼센트를 보유한 중국은 최고 규모의 컨테이너항도 여러 개 소유하고 있다. 시진핑 주석은 2013년 10월 인도네시아 의회 연설에서 처음 해상실크로드 구상을 밝혔다. 목표는 중국과 아세안의 해양 협력 강화, 항구 건설, 인도양 연안 국가의 자유무역지구 지정 등으로 인도양 연안 지역에서 중국의 경제적·외교적 이익을 확대하는 데 있다.

중국은 2014년 5월 해상실크로드 구축을 위해 동남아와 인도양 연안 국가를 잇는 항구 건설 및 인프라 확충을 위해 16억 달러를 투자할 계획이라고 밝혔다. 대표적으로 원유 매장량이 풍부한 서아시아와 인구가 조밀한 남아시아, 자원이 풍부한 중앙아시아의 중간 지역에 위치한 파키스탄의 과다르 항은 전략적으로 매우 중요한 곳이다. 또한 중국은 쿠안탄 항 확충을 위해 말레이시아에 20억 달러를 투자하고 중국-아세안 협력기금에 4억 8000달러를 투자해 해양 권익 보호를 위해 공동 노력하기로 했다. 리커창 총리는 "2000~2010년이 황금의 10년이라면 그 뒤 10년은 다이아몬드의 10년"이라고 말했다.

중국은 향후 주변 국가를 외교 전략의 중요한 위치에 올려놓을 전망이다. 새로운 지도부가 중국을 지역 강국으로 끌어올린다는 목표를 세웠기 때문이다. 경제적인 면만 고려해도 이는 커다란 의미가 있다. 시진핑 주석은 "먼 친척보다 가까운 이웃이 낫다"는 말을 여러 번 강조했다. 양바오윈楊寶雲 베이징대학 국제관계학원 교수는 "새로운 해상실크로드 계획은 해상실크로드가 지나는 곳에 위치한 나라에 실질적인 이익을 안겨주고 동아시아 지역의 번영과 발전에도 큰 도움을 줄 것"이라고 말했다.

하지만 인도는 중국의 이 같은 주장에 동의하지 않는다. 중국이 아시아 지역에서 영향력을 점점 확대해나가자 인도는 중국의 해상실크로드를 견제하기 위해 '마우삼 프로젝트Project Mausam'를 내놓았다. 아시아 여러 나라의 언어에서 '마우삼'이란 기후나 계절을 의미한다. 이는 인도양 연안 각국이 같은 계절풍의 영향권이라는 점에서 착안한 명칭이다. 이 프로젝트의 목표는 인도가 과거 무역 파트너들과 새로운 관계를 맺는 한편 인도양 연안을 따라 동아프리카, 아라비아 반도, 이란, 남아시아의 스리랑카 및 동남아와 인도양권을 구축하는 데 있다.[8] 이것은 가장 대표적인 중국 견제정책이지만 인도는 그 구체적인 내용을 아직 발표하지 않았다.

중국은 이미 글로벌 서던벨트에서 리더의 역할을 하고 있는데, 중국의 해양 확장 계획은 경제적 협력관계를 강화하고 중국산 제품의 해외 시장 진출을 확대하기 위한 것이다. 중국과 이웃 국가 사이의 해상 영토 분쟁은 중국의 해양 확장 계획 중 작은 서막에 불과하다.

중국의 대동남아 투자는 줄곧 두 자릿수의 성장세를 보였다. 영국 〈가디언〉은 2011년과 2012년 중국의 6대 해외 투자처로 인도네시아, 베트남, 필리핀, 말레이시아, 태국, 싱가포르를 꼽았다.[9] 2013년 10월 태국을 방문한 리커창 총리는 중국의 고속열차를 추천하면서 중국과 공동으로 고속철도를 건립할 것을 태국 의회에 제안했다. 중국과 태국 간 고속철도를 개통하면 이것은 중국의 대동남아 인프라 투자 확대에서 중요한 역할을 할 가능성이 크다.

중국-파키스탄 경제회랑China Pakistan Economic Corridor(중국 북서부 신장 위구르자치구의 카스 시와 파키스탄 남서부 과다르 항을 철도 도로 송유관 등으로 연결하겠다는 구상-옮긴이)은 양국 관계 확대에 유리한 역할을 할 것이며, 중국은 주변 국가들과의 협력을 통해 공동 발전 및 경제 통합을 실현할 계획이다.[10] 중국은 파키스탄 인프라에 520억 달러를 투자했다.[11] 중국이 투자한 수력발전 프로젝트에 대해 맘눈 후세인Mamnoon Hussain 파키스탄 대통령은 "이것은 금세기에 거둔 위대한 성과로 파키스탄과 중국은 물론 두 나라의 수십억 인구에게 혜택을 줄 것"이라고 말했다.[12]

중국과 아시아 국가 간의 투자는 양방향으로 이뤄지고 있다. 2013년 아시아 국가 중 경제 규모 1~10위 국가가 중국에 직접 투자한 금액은 전년 대비 7.1퍼센트 증가한 1025억 달러를 기록했다. 중국의 해외 투자 유치액은 미국을 바짝 추격해 세계 2위를 차지했으며 미국과의 격차는 계속 줄어들고 있다.

유엔에 따르면, 2012년 중국의 금융 및 비금융 업계의 외국자본 유치액은 1270억 달러까지 증가해 미국과의 격차가 320억 달러에 불과했다.[13] 특히 중국은 러시아와의 외교 관계를 강화함으로써 미국의 영향력을 견제하고 있다. 중·러 협력의 중요한 이정표는 바로 4000억 달러 규모에 달하는 두 나라의 천연가스 합작 프로젝트다. 유럽연합과 미국의 제재도 중·러 양국의 유대를 강화하는 요인 중 하나다.

글로벌 서던벨트에 속한 아시아 각국과 경제관계가 긴밀해지면서
중국은 고대 무역로에 새로운 활기를 불어넣고자 한다.

   신 실크로드 혹은 실크로드 경제벨트라 불리는 이 프로젝트는 '서부대
개발계획'(2000년 3월 중국이 경제성장이 뒤처진 내륙 서부 지역 발전을 위해 내
놓은 개발 정책으로 인프라 건설, 에너지 개발, 외자 유치 등 여러 가지 전략을 시
행하고 있다. – 옮긴이)의 일부지만 단순히 서부 개발에 그치는 것이 아니
라 새로운 세계경제 전략 중 중요한 부분이다. 이 프로젝트는 신장, 티베
트, 쓰촨, 산시, 간쑤, 충칭 등 여러 성과 자치구도 포함한다. 중국 충칭에
서 출발해 카자흐스탄을 거쳐 러시아, 벨라루스, 폴란드를 지나 독일 뒤
스부르크까지 이어지는 위신어우철도渝新欧铁路 개통으로 선박으로 5주
가 걸리던 운송 기간이 2주로 단축됐다.[14]
   중국의 신 실크로드는 아시아 각국을 유럽과 연결함으로써 새로운 발
전 기회를 제공한다. 시진핑 주석이 독일 뒤스부르크를 방문했을 때 독
일 언론은 "뒤스부르크, 실크로드 위에 위치하다"라는 제목으로 기사를
내보냈다. 뒤스부르크는 독일 노르트라인베스트팔렌 주에 위치해 있는
데 이 주의 GDP가 독일 전체 GDP의 22퍼센트를 차지한다.
   하넬로레 크레프트Hannelore Kraft 노르트라인베스트팔렌 주지사가 시
진핑 주석을 환대했고 지그마어 가브리엘Sigmar Gabriel 독일 부총리 겸
경제에너지부 장관이 시진핑 주석을 수행했다. 현지 철강업과 석탄업의
침체로 구조조정이 불가피한 상황에서 신 실크로드가 이 지역의 회생에
큰 역할을 했기 때문이다. 2003~2014년 중국은 노르트라인베스트팔렌
주에 계속 투자했고 이 주에 진출한 중국 기업은 다수의 다국적기업을

포함해 300개에서 800개로 늘어났다. 덕분에 현지에는 8000개의 고용 창출 효과가 나타났다.

가오후청高虎城 중국 상무부장은 중국과 독일의 경제·IT·문화 협력 등을 높이 평가했다. 충칭과 뒤스부르크 사이를 오가는 화물열차는 길이가 750미터에 이르고 각각 GPS 시스템을 탑재한 화물칸을 쉰 개나 연결할 수 있으며 화물칸 하나의 운송원가는 1만 유로다. 충칭과 뒤스부르크를 오가는 기간은 편도로 16일이 걸리는데 이는 기존의 선박 운송 기간보다 3분의 1로 줄어든 셈이다. 비용도 항공 운송에 비해 크게 절감할 수 있다.

중국은 글로벌 서던벨트 지역에 적극 투자하는 한편 유럽과 경제 동반자 관계를 맺는 일도 소홀히 하지 않고 있다. 유로존이 경제위기에 빠졌을 때 중국은 유럽 자산을 대거 사들이기 시작했다. 중국 기업은 가령 프랑스의 리조트회사 클럽메드, 그리스의 액세서리회사 폴리폴리, 독일의 콘크리트펌프 제조회사 푸츠마이스터, 포르투갈의 대형 전력회사 EDP Energias de Portugal 등을 인수했다.

신화망은 2014년 3월 리커창 총리의 독일 도시 순방이 유럽과 중국 관계에 새로운 활력을 불어넣었다고 평가했다. 추이훙젠崔洪建 중국 국제문제연구원 유럽연구소장은 2014년 10월 밀라노에서 열린 아시아-유럽 정상회담을 평가하며 "중국이 이 새로운 기회를 통해 실크로드 경제벨트와 21세기 해상실크로드 개념을 아시아-유럽 협력의 틀 안에 넣었다"라고 말했다.

중국의 대유럽 투자는 오랫동안 과소평가돼 왔다. 하지만 유럽이 심각한 부채위기로 곤란을 겪고 있을 때, 중국 기업들은 조용히 위기에 빠진 유럽 기업들을 인수하기 시작했다. 도이체방크의 보고서에 따르면, 2012년 중국 자본의 유럽 주식 투자액이 2011년의 네 배인 270억 유로까지 증가했다.[15]

〈파이낸셜타임스〉는 2014년 10월 "중국의 방향 전환, 거액으로 유럽 자산에 베팅하다"라는 내용을 보도했다. 이 기사는 "애널리스트들은 이번 대대적인 인수 열기가 중국의 대외 투자 방식을 완전히 바꾸어놓았고 향후 수십 년간 중국의 대외 투자가 안정적으로 증가할 것이라고 전망하고 있다. (…) 한편으로 이것은 투기 구매다. 현재 이들 자산의 가격이 매우 낮기 때문이다. 다른 한편으로 이는 중국의 대외 투자구조에 변화가 일어났음을 의미한다. 중국의 투자 중심이 개발도상국의 천연자원 확보에서 선진국의 브랜드와 기술 인수로 바뀌었다"라고 논평했다.[16]

유럽 전략: 물 흐르듯 자연스럽게

유럽연합은 중국 최대 무역 파트너이고 중국은 미국에 이어 유럽연합의 2대 무역 파트너. 리커창 총리는 2013년 3월 취임 직후 유럽연합 국가를 순방했는데 그 목적은 경제협력 활성화에 있었다. 무엇보다 그는 유럽연합과의 태양에너지 무역 마찰을 해결하고 여러 건의 인프라 건설 협약을 체결했으며, 대규모 에너지 프로젝트에서 긴밀한 협력이 필요하다는 데 공감대를 형성했다. 이 중에는 중유럽과 동유럽의 원자력발전소 건설 사업도 포함됐다.[17]

그뿐 아니라 리커창 총리는 2013년 11월 루마니아와 고속철도 공동

중국의 대유럽 투자액 :

국가	투자금액
영국	236억 달러
프랑스	106억 달러
이탈리아	69억 달러
독일	59억 달러
그리스	55억 달러
포르투갈	54억 달러
스페인	24억 달러

*스위스를 포함해 중국의 대유럽 직접투자 및 투자의향서 체결 규모가 820억 달러까지 증가했다.
*자료: Derek Scissors, "China's steady Global Investment: American Choices," Heritage Foundation Issue Brief, July 22, 2013.

건설에도 합의했다. 그가 주도한 총 100억 달러 규모의 계약은 모두 중국이 상대 국가의 인프라 확충을 위해 자금을 대출해주는 방식이었다. 오랫동안 경제 및 무역 관계를 확립해 실질적인 어려움을 해결하고 경제 개혁에 주력해온 중국이 한 발 더 나아가 글로벌 투자자의 역할을 맡고 있는 것이다.

2013년 12월 중국을 방문한 데이비드 캐머런David Cameron 영국 총리는 "지난 18개월 동안 중국의 영국 투자액은 과거 30년간의 투자액을 넘어섰다. 투자 분야도 통신, 인프라, 원자력발전, 고속열차 등 매우 다양하다"라고 말했다. 양측 투자자들에게 간소하고 안전한 법적 장치를 제공하기 위해 협상에 나선 유럽연합과 중국은 유럽연합-중국 투자협약 체결을 희망했다. 이 협약의 목적은 점진적인 투자 자유화 실현과 상대국 투자자에 대한 시장 규제 철폐에 있다.

2014년 8월 유럽의 발전소라 불리는 독일의 수출이 5.8퍼센트 감소했는데 이는 매우 적절한 움직임이었다. 2015년 경제성장 전망치를 2퍼센트에서 1.2퍼센트로 하향 조정한 독일은 새로운 수출시장을 찾아나서야 하는 상황이었다. 다행히 독일이 신 실크로드 계획을 지지해주길 바라는 중국과 중국의 자동차 시장 수요에 주목하던 독일은 서로 이해관계가 맞아떨어졌다.

2014년 10월 중국과 독일은 제3차 고위급 회담에서 농업, 자동차, 통신, 의료, 교육 분야에 관해 180억 달러 규모의 계약을 체결했다. 리커창 총리는 중국과 독일의 무역 및 투자협력 관계 강화와 창의적 동반자 관계 수립을 열렬히 환영하면서 "양국의 긴밀한 협력이 톱니바퀴처럼 잘 돌아가 이익공동체를 수립하기 바란다"라고 말했다.[18]

중국은 동맹국에는 호의를 베풀지만 적대국은 응징할 수 있다.

중국 정부가 이런 입장을 공개적으로 밝힌 것은 아니지만 우호적인 국가와 적대적인 국가를 구분하는 방법은 분명 존재한다. 비록 이것이 중국의 일관성 있는 방식에 어긋나는 까닭에 표면적으로는 부인하지만 말이다. 중국은 여전히 이런저런 방식으로 해결해야 할 문제가 산적해 있다. 우리는 이것을 '중국의 회색지대'라고 부른다. 이런 문제를 현명하게 해결하지 못하면 중국은 사회혼란과 경기침체에 빠지고 국제사회에서 중국의 권위도 위협받을 것이다.

중국의 새로운 역할과 국제사회에서 드러내는 자신감 있는 태도를 보면, 향후 미·중 관계를 생각해보지 않을 수 없다. 시진핑 주석이 취임한 지 두 달 만인 2013년 6월 오바마 대통령과 캘리포니아 주에서 비공식 회담을 한 것은 지금까지 전례 없는 일이다. 이는 시진핑 주석이 미·중 관계를 얼마나 중시하는지 짐작하게 해준다.

한 국가의 이익과 국제적인 이익은 자주 충돌한다. 중국이 발전할수록 국제사회는 중국 경제가 거둔 성과는 높이 평가했지만 국가적 지위는 중국이 기대하는 것만큼 인정하지 않았다.

10년 전만 해도 미국은 세계 초강대국인 자국의 지위를 위협받게 될 줄 전혀 예상치 못했을 것이다. 과거에 가장 화려하던 전성기에도 중국의 세계적인 영향력은 매우 약했던 탓에 중국은 국제사회에서 인정받기가 그리 쉽지 않았다. 그러나 세계 유일의 초강대국 미국은 자국이 더 이상 날카로운 이빨을 자랑할 수 없으며 이제 세계 최고 자리를 내줘야 하는 상황에 직면했다.

미국 입장에서 이는 뼈아픈 일이지만 중국이 세계 판도를 뒤바꾸고 있다는 현실을 인정해야 한다. 중국을 바라보는 시각과 전망은 다양하지만 우리는 현재 커다란 변혁을 겪고 있는 중국이 지금의 자리에 오른 것보다 경제적·정치적 안정을 유지하는 것이 더 힘들 거라고 본다.

21세기 상반기에 세계무대에서 가장 강력한 영향력을 발휘한 두 나라는 바로 미국과 중국이다. 우리는 이 두 나라가 각자 어떤 역할을 할지 아직 알 수 없다. 겉으로는 미·중 지도자 모두 새로운 관계를 확립하고 역사상 한 번도 본 적 없는 새로운 판도를 개척해나가겠다고 말하지만 양국 간에는 물밑 힘겨루기가 치열하다.

왕이 중국 외교부장은 존 케리 미 국무장관을 만난 자리에서 중국이 동중국해와 남중국해의 분쟁을 해결하기 위해 노력한다면서, 다만 국가 주권과 영토 완전성을 수호하겠다는 결심은 누구도 흔들 수 없을 것이라고 말했다. 현재 이 지역은 정세를 낙관하기가 힘들다. 케리 국무장관은 2013년 제5차 아시아 순방 때, 중국 지도부를 향해 미국은 중국을 압박할 의도가 없으며 중국은 미국의 중요한 파트너라고 밝혔다.

한편 케리 국무장관은 2013년 2월 외교정책을 발표하는 자리에서 "상품 및 서비스를 10억 달러 수출할 때마다 미국에 일자리가 5000개씩 생긴다"라고 말했다. 2012년 미국의 대중국 수출액이 1484억 5000만 달러였으므로 덕분에 미국에 74만 개 이상의 일자리가 창출된 셈이다.[19]

달러의 몰락과 신흥국의 부상

1980년부터 2013년 10월 말까지 중국이 실제로 사용한 대미국 투자액은 727억 8000만 달러로 4위를 차지했다. 2013년 1월부터 10월까지 미국의 대중국 수출액은 1313억 달러로 미국의 전체 수출액 중 10분의 1을 차지했다. 같은 기간 미·중 간 상호 투자액도 큰 폭으로 증가했다.

2013년 중국의 대미국 직접투자 증가율은 미국의 대중국 직접투자 증가율을 추월했다. 2013년 1월부터 11월까지 단 11개월 사이에 중국의 대미국 직접투자액은 28.3퍼센트 증가해 800억 달러를 넘어섰다. 중국의 대미국 투자 증가율은 232퍼센트, 대유럽연합 투자 증가율은 90퍼센트, 대오스트레일리아 투자 증가율은 109퍼센트다. 중국은 시장개방정책을 펴면서 화폐시장도 개방했는데 이로써 위안화는 2005년부터 8년간 그 가치가 35퍼센트나 상승했다.

2013년 9월 열린 G20 정상회담에서 시진핑 주석은 이렇게 말했다. "중국은 안정적이고 리스크를 방어할 글로벌 화폐 시스템을 구축하고, 특별인출권 통화 바스켓 구성을 개혁하며, 국제적인 금융 협력을 강화하는 한편 금융 리스크를 완화할 방화벽을 구축해야 한다. 특히 중국은 환율시장 개혁과 위안화 환율의 탄력성 강화, 점진적인 자본계정 위완화 태환을 위해 노력할 것이다."

중국이 상하이자유무역기구를 설립한 데는 상하이를 국제적인 금융 중심으로 키우겠다는 목적도 있지만, 금융 개혁에 더욱 박차를 가할 것임을 대외적으로 알리기 위한 신호탄이었다. 세계은행은 〈다극화: 새로운 세계경제〉라는 보고서에서 2025년 이전에 달러가 주도적인 지위를 상실하고 달러, 유로화, 위안화를 기반으로 한 복수 통화체제가 구축될 것이라고 전망했다.[20]

중국의 대대적인 미국 기업 인수에 나서다.

중국은 이미 글로벌 시장에서 강한 존재감을 과시하고 있다. 시장분석기관인 다이얼로직Dialogic에 따르면, 2012년 중국 기업들은 미국 기업 및 미국 기업의 지분을 인수하기 위해 총 49건의 계약을 체결했고 총 인수액이 115억 7000만 달러에 이른다.

2005년 중국해양석유총공사CNOOC가 미국의 석유화학기업 유노컬을 185억 달러에 인수하려다 무산됐다. 그렇다고 중국 기업이 미국 기업 인수를 위한 노력을 중단한 것은 아니다. 이후 중국의 돼지고기 가공업체 쐉후이궈지가 미국 돈육업계의 대기업 스미스필드푸즈를 71억 달러에 인수했다. 이것은 2013년 9월까지 중국 기업의 미국 기업 인수 중 가장 큰 규모였다.

중국 기업들이 가장 선호하는 업종은 미국 금융업이다. 금융업 쪽에서 체결한 투자 계약과 투자 협약을 모두 합치면 투자 규모가 570억 달러에 이른다. 여기에 대캐나다 투자까지 합하면 총 투자액이 1069억 달러에 달한다.

헤리티지재단Heritage Foundation 아시아연구센터의 수석연구원 윌리엄 윌슨William Wilson에 따르면, 중국의 투자 대상이 개발도상국에서 선진국으로 옮겨가고 있으며 2014년 상반기 중국의 주요 투자 목표는 미국이었다. 윌슨은 향후 몇 년 내에 중국이 자본 순수입국에서 순수출국이 될 것이라고 전망했다. 게다가 몇 년 전까지만 해도 중국의 대외 투자 주체는 국영기업이었지만 지금은 민영기업이 대미 투자를 주도하고 있다. 민영기업 투자가 전체 투자 건수의 80퍼센트, 전체 투자액의 70퍼센트를 차지할 정도다.

중국은 이미 세계무대에서 미국의 주요 경쟁자로 떠올랐고 중국의 대미국 투자는 미국의 대중국 투자를 앞질렀다. 세계은행은 〈다극화: 새로운 세계경제〉 보고서에서 "세계경제에 변혁이 일어나고 있다. 이 변혁의 가장 두드러진 결과는 활기가 넘치는 신흥국들이 급부상해 세계경제의 발전을 좌우하고 있다는 점이다"고 밝혔다.[21]

중국은 새로운 글로벌 투자은행 설립을 위해 여러 나라와 협상하고 있다. 대표적으로 중국은 인프라가 낙후된 국가에 자금을 지원하는 아시아인프라투자은행을 설립해 세계은행과 경쟁하게 할 계획이다. 물론 미국은 중국의 이 계획에 강력히 반대하고 있다.

〈뉴욕타임스〉는 2014년 10월 익명을 요구한 한 미국 정부 관계자의 말을 인용해 다음과 같이 보도했다. "미국 재무부는 이 새로운 은행이 세계은행이나 아시아개발은행이 계속 고수해온 환경보호 기준과 절차상의 요건 및 기타 투자의 안전성을 보장하는 조치를 충족시키기 힘들 것이라고 예상하고 있다. 이 새로운 은행이 무슨 가치를 창출할 수 있을까? 아시아인프라투자은행을 어떻게 설립해야 은행업의 악성 경쟁으로 질적 수준이 떨어지는 일을 막을 수 있을까?"[22]

이 기사에는 2005~2009년 미 재무부 차관보를 지낸 클레이 로워리Clay Lowery의 관점도 언급되어 있었다. 그는 새로운 은행 설립을 반대하는 오마바 정부의 견해에는 근거가 부족하며 중국의 계획이 성사될 가능성이 크다고 말했다. "이것은 아시아 국가들이 자금을 확보할 수 있는 가장 좋은 방법이자 긍정적인 발전이다."

자리다툼

향후 10년간 5000년 역사를 자랑하는 중국과 200년 역사에 불과한 미국 사이에 다중심 세계에서 자국의 위치를 확고히 하기 위한 치열한 다툼이 예상된다. 지미 카터 전 미국 대통령의 국가안보 담당 특별보좌관을 지낸 즈비그뉴 브레진스키Zbigniew Brezinski는 2013년 2월 〈뉴욕타임스〉에 미·중 관계의 미래에 대해 낙관적인 전망을 담은 특별 칼럼을 기고했다. 그의 관점을 간략하게 정리하면 이렇다.[23]

- 포스트 패권주의시대에는 국가 간 전쟁으로 세계 패권을 확보할 가능성이 크지 않다.
- 누구도 세계 패권국이 될 수 없다면 미·중 양국이 충돌할 필요도 없다.
- 세계경제의 각 분야가 상호 긴밀히 연계된 까닭에 단순히 자국 경제발전만 추구하면 모든 경제 구성원이 피해를 볼 수 있다.
- 미국이든 중국이든 더 이상 적대적인 이데올로기로 정책을 결정하지 않을 것이다.
- 양국의 정치제도는 차이가 크지만 양국은 모두 개방적이며 다만 방식이 다를 뿐이다.

2014년 2월 케리 미 국무장관을 만난 시진핑 주석은 양국 사이에 논란이 일고 있는 문제를 놓고 서로의 입장을 확인했다. 두 나라는 미·중 관계를 고려하든, 글로벌 서던벨트 내에서 중국이 수행하는 역할을 고려하든, 현 상황에서는 안정 유지가 가장 중요하다는 공통적인 인식을 확인했다.

경제적으로 중국은 자국의 경제성장 모델을 새롭게 수정하고 있으며 투자자들은 중국이 안정적인 성장세를 유지할 것이라고 믿고 있다. 시진핑 주석과 리커창 총리는 개방형 경제 시스템을 구축하겠다는 새로운 목표를 세웠다.

2014년 3월 열린 제12기 전국인민대표대회 제2차 회의에서 리커창 총리는 중국의 개혁이 새로운 단계로 들어섰다고 선언했다. 리커창 총리는 100분간 이어진 이 연설에서 '개혁'이라는 단어를 일흔일곱 번이나 사용했다. 그는 개혁이야말로 중국인의 이익을 위한 일이자 현 중국 정부의 가장 중요한 임무라고 강조하고, 과거의 틀에서 벗어나 개혁에 더욱더 박차를 가할 것임을 천명했다.

중국 기업의 부상

지금까지 자국의 국내 상황을 개혁하는 데 주력해온 중국은 점차 세계를 뒤흔들기 시작했다. 중국 기업가들은 백만장자, 아니 억만장자가 됐지만 그들은 국제사회에서 크게 주목받지 못했고 세계적인 영향력도 미미했다. 하지만 알리바바가 미국 주식시장 상장에 성공하면서 국제사회의 인식이 점차 달라지고 있다. 알리바바의 등장으로 세계라는 바둑판의 판도가 바뀌고 있고, 미국 기업가들이 누리던 절대적인 우위가 흔들리고 있다는 사실이 전 세계에 알려졌기 때문이다.

이제 중국 기업의 부상은 그리 신기한 일이 아니며 중국의 스타 기업인은 계속 탄생하고 있다. 중국의 젊은 기업가도 서방 기업가와 별반 다르지 않다. 비록 문화적 배경은 천차만별이지만 우리 부부가 중국, 미국, 유럽, 아프리카, 라틴아메리카 등에서 만난 젊은 기업가에게는 모두 공통적인 목표가 있었다. 사업에 성공하고 이상적인 인생 반려자를 만나겠다는 목표가 그것이다. 다만 중국인의 사업 방식에는 서양인과 약간 차이가 있었다.

호텔 바에서 비즈니스 미팅을 하는 사람들을 자주 본 우리는 중국 기업가와 서양 기업가의 보디랭귀지가 다르다는 사실을 발견했다. 서양인은 거만한 자세로 중국인에게 무언가를 시키는 것을 좋아한다. 반면 중국인은 우호적이고 화기애애한 분위기 속에서 대화를 나눈다.

여기서 중국인과의 비즈니스에서 성공하는 비결을 논할 생각은 없다. 그렇더라도 한 가지 조언한다면, 먼저 신뢰관계를 쌓고 상대를 존중하는 표현을 하길 권한다. 중국인은 매우 호의적이고 친절하긴 해도 자신의 목표에 충실히 임한다. 최상은 양측 모두 이익을 얻는 것이지만 그럴 수 없다면 협상조차 할 필요가 없다. 실리가 없는 대화는 아예 나누지 않는 것이 중국의 21세기 사업 방식이다.

중국이 독자적인 개발 및 혁신의 성과를 세계에 알릴 돌파구를 찾지 못했다고 말하는 이들이 많다. 〈파이낸셜타임스〉가 2013년 마윈馬雲을 '올해의 인물'로 선정했을 때 서방의 많은 평론가가 크게 놀랐다.[24] 인간적인 매력이 넘치는 이 억만장자는 세계 최대 전자상거래회사 알리바바의 창업자다.

1999년 설립된 알리바바는 온라인 거래액이 이베이와 아마존의 거래액을 합친 것과 맞먹는다. 알리바바의 기업공개IPO 규모는 250억 달러로 중국 농업은행이 홍콩증권거래소에서 세운 221억 달러 기록을 경신했다.[25] 알리바바의 2013년 온라인 거래액은 2480억 달러였고 이 중 70퍼센트가 택배 발송 거래로 모두 중국 내에서 이루어졌다. 전 세계 전자상거래 2위 업체인 아마존의 거래액은 1000억 달러, 3위 업체인 이베이의 거래액은 760억 달러였다.[26]

〈포브스〉는 알리바바의 기업공개가 기술주 사상 최대 규모이자 뉴욕 증권거래소 개장 이래 가장 큰 규모일 것이라며 2018~2019년 알리바바의 시가총액이 6000억 달러까지 증가할 것이라고 전망했다. 〈파이낸셜타임스〉는 마윈을 과감하고 패기 있는 중국 창업의 대부로 평가하며, 그의 스토리는 창업을 장려하는 중국의 새로운 환경에서는 가난해도 포기하지 않는 끈기만 있으면 큰 성공을 거둘 수 있음을 보여준다고 했다.

알리바바가 뉴욕증권거래소에 화려하게 데뷔하기 전인 2014년 9월 마윈은 알리바바 직원 2만 명의 운명이 바뀔 것이라고 자신 있게 말했다. 뉴욕과 알리바바 본사가 위치한 저장성 항저우의 시차 때문에 알리바바 직원들은 그날 저녁 항저우 시민과 함께 초대형 모니터를 통해 자신들의 운명이 바뀌는 장면을 직접 지켜보았다. 알리바바는 직원 1만 1000명에게 448억 달러 상당의 주식을 스톡옵션으로 제공했고 직원들은 1인당 1000만 위안이 넘는 수익을 올렸다. 마윈의 개인 순자산도 218억 달러까지 치솟았다.

10년 전만 해도 100억 달러 이상 자산을 소유한 중국인은 단 한 명뿐이었지만 지금은 176명에 이른다. 해마다 중국의 부자 순위를 발표하는 잡지 〈후룬리포트_Hurun Report〉의 사장 루퍼트 후지워프_Rupert Hoogewerf는 "중국의 창업 열기가 사그라질 조짐이 보이지 않는다. 자수성가한 80년대생 창업자 여덟 명이 부자 순위에 들었다. 중국뿐 아니라 어느 나라든 이런 일을 매우 자랑스럽게 여길 것이다"라고 말했다.

〈파이낸셜타임스〉는 마윈을 올해의 인물로 선정하면서 마흔여덟 살인 그가 2013년 5월 알리바바의 CEO 자리를 루자오시陸兆禧에게 물려주고 자신은 환경문제 등 중국이 직면한 여러 문제를 해결하는 데 주력하겠다고 발표한 것을 높이 샀다고 설명했다. 〈파이낸셜타임스〉와의 인터뷰에서 마윈은 자신이 두 번째로 관심을 기울이는 문제가 '국민의 문화와 교육'이라 밝히고 문화와 교육을 중시하지 않으면 훗날 중국 청년은 돈은 있어도 교양은 없는 세대가 될 것이라고 말했다.

　마윈은 저장성 항저우에서 태어났는데 저장성은 중국 창업 정신의 중심지 중 한곳이다. 소년 시절 마윈은 수학 성적은 좋지 않았지만 영어는 아주 좋아했다. 마윈이 영어회화를 연습하기 위해 9년 동안 아침마다 자전거를 타고 인근 호텔에 가서 외국인 손님들에게 무료로 관광가이드를 해준 일은 널리 알려진 사실이다. 그는 한때 항저우전자과기대학에서 영어와 국제무역을 강의하기도 했다.

　성장한 후 마윈은 미국 친구의 도움으로 중국 기업들을 위한 서비스 사이트를 개설했다. 먼저 기업에 인터넷의 존재를 알려야 한다고 생각한 마윈은 1999년 작은 회사를 차렸는데, 그 회사가 오늘날 세계적인 대기업으로 성장한 알리바바다.

정부와 연애는 하되 결혼은 하지 마라.

〈파이낸셜타임스〉와의 인터뷰에서 마윈은 '정부와의 교섭'이라는 난제를 어떻게 해결했느냐는 질문에 이렇게 대답했다. "중국, 아니 세계 어느 나라에도 알리바바보다 더 큰 기관은 한 곳도 없다. 알리바바는 회원 수가 6억 명이 넘고 하루 구매자가 약 1억 명이다. 처음에는 정부가 우려할 것이라고 예상했지만 우리는 비즈니스에만 주력했고 수많은 일자리를 창출했다. 현재 정부는 우리에게 반감을 보이지 않는다."

그가 직원들에게 입버릇처럼 하는 말이 있다.

"알리바바는 정부와 연애를 해야 한다. 다만 절대로 결혼을 해서는 안 된다."

그가 국영기업들이 제시한 합자 요청을 번번이 거절한 것도 이런 원칙 때문일 것이다. 마윈은 미국 증시 상장과 관련해 알리바바 전 직원에게 보낸 공개편지에서 "우리는 시간과 실적으로 우리를 알려야 한다"라고 말했는데 이 말은 중국에도 적용된다.

연구개발은 중국, 생산은 독일

미국과 독일은 연구개발에 주력하고 중국은 제조를 담당한다는 것은 많은 사람이 알고 있는 사실이다. 그런데 최근 이런 구도에 조용한 변화가 일어나고 있다. 몇 년 전 우리는 그 변화를 보여주는 한 가지 사례를 목격했다. 그것도 오스트리아 빈의 카페 브루어 볼Vienna Café Brewer Ball 행사에서 말이다. 카페 브루어 볼 행사는 빈의 흥미로운 파티인데, 우리는 그곳에서 게랄트 슈테거Gerald Steger café +co 인터내셔널 CEO를 만났다. 우리가 새로 건설한 고속도로 휴게소에서 향 좋은 커피를 마실 수 있는 것은 순전히 그의 노력 덕분이었다. 커피 판매기와 에스프레소머신 7만 대를 운영하는 그의 회사는 중유럽과 동유럽 머신케이터링 시장의 선두주자다.

재미있는 것은 café +co의 연구개발 파트너인 애드 마스Ad Maas가 중국이 '세계의 굴뚝'인 구조를 완전히 바꿨다는 사실이다. 슈테거는 "유럽에서 연구원 한 명을 고용할 인건비면 중국에서는 연구원 몇 명을 고용할 수 있다"라고 말했다. 슈테거는 중국에 연구개발센터를 설립했고 기계 조립은 독일에서 했다. 그 결과 그는 중국에서 새로운 에너지 절감 기술을 개발해 중유럽과 동유럽 지역의 고급 café +co커피머신에 적용했다.

이것은 경제 분야의 가치 사슬을 뒤바꾼 수많은 사례 중 하나다. 현재 많은 중소기업이 연구개발은 중국에서, 생산은 독일에서 하는 방식을 이용하고 있다. 〈월스트리트저널〉도 이 같은 사실을 지적하며 "중국이 연구개발 분야에서 향후 몇 년 내에 기술과 인재, 경제력 등을 충분히 축적하면 전 세계 기술 분야에서 힘의 구도가 바뀔 것이다"라고 전망했다.[27] IT 전문 매체 〈컴퓨터월드Computer World〉 역시 "2023년이면 미국이 연구개발 분야의 세계 1위 자리에서 내려와야 할 것"이라고 경고했다.[28]

현재 중국에는 혁신 정신이 넘치고 원대한 안목을 갖춘 기업가가 많으며 탁월한 발명가도 대거 등장할 채비를 갖추고 있다. 2014년 6월, 중국은 한 가지 야심찬 계획을 내놓았다. 길이 52킬로미터의 초소립자 충돌기Ssuper Particle Collider를 개발하겠다는 계획이 그것이다.[29] 이와 관련해 1999년 노벨물리학상 수상자인 헤라르뒤스 토프트Gerardus't Hooft는 "중국의 초소립자 충돌기 개발 프로젝트가 세계 각지의 수백 명, 심지어 수천 명의 일류 과학자를 중국으로 불러들일 것이며 그중에는 이론물리학자, 실험물리학자, 엔지니어 등이 포함될 것"이라고 말했다.

유럽 원자핵공동연구소의 과학자들도 초소립자 충돌기 개발 가능성을 검토하고 있지만, 그들은 기초적인 개념 정립을 마친 시기가 2018년으로 중국보다 4년 더디다. 프린스턴고등연구소Princeton Institute for

Advanced Study의 니마 아르카니하메드Nima Arkani-Hamed 교수는 "중국이
물리학 연구 분야에서 주도적인 역할을 하리라는 것은 의심의 여지가
없다"라고 말했다.

대세는 중국 비즈니스 모델

미국 인터넷기업은 정도의 차이는 있지만 모두 세계 인터넷업계의 주도
권 획득을 목표로 하고 있다.[30] 그렇지만 미국 기업들은 중국의 인터넷
시장에 진출하는 것을 몹시 힘들어한다. 미국 기업의 중국 진출을 어렵
게 하는 것은 바로 검열제도, 물류, 중국 법규 등이다. "세계의 인재들을
하나로 연결한다"라는 슬로건을 내건 세계 최대 인맥관리 사이트 링크
트인은 중국에 사이트를 개설한 몇 안 되는 미국 인터넷기업 중 하나다.

미국 기업들이 중국 온라인 고객과 접촉할 다양한 방법을 짜내는 동안
중국 기업들은 이미 미국에 진출했다. 시나웨이보新浪博客(중국의 인터넷
포털사이트 시나닷컴이 제공하는 마이크로 블로그 서비스 – 옮긴이)는 영문판을
시험하고 있고 위챗WeChat(중국 최대 인터넷 기업인 텐센트가 서비스하는 모
바일 메신저 – 옮긴이)은 중국인이 전 세계 어디를 가든 사용할 수 있도록
서비스를 제공한다. 위챗은 중국인 외에도 전 세계 각지에서 사용자가
늘고 있다.

중국 국영방송 CCTV에서 미국 기업들이 "트위터나 페이스북을 통해
계속 관심을 가져달라"고 말하는 장면을 볼 때마다 그 아이러니함에 웃
음이 나오곤 한다. 수많은 갈등이 존재하긴 해도 중국 인터넷기업은 이

미 국제화의 발걸음을 내딛었다. 1998년에 설립된 텐센트와 그 메신저 서비스인 QQ, 위챗의 가입자 수는 이미 10억 명을 넘어섰고 조만간 페이스북을 추월할 전망이다.

중국에는 세계적으로 주목을 받는 기업가가 많지만 구즈청顧志誠이라는 이름은 좀 낯설 것이다. 젊은 나이에 억만장자가 된 구즈청이 공동 설립한 쿠판은 2015년 이전까지 중국 최고 개인용 클라우드 서비스 제공업체였다.

그는 열다섯 살에 인터넷 게시판을 개설했는데 1년 뒤 그의 온라인 사이트의 하루 조회수는 20만 건에 달했다. 2003년 그가 개발한 스톰플레이어Storm Player는 중국에서 상당히 인기를 끈 멀티미디어 플레이어였다. 이 플레이어는 그가 온라인 친구와 함께 개발한 것으로, 두 사람은 몇 년 뒤 스톰플레이어가 중국 전역을 휩쓸 때 비로소 처음 만났다.

구즈청은 "인터넷업계는 젊은 나이에 맨손으로 창업해도 성공할 수 있는 몇 안 되는 분야다"라고 말했다. 구즈청의 성공 비결은 타고난 재능 외에 꿈이 있었다는 것이다. 그는 "언젠가 우리는 날마다 14~16시간이나 일에 매달려야 하는가를 놓고 토론했다. 모두들 밤낮 없이 일하는 것이 내 두 번째 천성이라고 했다. 우리가 클라우드업계의 선구자가 된 것이 매우 기쁘다"라고 말했다.[31]

천어우陳歐는 중국 최대 화장품 인터넷 쇼핑몰인 쥐메이유핀聚美優品의 공동 창업자로, 직접 회사의 광고 모델로 활동해 1억 위안이 넘는 광고비용을 절감했다. 그와 두 명의 동업자가 2010년 인터넷 쇼핑몰을 개설할 당시 그들은 전자상거래나 여성화장품에 대해 아무런 경험도 지식도 없었다.

어릴 때부터 천재로 소문난 장레이蔣磊는 열여섯 살에 칭화대학에 특별 입학했고, 스무 살에 톄쉐커지鐵血科技라는 회사를 세웠다. 그가 개설한 톄쉐왕鐵血網은 중국 최대 버티컬 포털사이트Vertical Portal Site(특정한 것에 중점을 둔 사이트로 의학이나 건설 같은 특정 분야를 모아둔 전문 포털사이트다. - 옮긴이)로 2012년 조회 수가 3억 건에 달했다. 미국의 여러 천재 청년처럼 그도 칭화대학 박사학위를 포기하고 2년이나 부모님을 속이며 창업에 뛰어들었다. 2012년 그의 회사는 영업이익이 1억 위안을 기록했고 그 후로도 계속 증가하고 있다.

그는 "인터넷산업은 문턱이 낮아 젊은 창업자도 자기 사업을 시작할 수 있다. 군사 분야에 관심이 많은 마니아 사이에서 톄쉐왕의 인기는 수그러들지 않을 것이다"라고 말했다.

비즈니스 모델의 방향이 역전되고 있다.

출판업계에는 오래전부터 책은 미국에서 유럽으로만 이동한다는 말이 떠돌았다. 마찬가지로 성공한 비즈니스 모델도 한 방향으로 이동한다. 미국인은 창조를 하지만 중국인은 뒤꽁무니를 따라가며 표절만 한다고 말하는 이들도 있다. 그러나 중국 비즈니스 모델이 IT 창업의 새로운 트렌드로 부상하면서 이런 상황에 변화가 발생하고 있다.[32]

북미의 게임 커뮤니티 사이트인 커즈Curse의 CEO 휴버트 티봇Hubert Thieblot은 중국의 스타트업인 YY에서 많은 영감을 얻었다. 그는 YY의 소셜엔터테인먼트 방식에 관심을 기울였고 여기서 영감을 얻어 새로운 소셜 플랫폼인 커즈보이스Curse Voice를 만들었다. 이 사이트에서 활발하게 활동하는 사용자 수가 2014년 6월 100만 명을 돌파했다.

중국 청년들의 꿈은 제2의 마크 저커버그Mark Zuckerberg가 아니라 천어우, 구즈청, 장레이 같은 인물이 되는 것이다. 알리바바, 바이두, 텐센트, 샤오미 같은 중국 기업은 탄탄하게 성공가도를 달리고 있고, 〈포브스〉 선정 500대 기업 중 중국 기업의 순위도 점점 위로 올라가고 있다.

2013년 9월 뉴욕에서 열린 미국 인터넷광고협회Interactive Advertising Bureau 콘퍼런스에서 세계 최대 광고회사 WPP의 CEO 마틴 소렐Martin Sorrell은 다음과 같이 말했다. "많은 사람이 모바일통신과 데이터산업이 미래의 대세라고 말한다. 그렇지만 나는 미래의 대세는 중국 비즈니스 모델이라고 생각한다. 서양인은 자신들이 지혜를 독차지하고 있다고 자부하지만 사실은 그렇지 않다."

차이나드림의 실현

현재 중국은 젊은 기업가에게 갖가지 유리한 조건을 제공하고 있다. 우리 부부는 〈중국청년보中國靑年報〉에 칼럼을 게재하고 나서 독자로부터 많은 이메일을 받았다. 대개는 치열한 경쟁 환경에서 어떻게 살아남고 성공해야 하는지 고민하는 내용이었다. 무엇보다 명문대학을 우수한 성적으로 졸업한 뒤 자신이 진출한 분야에서 최고가 되는 것이 그들의 목표이자 꿈이었다. 더불어 그들은 정부가 자신들이 계속 발전할 수 있는 환경을 만들어주기를 바랐다.

시진핑 주석은 중국인에게 민족 부흥을 위해 외국에 문호를 더 개방해야 한다고 호소했다. 시진핑의 호소는 중국이 꾸준히 발전하고 중산층 인구가 나날이 증가하면서 젊은이들의 성공에 대한 열망이 높아지고 있는 가운데 나온 것이다. 중국인은 앞으로 개혁과 부흥을 어떤 방식으로 진행해 나갈지 신중하게 결정해야 한다.

중국인은 수천 년 동안 국익을 위해 개인의 이익을 억눌러왔다. 그러나 이제는 개인의 이상이 점점 존중받고 있다. 우리가 《메가트렌드 차이나China's Megatrends》에서도 말했듯 중국의 안정 유지는 지도층과 국민의 적극적인 소통이 얼마나 균형을 이루는가에 달려 있다. 시진핑 주석이 호소하는 민족 부흥은 애국심이 투철하면서도 글로벌 사고를 하는 세대를 향한 외침이다. 차이나드림을 실현하려면 이들의 역할이 매우 중요하다.

서양인은 차이나드림을 말할 때 습관적으로 '그러나'를 붙인다. 이것은 우리도 마찬가지다. 세계의 모든 나라와 마찬가지로 모든 중국인이 정부에 만족하는 것은 아니다. '그러나' 이는 그들이 원하는 삶을 살아가고, 하고 싶은 일을 하며 자기 수준에 맞는 생활을 누리는 데 전혀 걸림돌이 되지 않는다.

글로벌 컨설팅회사 언스트앤영의 마리아 피넬리Maria Pinelli 부회장은 2014년 5월 중국 진출을 원하는 기업가에게 이렇게 충고했다. "마음에 들지 않는 정부정책이 있으면 우리는 보통 직설적으로 비판한다. 하지만 중국 기업가들은 대부분 자기 힘으로 바꿀 수 없는 상황에 시간과 정력을 낭비하지 않고 정책에 적응하려 노력한다. 미래의 억만장자는 타고난 낙관주의자다. 그들은 정책에 매몰되지 않는다."

우리는 이 말을 듣고 큰 감명을 받았다.

티베트든 신장위구르자치구든 아니면 중국의 어느 지역이든 결정적인
역할을 하는 것은 '경제'다. 오늘날 중국이 발전을 꾀할 때 가장 중시하
는 것은 국내 요인이다. 물론 중국의 개방 확대는 글로벌 관계 변화라는
커다란 배경 아래에서 이뤄지고 있다.

서방 경제는 계속 침체하는 반면 글로벌 서던벨트는 성장하고 있고 중
국과 신흥국 간의 경제관계는 더욱 긴밀해지고 있다. 이것은 모두 중국
의 향후 외교정책에 큰 의미가 있다. 서방 국가의 최대 관심사는 중국이
과연 평화적인 발전 노선을 지속할 것인가 하는 점이다.

2장에서 인용한 옌쉐퉁 칭화대학 교수의 기고문을 여기서 다시 한 번
인용하고자 한다. 그의 이야기는 매우 적절하면서도 중요하기 때문이다.
"예외적인 경우도 있지만 중국은 지난 20여 년간 '친구도 적도 없다'는
외교정책 아래 다른 나라들을 차별 없이 대해왔다. 그런데 시진핑 주석
이 취임한 이후 중국은 친구와 적을 각기 다른 태도로 대하기 시작했다.
중국이 우선시하는 것이 중국 발전에 가장 유리한 외적 환경을 만드는
일이기 때문이다. 그러므로 중국의 성장 과정에서 적극적인 역할을 수
행하는 국가는 중국의 경제발전과 더불어 실질적인 이득을 얻을 것이다."

IMF에 따르면, 구매력평가지수PPP로 볼 때 중국은 이미 세계 최고 경
제대국으로 도약했다. 역사적인 관점에서 중국은 그저 과거의 위상을
아주 조금 되찾았을 뿐이다. 1820년 중국의 GDP는 세계 전체 GDP의
3분의 1을 차지했다. 미국의 찬란한 빛이 중국을 압도한 역사는 짧은 해
프닝에 불과하며 이 해프닝은 거의 끝나가고 있다.[33]

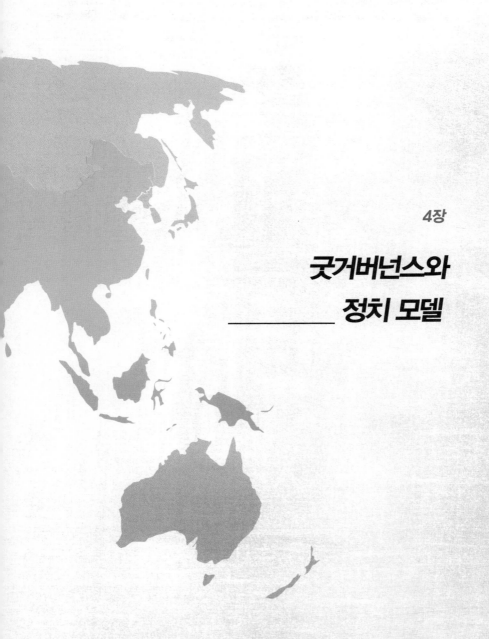

4장

굿거버넌스와
_____ 정치 모델

Global Game Change
How the Global Southern Belt Will Reshape Our World

'굿거버넌스Good Governance'란 무엇인가? 이 질문에 대한 우리의 대답은 간단명료하다. 굿거버넌스란 정부가 국민을 신뢰하고 국민도 정부를 신뢰하는 좋은 민주주의를 말한다. 대다수 국민이 정부를 평가하는 기준은 자신이 실질적인 이득을 얻는가에 있다.

　국가 통치는 기업 경영과 같고 정부와 국민의 관계는 고용주와 피고용인의 관계와 유사하다. 피고용인은 고용주의 행동이 자신에게 어떤 영향을 미치는가에 따라 고용주를 평가한다. 기업이 수익을 내는가, 업무를 자주적으로 수행하는가, 직원에게 성장할 가능성이 있는가, 근무 환경은 어떤가 등이 모두 중요한 평가지표다. 기업은 목표 달성을 위해 변화하는 상황에 맞춰 경영 모델을 수정한다. 훌륭한 기업 경영자의 자질은 시대에 따라 변화해왔고 부하직원과 상사의 관계에도 많은 변화가 생겼다.

　이밖에 기업의 경영 환경도 현저히 달라졌다. 내부 조건과 외부 환경이 변화함에 따라 기업은 경영 모델을 계속 수정하고 혁신해야 한다. 국가도 마찬가지다. 국내외 환경이 과거와는 완전히 다르므로 국가를 잘 통치하려면 이 변화를 충분히 고려해야 한다. 그런데 기업에게는 경영 모델 혁신을 요구하면서 정부는 통치 모델 혁신을 거부하는 경우가 많다. 세계가 변화하는데 혼자만 변화를 거부하고 기존 모델을 고수하면 아무리 오랜 전통을 자랑하는 민주 국가도 막대한 대가를 치를 확률이 높다.

민주주의는 국가 통치의 가장 기본적인 개념이다. 물론 민주주의를 실천하는 방식은 국가마다 다르다. 심지어 북한과 미국처럼 민주주의를 바라보는 시각이 정반대인 나라도 있다. 여기서 우리는 민주주의의 뿌리로 거슬러 올라가볼 필요가 있다.

민주주의제도를 굿거버넌스 모델로 받아들인 시기는 고대 그리스까지 거슬러 올라간다. 기원전 6세기 사회적·경제적 위기에 봉착한 아테네인은 민중이 정치에 참여해 집단 이익을 보호하는 정치체제를 확립했다. 물론 소수만 정치에 참여하고 여성, 노예, 외국인은 배제했지만 아테네의 민주정치는 현대 민주제도의 뿌리가 됐다. '민주주의Democracy'는 그리스어로 '시민demos'과 '지배kratia'의 합성어로 '시민의 지배'라는 의미다.

이데올로기 시대는 끝났다.

도시가 아닌 촌락에서는 종교가 지대한 역할을 수행한다. 우리가 머릿속으로 나쁜 생각을 하면 부모는 몰라도 신은 안다고 생각하기 때문에

신이 정해놓은 규칙을 행동준칙으로 삼는 사람이 많다. 대부분의 종교가 전지전능한 신에게 최고 권위를 부여해 추앙하지만 민주체제는 한번도 절대 권위로 군림한 적이 없다.

사실 서방의 우월감은 종교의 절대 패권과 밀접히 관련되어 있다. 과거에 서방인은 자신들이야말로 신이 세상에 보낸 특별한 존재라고 믿었다. 그런 인식 아래 교회는 세속의 통치자들에게 축복을 내리는 동시에 그들에게 '하늘이 부여한' 사명을 전달했다. 황제는 타국을 침략할 권력을 얻고 타국의 '이교도'에게 개종을 강요했으며 자신이 믿는 종교의 교리, 원칙, 가치관을 완전히 받아들일 것을 종용했다.

962년부터 1806년까지 존속한 신성로마제국은 로마 교황이 대관한 독일제국의 이름이다. 나라의 명칭을 이렇게 정한 근거는 그들이 고대 로마제국의 우수한 전통과 정권의 합법성을 계승한 것이 '신의 뜻에 부합한다'는 데 있다. 미국의 공식 표어는 지금도 '우리는 하느님을 믿는다In God We Trust'이며, 심지어 이것은 달러 지폐의 뒷면에 인쇄되어 있다. 미국인과 종교가 같은 서방의 여러 나라와 지도자도 '우리는 하느님을 믿는다'가 전 세계의 표어가 되어야 한다고 생각한다.

서방인은 이교도가 서방의 원칙과 가치관에 '귀의하도록' 이끄는 것을 자신들의 사명으로 여긴다. 그러나 모든 이가 기독교 신자는 아니며 모두가 '서방인'이나 '미국인'이라고 낙인찍히길 원하는 것도 아니다. 물론 서방 민주주의가 거둔 성과를 폄하할 생각은 없지만 이제 서방인은 마음을 열고 각 문화마다 민주화 과정에서 고수해온 근본 원칙이 다르다는 사실을 인정해야 한다.

서방인의 뿌리 깊은 우월감은 서방 민주주의의 바탕이다. 이들은 민주제도에 관한 한 자신들이 최고 권위자이며 민주제도를 통치 모델에 적용하는 방식에서도 자신들에게 가장 큰 발언권이 있다고 생각한다.

유럽 중심 세계관과 유럽을 사상 및 행동의 유일한 중심으로 여기는 관점은 고대 유럽에서 싹터 계몽운동의 바람을 타고 퍼져나가기 시작했다. 이들은 모든 문명의 발달은 유럽의 이상과 가치관, 규범을 바탕으로 이뤄져야 한다고 생각했다.

1741년판 《독일대백과전서》는 유럽을 "세계에서 가장 작은 대륙이지만 여러 가지 이유로 가장 추앙받을 만한 대륙"이라고 정의했다. 그로부터 100여 년이 흐른 뒤, 독일의 유명한 백과전서 《브로크하우스 *Der Brockhaus Enzyklopädie*》는 유럽을 "다섯 대륙 가운데 문화, 역사, 정치 분야에서 가장 중요한 대륙이다. 세계적으로 지배적인 영향력이 있으며 지식 분야에서는 더욱더 그렇다"라고 소개했다.

> 서방 우월론의 기저에는 유럽 중심의 세계관이 깔려 있다.

오늘날 서방사회에서 유럽 중심 세계관으로 세계를 바라보는 것은 보편적인 현상이다. 미국은 유럽의 혈통을 계승한 신대륙으로 이들이 18세기에 처음 지속가능한 민주제도를 확립했다는 것이 일반적인 인식이다. 미국이 군사적·경제적으로 세계 최강국이 되면서 서방 우월감은 더욱 강해졌다. 여기에다 20세기 후반 이데올로기 충돌이 민주제도의 승리로 끝난 뒤, 민주제도는 경제 및 사회 분야에서 가장 성공적인 통치 모델로 자리 잡았다. 이때 가장 중요한 본보기는 바로 미국이었다.

지난 100년간 서방 세계는 경제적·군사적·문화적으로 주도적인 지위를 차지했고 이로 인해 세계 모든 국가의 정치 모델을 자신의 관점에서 평가하는 습관이 굳어졌다. 하지만 서방 모델을 세상의 보편적인 준칙으로 삼을 수 있느냐는 의심해볼 만한 명제다. 서방 세계 내부에서도 모든 문제를 동일한 모델로 해결하지는 못한다. 북유럽과 남유럽 사이의 격차가 점점 커지는 것은 이를 증명하는 좋은 예다. 신흥경제국이나 지역 간, 민족 간 차이가 큰 사회에서 경제의 지속가능한 발전 및 사회 안정을 실현할 통치 모델을 확립하려면 서방 세계와는 완전히 다른 기반 위에서 출발해야 한다.

굿거버넌스의 기준을 세우기 위해서는 각국의 다양한 역사적·문화적 배경 외에 21세기의 수요 변화도 고려해야 한다. 오늘날 세계의 갈등과 분열은 이데올로기가 아니라 점점 더 커지는 사회적·경제적 격차 때문이다.

민주주의의 기본 원칙은 국민이 주인이다.

흔히 소수가 다수에 복종해야 한다고 생각하지만 '다수'가 꼭 모두에게 유리한 정책에 투표하는 것은 아니다. 더구나 그 '다수'가 매장당하는 일도 비일비재하다.

서방 국가에서 통치의 합법성은 당선 여부로 결정하기 때문에 모든 사상이 선거를 중심으로 돌아간다. 이런 현상에는 맹점이 숨어 있다. 그것은 사회 시스템의 수혜자가 그 시스템에 자금을 제공하는 사람보다 훨씬 많다는 점이다. 국민이 주인인 구조가 이 시스템의 가장 큰 문제다. 유권자의 선택을 자극하는 것은 현재 자신에게 가장 유리한 일을 해주겠다는 약속이다. 유권자들은 이런 약속을 하는 사람에게 표를 던진다.

사람들은 전략적 관점에서 정책을 판단하지 않는다. 당장은 고통스럽지만 장기적으로 이득을 주는 정책은 민중에게 지지받기 힘들다. 고대 그리스시대에 플라톤은 아테네의 민주제도를 거부했다. 그가 걱정한 것은 민중의 정치 참여 및 의정 논의 능력이었다. 민중은 "하루하루 먹고살기 바쁜 사람들"이라 당장의 행복을 더 중요하게 여기기 때문이다.

정치인이 선거에서 당선되거나 정권을 지키려면 모든 유권자에게 환심을 사야 한다. 그러나 일단 당선되면 부채는 계속 증가하고 예산은 줄어드는 현실 때문에 선거 전의 약속을 지키기 어렵다. 현실을 개혁해야 하지만 과감한 개혁은 지지율 하락을 불러온다. 이런 이유로 그들은 정부가 자신들이 약속을 실현하도록 도와주지 않는다고 비난한다.

2008년 금융위기 이후 우리는 부채로 지탱하는 민주제도가 장기적으로 지속되기 힘들다는 사실을 깨닫기 시작했다. 그럼에도 불구하고 오늘날 많은 국가가 장기적인 이익을 무시하고 빚으로 단기적인 수요를 충족시키는 방식을 쓰고 있다. 나아가 사회 불균형이 점점 심화되고 있다. 사회 불균형은 관점에 따라 그 의미마저 달라진다. 한 예로 미국에서 공화당은 사회 불균형 해소를 위해 계층 이익과 부의 재분배를 논하는 반면, 민주당은 기회 균등을 주장한다. 만약 굿거버넌스가 (능력, 야심 등이 제각각 다른 상황에서) '모든 사람에게 동등한 기회 제공하기'를 뜻한다면, 이 목표를 실현하는 것은 무슨 의미가 있을까?

미국 16대 대통령 에이브러햄 링컨은 "강자를 약하게 만들어 약자를 강하게 할 수 없고, 임금을 지급하는 사람을 끌어내려 임금 생활자를 도울 수 없으며, 증오를 유발해 형제애를 이끌어낼 수 없고, 부자를 파멸시켜 가난한 이를 도울 수 없다. 스스로 해야 하는 일을 대신 해주는 것은 상대를 장기적으로 돕는 방법이 아니다"라고 말했다.

민주주의의 리스크

글로벌 대변혁은 서방의 쇠락과 글로벌 서던벨트 신흥경제국의 부상이라는 두 가지 현상으로 요약할 수 있다. 이 변혁은 중국이 주도하고 있으나 중국 역시 여러 가지 해결해야 할 난제를 안고 있다. 이런 이유로 지금까지 여러 기관과 학자가 중국 위기설을 수없이 내놓았다. 물론 그 예언은 번번이 빗나갔고 중국 경제는 오히려 더욱 탄탄해지고 있다.

서방 세계의 리더 격인 미국도 대단한 위기 극복 능력을 보여주고 있다. 현재 미국의 상황은 어떨까? 미국은 얼마나 심각한 상황에 처해 있을까? 레이건 미 대통령의 특별보좌관을 지냈고 현재 〈월스트리트저널〉 칼럼니스트로 활동하고 있는 페기 누난Peggy Noonan은 리콴유李光耀 전 싱가포르 총리를 만나 이렇게 물었다.[1]

"미국에서 체제 몰락이 진행 중이라고 생각하나요?"

"그렇지 않다. 미국이 심각한 위기에 직면한 것은 분명하지만 앞으로 20~30년간 미국은 세계 유일의 초강대국일 것이다."

그러나 리콴유는 다음과 같은 경고도 잊지 않았다.

"만약 유럽식 사고방식에서 벗어나지 않으면 미국은 미래가 어둡다. 미국과 유럽 각국 정부는 빈민이나 취약 계층을 지원할 능력을 갖추고 있다. 여기에다 서구 사회학자들은 가난과 실패는 경제 시스템의 맹점 때문에 생겨난 것이라고 주장한다. 인식이 이렇다 보니 미국과 유럽에서는 복지 혜택을 누리는 것을 당연하게 여긴다. 사람들은 일하지 않고 돈을 받거나 자선사업가의 지원금에 기대는 것을 부끄럽게 여기지 않는다. 그들은 빚으로 유권자에게 당장의 복지를 제공하는 가장 단순한 방법을 쓰고 있다. 그 결과 재정적자와 거액의 공공부채가 생기고 말았다."

사상 최대 규모의 경제 협약, 한낱 꿈이었나?

물론 유럽과 미국의 저력을 과소평가해서는 안 된다. 경기가 호황이던 시절, 유럽과 미국은 경제성장을 촉진하고자 경제 동맹을 맺었다. 그런데 1990년, 1998년, 2005년에 여러 차례나 협상을 진행하고도 자유무역지구 지정에 관해 합의에 이르지 못했다. 미국과 유럽연합의 경제성장률이 둔화될수록 양측 모두 초대형 무역협정 체결에 적극 나섰고, 특히 미국이 더 적극적이었다. 유럽위원회 회원과 미국 대표는 2013년 7월 또다시 협상을 시작했고 세부 문제에 대해 깊은 대화를 나누었다.

하지만 유럽연합은 여전히 결론을 내리지 못했다. 〈월스트리트저널〉은 2014년 9월 유럽연합을 향해 자유무역 협상에서 양측의 의견 대립이 큰 투자자 보호 원칙을 포기하라고 촉구했다.[2] 이어 미국 소셜네트워크를 중심으로 범대서양무역투자동반자협정 체결에 관한 미국과 유럽연합의 협상을 두고 "지난 10년간 있었던 협상 중 가장 큰 기업 권력의 탁상공론"

이라는 비난이 확산됐다. 러시아 통신사 〈라시야 시보드냐*Russia Today*〉는 "다양한 항의의 목적은 '민주 회복'에 있다. 그렇다면 미국과 유럽은 무역협정 협상을 중단해야 한다"라고 논평했다.[3]

독일 시사주간지 〈디차이트*Die Zeit*〉는 2014년 6월 몇 쪽에 달하는 장문의 기사에서 "우리가 얻는 것은 무엇인가?"라는 의문을 제기했다.[4] 이 기사가 내놓은 대답은 이러했다. "비록 흑자 규모를 늘리고 경제성장을 촉진할 수는 있겠지만 그와 동시에 문제점도 따른다. 성장보다 더 중요한 것도 있다. 가령 정부·의회·국가는 호르몬이 들어 있는 육류는 위험하다거나 어떤 금융거래소가 공공의 안전을 위협한다고 자주적으로 규정할 수 있어야 한다."

미국은 유전자 변형 식품 판매를 허용하지만 유럽연합은 금지하고 있다. 또 미국은 돼지와 소를 사육할 때 성장 호르몬 주사를 허용한다. 여기에다 인체 건강을 위협할 가능성이 커서 중국을 포함해 세계 160개국이 사용을 금지한 락토파민*ractopamine*(사육 동물의 체지방을 줄이고 살코기 비율을 늘리는 성장 촉진제. 기준치 이상 투여한 고기를 섭취하면 건강을 위협할 가능성이 크다. 중국과 러시아, 유럽연합 등 대부분의 국가가 금지하고 있고 미국을 포함한 20여 개 나라에서만 제한적으로 허용한다. – 옮긴이) 사용을 허용하고 있다. 유럽 시장에서는 호르몬을 투여한 육류 수입을 금지하고 있는데 이 협정을 체결하면 이런 제품의 수입을 허용해야 한다. 자동차 부품, 약품, 화학 제품에서도 비슷한 상황이 발생한다.

중소기업 진흥, 겉만 번지르르한 립서비스인가?

미국의 독선은 자유무역협정 체결에 아무런 도움도 주지 않는다. 그렇지만 이 협정의 최초 취지가 관세 철폐와 관료주의 해소에 있고, 경제학자 입장에서 이는 바람직한 일이므로 유럽연합의 협상 대표는 미국을 신중하게 대해야 한다. 미국인은 이 협정이 미국보다 유럽에 더 필요하다는 사실을 알고 있다. 아무튼 협상이 어찌나 더디게 진행되는지 몇 년 뒤까지 성과가 없더라도 지켜봐야 할 것 같다.

〈포브스〉의 스티브 포브스Steve Forbes 회장은 "미국과 유럽은 과다한 세수, 불안정한 통화, 수많은 규제, 몸집이 비대한 정부 등 어리석은 경제정책을 시행하고 있다. 이런 정책은 그들 경제에 무의미하게 피해를 끼쳤다"라고 말했다.[5] 그는 미국이 2014년 중간선거를 계기로 변화하기 시작하고 유럽도 마지못해 그 뒤를 따를 것이라고 전망했다.

20세기에 제 몸 하나 추스르기 어려운 사람들을 포기하지 않은 것은 대단한 성과였다. 그러나 많은 유럽인이 사회복지에 과도하게 의존하는 바람에 정치인은 정치 시스템으로 결코 감당할 수 없는 수많은 약속을 내놓아야 했다.

유럽은 비스마르크의 주도로 복지제도를 구축했다.
당시 평균수명은 쉰 살이었다.

비스마르크가 독일제국을 통치한 19세기 후반부터 지금까지 평균수명은 계속 높아져 현재 여든 살을 기록하고 있다. 평균수명이 30년이나 늘어났음에도 불구하고 사람들은 정부가 과거와 동일한 수준의 복지를 제공하길 바란다. 어떤 시스템이 합리적인지 아닌지를 판단할 때 우리는 두 가지만 물어보면 된다. 하나는 '그 시스템은 무엇을 장려하는가'이고 다른 하나는 '그 시스템은 무엇을 처벌하는가'이다.

임금상승률은 낮은데 높은 인플레이션과 세금으로 대중의 구매력이 계속 떨어지는 바람에 유럽의 창업 열기는 한풀 꺾였다. 유럽의 복지제도는 스스로 생계를 유지할 수 없는 사람들을 국가가 나서서 보호하는 데 목적이 있다. 하지만 복지제도로 구축한 사회보호망에 기생충처럼 빌붙어 사적인 이익을 취하는 사람들도 등장했다. 사회복지제도의 범위가 넓어 정치인이 반드시 필요한 개혁을 실시하려 하면 유권자가 등을 돌리는 현상이 여러 나라에서 보편적으로 나타나고 있다. 장기적으로 보면 그 개혁이 유권자의 이익에 부합하는데도 말이다.

역사가 우리에게 주는 교훈은 서방의 복지국가는 실제로 감당할 능력 이상의 복지를 제공해야 안정을 유지한다는 점이다. 사회적으로 볼 때 이렇게 해야 할 이유는 충분하다. 그러나 이런 방식을 오래 유지할 수 없다는 것은 경제전문가가 아니어도 대부분 알고 있다.[6]

서방 정치의 구습은 문제가 생기면 발로 차버린다.

서방 국가가 민주제도를 새롭게 정립해야 한다는 목소리가 점점 커지고 있다. 마틴 루서 시대와 마찬가지로 정부의 그릇된 정치와 날로 심각해지는 사회 불평등에 항의하는 움직임이 점점 늘고 있다. 금융시장이 모든 것에 우선하는 현상과 자원을 얻기 위해 환경을 멋대로 파괴하는 행태, 부패에 대한 증오가 역사상 그 어느 때보다 심해지고 있다.

이 모든 문제의 근원은 정부의 실정으로 정치인과 정당에 대한 민중의 신뢰가 떨어진 데 있다. 거의 모든 서방 국가에서 정치인은 유권자에게 개혁 공수표를 남발하지만 사실 그들은 진정으로 개혁할 마음이 없다. 게다가 경제성장률은 수년째 제자리걸음을 하고 있다. 정부는 문제가 생기면 풍선을 차듯 발로 걷어찰 뿐 문제의 핵심은 절대 건드리지 않는다. 그렇게 되면 유권자의 표를 잃을 수 있기 때문이다.

〈뉴욕타임스〉 칼럼니스트 데이비드 브룩스David Brooks는 이렇게 말했다. "이제 분명해졌다. 구소련 해체는 민주의 독선시대를 불러왔다. 민주 정부의 행정 능력을 검증하는 상대가 사라진 후 서방의 민주 정부는 심각하게 부패했다. 분열을 반복하는 미국 정치권은 암울하게도 제 기능을 하지 못하고 있다. 미국 정부가 옳은 선택을 할 거라고 믿는 미국인은 26퍼센트에 불과하다. 유럽에서는 선출직 공무원과 유권자의 괴리가 커지는 한편 부채위기 앞에서 속수무책이고 일자리 부족 현상은 더욱 악화됐다."[7]

서방 민주주의는 고통 없는 해결책을 찾는다.

영국 〈이코노미스트〉는 "유럽 7개국의 유권자 절반 이상이 더 이상 자국 정부를 신뢰하지 않는다"라고 보도했다.[8] 독일 〈디차이트〉도 헬무트 슈미트Helmut Schmidt 전 독일 총리와 요슈카 피셔Joschka Fischer 전 독일 외무장관이 '유럽에 쿠데타가 필요하다Europe needs a coup'라는 주제로 나눈 대담을 실었다.[9]

〈파이낸셜타임스〉의 기드온 래치먼은 유럽의회 선거가 끝난 뒤 "민주주의가 모든 국가 위에 군림하면서 생존하고 호흡한다. 이 때문에 유럽연합이 지금처럼 황당한 상황에 빠진 것이다. 유권자는 그들이 들어본 적도 없는 사람을 자신들의 지도자로 선택했다"라고 논평했다.[10]

CNN의 간판 앵커이자 정치평론가인 파리드 자카리아Fareed Zakaria는 아마존과의 인터뷰에서 이런 주장을 펼쳤다. "미국 경제와 사회는 여전히 활력이 넘치지만 정치체제는 붕괴됐다. 우선 문제의 핵심을 찾아야 한다. '우리의 민주주의는 위대하다' 같은 공허한 구호를 외치는 것은 그만두어야 한다. 현재 미국의 정치체제는 거의 마비되고 썩어버렸다. 정치체제를 회복해야 한다."[11]

밑에서부터 출발해 위로 퍼져나간 개혁 요구는 서방 민주주의 자체에 대한 회의적인 의문도 아니고 언론의 자유와 인권, 법치 등의 기본 원칙에 도전하는 것도 아니다. 사람들이 의문을 보이는 것은 리더의 자격과 행정력, 정치인의 가식이다. 이런 문제가 200년 동안 이어진 서방 민주주의의 근간을 흔들고 있다. 브룩스는 "우리의 시급한 과제는 국가의 직책이 무엇인지 따지는 것이 아니라 민주주의의 활력을 회복하는 방법을 찾는 것"이라고 말했다.

음식을 눈앞에 두고도 굶어죽는 서방 세계

음식이 가득 담긴 그릇을 앞에 두고 굶어죽을 수 있을까? 물론이다! 표면적 의미로 이해하든 비유적 의미로 해석하든 모두 가능하다. 오늘날 서방 세계 주요 국가의 행태가 바로 그렇다. 그들은 음식으로 가득한 식탁 앞에 앉아 있지만 아사 직전이다. 식탁에는 우월한 기술, 오래된 발명과 혁신의 역사, 높은 생산력, 풍부한 천연자원, 다양한 인구, 각 분야의 우수한 인재, 세계 최고 대학, 세계 최대 1인당소득 등 먹음직스러운 산해진미가 차려져 있다. 중요한 것은 서방의 정치구조가 성숙한 민주제도의 초석 위에 세워져 있다는 점이다.

무엇이 문제일까?

서방 국가가 발전할 수 있었던 중요한 바탕은 투철한 직업 정신과 근면성, 진취성이다. 그런데 오늘날 그들은 더 짧은 근무시간과 더 수준 높은 사회복지 쟁취에만 급급한 나머지 신흥경제국, 특히 우수한 교육을 받고 적극적이고 진취적이며 힘들어도 묵묵히 일하는 아시아 근로자들이 노동시장에서 점점 경쟁력을 얻고 있다는 심각한 현실을 외면하고 있다. 서방인은 아마 이런 상황이 마음에 들지 않겠지만 현실을 직시해야 한다.

서방 세계는 현실을 직시해야 한다.

홍콩상하이은행 수석이코노미스트 스티븐 킹Stephen. King은 서방 세계의 향후 경제 전망이 침체된 현 상황과 들어맞지 않는다고 지적하며 광범위한 정치적·경제적 혼란을 피하기 위해 엄격한 조치를 취해야 한다고 주장했다.[12]

IMF 수석이코노미스트이자 매사추세츠공과대학MIT 교수인 올리비에 블랑샤르Oliver Blanchard의 조언은 우리에게 그다지 위로를 주지 못한다. 위기 대처 경험이 풍부한 그는 "우리에게는 최종 목표가 없다. 우리가 어디에서 끝날지 나는 정말 작은 단서조차 찾을 수 없다"라고 말했다.[13]

옥스퍼드대학 이언 골딘은 "오늘날 글로벌 거버넌스는 중복·모호·중첩·혼란한 상태를 보여주고 있다"라고 말했다.[14] 네덜란드 역사학자 헤이르트 마크Geert Mak는 "유럽의 고위 정치인은 모두 게을러빠졌다. 그들의 머릿속에 무엇이 들어 있는지 누가 알겠는가? 항상 그릇된 판단을 하고 회의 때 제시하는 해결책은 효과가 미미하거나 너무 늦은 것뿐이다"라고 날카롭게 말했다.[15]

스페인, 그리스, 포르투갈의 실업률은 27퍼센트에 달하고 그중 절반은 청년층이다. 이들 진정한 '잃어버린 세대lost generation'는 경기침체의 냉혹한 현실과 마주해야 한다. 2000년 3월 포르투칼 리스본 회의에서 유럽연합 회원국 정상들은 2010년까지 유럽연합을 가장 활기 넘치고 경쟁력 있는 지식 기반형 경제체로 만들겠다고 약속했다. 하지만 이 약속은 공염불에 불과했고 유로화는 영혼 없는 화폐로 전락했다. 한때 유로화가 유럽연합을 결집하는 매개체가 될 것이라는 맹목적인 낙관론도 있었으나 유럽연합은 채무위기에 빠졌고 신용은 추락했다. 유럽연합 28개 회원국은 모두 자국의 이익에 연연한 나머지 나아갈 방향마저 제각각 다르다. 이처럼 오만하고 비민주적인 유럽연합은 각기 다른 나라를 억지로 한곳에 묶어놓은 것에 불과하다.

유럽연합에는 스물여덟 가지 사고방식과
각기 다른 속도로 뛰는 두 개의 심장이 있다.

유럽에는 시급하게 해결해야 할 문제가 매우 많다. 휘청거리는 은행업, 북유럽과 남유럽 국가 간의 격차 확대, 2013년 2월 스물다섯 살 이하

청년 실업률이 최고치를 경신한 후 줄곧 떨어지지 않는 남유럽 국가의 현실 등 문제가 산적해 있다. 그리스가 유럽연합 순회의장국이 된 직후 그리스 대통령은 개혁 조치를 내놓았으나 2014년 1월 그리스의 실업률은 또다시 사상 최고치인 27.8퍼센트를 기록했다. 다른 경제지표 역시 낙관할 수 없다. 2013년 11월 그리스의 1인당 산업생산액은 6.1퍼센트 감소했다.

독일 〈디벨트Die Welt〉는 2010~2011년 유럽 청년실업인구의 경제적 손실을 760억 유로로 추산했다.[16] 미국 〈블룸버그Bloomberg〉는 "17년간 계속된 실업난이 한 세대를 희생시켰다. 실의에 빠진 것은 젊은 층만이 아니다"라고 보도했다.[17] 2010년 프랑스의 영원한 레지스탕스 스테판 에셀Stéphane Hessel은 아흔세 살의 고령에도 불구하고 유럽 정치를 통렬히 비판했다.[18] 그러나 오늘날 유럽의 상황은 그 당시와 달라진 것이 하나도 없다. 정치를 비판하고 거기에 저항할 것을 호소한 그의 책《분노하라Indignez-Vous!》는 유럽 전역에서 수백만 부가 팔렸다. 스페인, 프랑스, 그리스의 항의운동과 월가 점령 시위는 모두 에셀의 책에서 영향을 받은 것이다.

2014년에도 상황은 조금도 개선되지 않았다. 프랑스의 경제성장률이 3.6퍼센트로 소폭 상승할 것이라던 예상과 달리, 2014년 6월 프랑스 회계검사원은 프랑스 경제가 4퍼센트의 마이너스 성장을 기록할 것이라며 우려했다. 2014년 4월 프랑수아 올랑드Francois Hollande 대통령의 지지율은 18퍼센트까지 하락했다. 유럽의회 선거 기간에 프랑스 유권자의 4분의 1이 극우민족주의 정당인 국민전선Front National에 투표했다는 사실도 올랑드 대통령에게 경종을 울렸다.

올랑드 대통령은 유럽연합에 경기부양책 시행을 촉구했지만 프랑스 정부는 우선 자국부터 구해야 한다. 주당 근로시간을 현재의 35시간에서 37시간으로 늘리는(GDP 3퍼센트 상승효과 예상) 등 효과적인 조치를 시행하지 않으면 개혁 논의는 탁상공론에 지나지 않는다.

프랑스 역사학자이자 대통령 전 자문위원인 엠마뉴엘 토드Emmanuel Todd는 독일이 자아비판을 하지 않는다고 지적하며 독일의 '효율지상주의'를 경고했다.[19] 그는 유럽이 재난의 불길 속으로 들어가고 있다고 주장하면서 "유로화와 긴축정책이 유럽 남부를 붕괴시키고 있다. 우수한 엘리트가 속속 타국으로 이민을 가고 청년들은 직장을 구하지 못해 아이를 낳지도 않는다"라고 말했다. 그는 "인구학의 관점에서 엘리트들이 독일로 이민을 가는 것은 전쟁이나 인재 대약탈과 같은 재앙"이라고 했다.

현재 부패한 정치인에 대한 민중의 분노는 점점 커지고 있다. 그중 스페인의 주류 매체 〈엘파이스El País〉의 논조가 매우 인상적이다. 이 매체는 은행 시스템과 정치인 사이의 결탁을 끊어야 한다고 강력히 호소했다. 〈디차이트〉는 남유럽 각국 청년들의 절망적인 상황을 소개했다.[20] 그들은 높은 실업률에 시달릴 뿐 아니라 설령 직장을 구해도 임금이 자신들의 부모세대보다 낮다. 1960년대 초에 출생한 프랑스인, 스페인인, 이탈리아인은 더 이상 자국 경제성장으로 이득을 얻을 수 없다. 국가가 축적한 부를 부모세대가 모두 탕진해버렸기 때문이다.

마뉘엘 발스Manuel Valls 프랑스 총리는 2014년 10월 런던 기업가들을 만난 자리에서 "나는 유로존이 세계 경제와의 괴리가 커진 것을 걱정스럽게 생각한다. 유로존의 경제성장을 위한 효과적인 전략을 찾지 못하면 우리는 더욱 심각한 상황에 직면할 것이다"라고 말했다.

심각한 상황이지만 절망적이지는 않다.

최근 유럽연합의 경기침체에 관한 언론 보도가 넘쳐나고 있다. 유럽연합 내부 상황이 아무리 불리해도 경제성장이 가능하다는 사실을 몸소 보여주는 국가가 한 곳 있는데, 바로 폴란드다. 1989년 높은 인플레이션과 과도한 연방적자에 시달리던 폴란드에는 다른 선택의 여지가 없었다. 레흐 바웬사Lech Walesa 전 폴란드 대통령은 자유노조의 타데우시 마조비에츠키Tadeusz Mazowiecki를 총리로 지명했다. 당시 폴란드 재무장관에 취임한 레세크 발체로비치Leszek Balcerowicz는 1980년대에 경제체제 해방와 개혁 단행을 주장한 인물이다.

폴란드는 집권당의 찬성과 자유노조의 지지에 힘입어 여러 가지 힘든 개혁을 순조롭게 실시했다. 생산성이 떨어지는 국영기업은 줄줄이 문을 닫았고 국민의 생활비는 늘기 시작했다. 처음에는 이것이 사회비용을 높이고 농업협동조합 붕괴와 실업률 상승 등의 문제를 드러냈지만 1990년대부터 폴란드 경제는 회복세로 들어섰다. 2004년 유럽연합에 가입한 후 폴란드는 스타로 떠올랐고, 유럽이 부채위기로 허덕이던 2008년에도 폴란드는 경기침체를 겪지 않았다. 1990년 1900달러였던 1인당 GDP가 2013년 1만 3400달러까지 증가하고 평균수명도 2009년 일흔 살에서 2012년 일흔아홉 살에 근접할 만큼 늘어났다.

물론 폴란드는 여전히 인프라 확충, 비즈니스 환경 개선, 세제 개혁, 노동법 규제 완화 등을 해결해야 한다. 현재 폴란드의 연평균 경제성장률은 1.6퍼센트에 불과하지만 이웃 독일의 2014년 1분기 경제 규모가 0.6퍼센트 감소했음을 감안할 때 폴란드의 성과는 의미가 깊다. 더 중요한 것은 유럽연합의 대러시아 제재가 폴란드에 어느 정도 영향을 미쳤음에도 불구하고 폴란드 국민의 사기가 계속 드높았다는 점이다.

유럽연합의 경제위기라는 바다 한가운데에 고립된 섬처럼 떠 있어도 경제 안정과 지속가능한 성장을 이룰 수 있음을 보여주는 유럽 국가는 또 있다. 바로 스위스다. 유럽연합이 장밋빛 청사진을 내밀며 자신들이 곧 세계경제의 성장축이 될 것이니 서둘러 기차에 올라타라고 종용할 때, 스위스는 자국 경제를 대대적으로 개혁했다. 더구나 스위스는 대유럽연합 수출이 전체 수출액의 절반을 차지하는 상황에서 유럽연합 가입을 거절했다.

예전에는 유럽연합에 가입하는 것이 좋겠느냐고 묻는 사람들이 종종 있었다. 그때마다 우리는 늘 똑같이 반문했다.

"이미 세계의 일원인데 굳이 또 유럽연합에 가입해야 합니까?"

지금은 아무도 우리에게 이런 질문을 하지 않는다.

스위스프랑은 강세를 유지했지만 유럽연합의 집요한 압력에 스위스는 법인세 체계를 수정해야 했다. 그 때문에 스위스는 각 주별로 무역회사가 지불하는 세율이 제각각이다. 유럽연합은 달러 대비 유로 환율이 1:1.64가 되자 세계가 유로화를 인정하는 것이라고 여겼지만 스위스의 생각은 달랐다. 스위스는 자국 통화의 평가절상을 최대한 피했다. 심지어 2011년에는 유로-스위스프랑 환율의 하한선을 1.20스위스프랑으로 설정했다. 이는 공업 및 서비스업 분야에서 경쟁력을 확보하기 위한 조치였다. 당시 미국과 여러 국제기구는 기업 및 개인의 탈세를 돕는 엄격한 금융 비밀주의를 완화하라고 스위스에 압력을 가했다.

스위스는 흔들리지 않았다. 2014년 7월 1일, 스위스와 중국이 체결한 자유무역협정이 효력을 발하기 시작했다. 스위스는 아이슬란드에 이어 유럽에서 두 번째로 중국과 자유무역협정을 체결한 나라다. 급증하는 중국의 중산층 인구가 사치품 소비층으로 부상하면서 2013년 스위스산 시계 총 수출액은 14억 5000만 스위스프랑에 달했다. 중국의 수입관세가 대폭 하락하면서 스위스산 제품의 지적재산권을 보호할 수 있었던 것도 이 협정으로 얻은 큰 소득이다. 일부 애널리스트는 이 협정이 고급 시계의 대중국 수출에 큰 영향을 미치지는 않을 것이라고 전망했지만, 장대니얼 파셰Jean-Daniel Pasche 스위스시계연합 회장은 "스위스가 브릭스 국가와 거래하기로 했음을 선언했다는 점에서 이 협정은 중요한 의미가 있다"라고 말했다.

세계경제에서 스위스의 비중은 매우 작지만, 2014년 9월 스위스는 세계경제포럼이 발표한 경쟁력 순위에서 6회 연속 1위를 차지했다. 세계 각지의 인재가 스위스로 모여들고 있고, 고용 및 해고 절차가 간소해 스위스는 기술력, 혁신 능력, 생산력이 매우 높다. 또한 세계에서 가장 안정적인 거시경제 환경을 창조했고 1인당 GDP는 4만 7303달러에 이른다.

스위스의 대유럽연합 수출이 다소 줄어든 것을 보면 스위스도 글로벌 경기침체의 영향에서 완전히 자유로운 것은 아니지만, 그들이 자국의 잠재력을 잘 발굴한 것만큼은 분명한 사실이다. 이 경쟁력 순위에서 2위를 차지한 나라는 싱가포르이고, 3위는 2013년에 비해 두 단계 상승한 미국이었다.

한 나라의 경쟁력 순위가 그 나라 기업 경쟁력을 의미하는 것은 아니다. 기업 경쟁력에서 가장 큰 비중을 차지하는 것은 장기적인 안목과 시장을 선점하는 통찰력이다. 독일은 혁신을 원동력으로 한 국가지만 세계적인 대변혁의 물결 속에서 성장하는 시장과 위축되는 시장이 공존하고, 소비자 행동에도 변화가 생겼으며 새로운 경쟁 상대가 대거 등장했다. 어떤 기업도 과거의 실적에만 안주해 느긋하게 낮잠을 즐길 수 없다.

독일 은행 코메르츠방크Commerzbank의 아프리카 사업에도 영향은 있었다. 코메르츠방크는 〈사하라 이남 지역의 부흥Renaissance in South Sahara〉이라는 보고서에서 기업들을 향해 경고를 하며 아프리카에 투자할 의향을 밝혔다.[21] 이 은행은 아프리카에서 새로운 중산층이 부상해 고급 상품과 서비스 수요가 늘어나고 있다면서 아프리카의 서비스업, 특히 금융 서비스 분야의 수익성이 크다고 분석했다. 또한 이 은행은 "건설업이 급성장한다는 것은 거의 기정사실이다. 아프리카의 인프라 확충과 주택 건설 수요가 많기 때문이다. 기술 분야 혁신 및 발전도 계속 이어져 재생에너지, IT, 통신 기술 발전에 새로운 기회를 제공할 것이다"라고 전망했다.

독일투자공사DEG는 잠재력이 큰 두 지역으로 인도네시아와 동아프리카 5개국을 꼽았다. 세계 최대 화학기업 바스프는 1990년 아프리카에서 철수했지만 쿠르트 보크Kurt Bock 바스프 회장은 사하라 사막 이남 지역에서 사업 확장을 꾀하고 있다. 그는 "우리의 세계적인 사업 판도에 공백이 있다면 그곳은 아마 아프리카일 것이다. 아프리카는 유일하게 제로에서 시작해 고속 성장의 기회를 얻은 대륙이다"라고 말했다.

독일의 대형 제약기업 바이엘도 아프리카를 커다란 잠재력이 있는 시장으로 보고 있다. 아프리카 시장의 앞날을 낙관하는 욕실용품 제조업체 한스그로헤Hansgrohe도 호텔, 공항, 개인 주택을 모두 잠재적인 시장으로 여기고 있다. 아프리카의 중산층 인구가 늘어나면서 고가의 수도

꼭지를 구매할 능력이 있는 사람들이 많아졌기 때문이다.

그렇지만 대다수 독일 기업가는 여전히 아프리카 투자를 관망하고 있다. 콤라 파카Comla Paka 주독 토고대사는 다음과 같이 말했다. "토고는 도로나 공항 같은 인프라 건설을 위해 대규모 해외자금 투자를 필요로 한다. 그러나 토고와 독일 양국은 아직 협력이 부진하다. 많은 아프리카 국가가 유럽시장에 진출하는 데 어려움을 느껴 중국, 인도 등으로 진출하고 있다. 독일과 사하라 사막 이남 국가들의 무역액이 266억 유로로 네덜란드의 6분의 1에 불과하다는 것도 이 같은 상황을 잘 보여준다."

신흥경제국의 수요 증가는 중소기업에게 커다란 기회를 제공했다. 오스트리아의 인테코INTECO가 대표적인 사례다. 인테코는 인구 1만 2000명에 불과한 소도시 브루크안데어무어에 위치한 특수 철강재 설계 기업이다. 특수 철강재 설계 분야 세계적 기업인 이 회사는 생산품 가운데 90퍼센트를 수출하고 있다.

이 사례는 서방 국가가 성공을 위해 필요한 모든 조건을 갖추고 있음을 증명한다. 그러나 자국의 이익을 가장 먼저 앞세우는 꽉 막힌 생각이 언제나 그들의 발목을 잡고 있다. 이는 그릇에 먹음직스러운 음식이 가득 담겨 있는데도 그 앞에서 배고픔을 참으며 굶고 있는 격이다.

미국과 중국, 동급 최고 된다

현재 주도적 지위에 있든 수동적 지위에 있든 서방 세계는 서방을 중심으로 한 사고방식을 떨쳐버려야 한다. 2009년 오바마 대통령이 연설 중에 "그래요, 우린 할 수 있어요!Yes we can!"라고 외쳤을 때, 수천 명의 지지자가 뜨겁게 환호하며 그가 새로운 희망에 불을 붙이고 미국 정신을 되살려주길 기대했다. '우린 할 수 있다'라는 구호는 미국이 전세를 역전하도록 지탱해주는 척추에 해당한다. 그렇지만 자세한 전략이 없으면 이 척추는 근육 없는 뼈다귀에 불과하다.

앞서 국가 통치는 기업 경영과 같다고 했다. 기업 이사회 구성원이 경영에 전념하지 않고 서로 헐뜯고 비난하는 데 열중하면 그 기업이 제대로 굴러갈까? 지금 서방 국가의 모양새가 딱 그렇다. 그들은 정체 상태에서 자원을 낭비하고 있으면서도 위기감을 느끼지 못하고 과거의 자아인식마저 버리지 못하고 있다.

오바마 대통령이 재선에 성공한 뒤 했던 연설 가운데 우리가 주목할 만한 대목이 있다. "우리는 스스로 선택했고 스스로 대항해 싸웠으며, 미합중국 최고의 날에 아직 도달하지 않았음을 가슴 깊이 상기시켜주었다.We have picked ourselves up, we have fought our way back and we know in our hearts that for the United States of America the best is yet to come."

미합중국 최고의 날을 꼭 세계 패권국의 지위와 연결해야 할까? 세계 패권국의 책임과 의무를 내던지고 다중심 세계의 여러 장점을 활용하면 미국은 지금보다 더 살기 좋은 나라가 되지 않을까? 어째서 패권 상실을 일종의 해방으로 받아들이지 못하는가? 어째서 21세기 글로벌 판도를 혁신하고 구조조정을 실현할 기회로 여기지 못하는가?

미국의 미래 전망은 오바마의 예상과는 조금 다르다. 약 1년 전쯤 미국 국가정보위원회의 16개 정보기관이 20년 뒤의 세계 판도를 전망한 평가보고서를 공동 발표했다. 그들이 내린 결론은, 간단히 말하면 2030년 무렵 중국은 세계 최대 경제국으로 성장하고 미국도 국제사회에서 '동급 최고first among equals'의 지위를 유지한다는 것이다. 반면 유럽, 일본, 러시아는 상대적으로 약해지고 아시아는 경제력과 군사력 분야에서 세계 다른 지역보다 우월해진다고 예상했다(물론 이것은 미국의 '동급 최고' 지위 유지에 불리하다).

'동급 최고'는 평등을 새롭게 해석한 것이지만 이 표현은 미국인에게 동조를 얻기 힘들다. 한때 결코 흔들리지 않을 것 같던 미국 경제에 여러 가지 우려가 등장하고 있다.

내부 갈등에 고전하는 미국 사회

부모는 누구나 자기 아이가 가장 훌륭하다고 생각한다. 그러나 다른 부모들도 자기 자식이 제일 잘났다고 여기기 때문에 자신의 지극히 주관적인 관점에 동의하지 않는다는 것을 알고 있다. 자기 나라에 대한 사람들의 생각도 이와 비슷하다. 물론 이런 생각 자체는 크게 문제될 것이 없다. 미국인은 자국이 '지구상에서 가장 위대한 나라'라고 생각한다. 이때 미국인이 기억해야 할 것은 한국인이나 브라질인, 중국인도 모두 그런 정서에 익숙하다는 점이다. 가령 대다수 중국인은 자국을 세계에서 가장 위대한 나라로 여긴다.

미국이 몇 년간 이어져온 경제적·정치적 정체에서 벗어나 과거의 명성을 되찾고 싶어 하는 것은 잘못이 아니다. 하지만 미국의 목표가 자국의 발전을 넘어 세계 패권 강화와 국제사회 규칙 및 규범의 감독 강화라면 그건 별개 문제다. 서방 국가의 규범과 규칙 중에는 가치 있는 것도 있지만 21세기의 글로벌 환경에 적합하지 않은 것도 있다. 목표를 수립할 때는 그것이 확실하든 아니든 반드시 자기 나라 문제를 우선 해결해야 한다는 전제가 필요하다.

미국 사회가 점점 좋지 않게 변화하면서 계층 간 격차가 심해지고 있다. 하층계급의 상대적인 번영은 이미 물거품이 됐다. 수십 년 동안 임금은 계속 줄어들었고 대규모 감원과 경기침체가 미국 엘리트들의 신화에 마침표를 찍었다.[22] 미국 정부의 긴축정책이 점점 늘자 몇 개 주에서 대규모 항의 시위가 벌어졌다. 월마트 직원은 최저 시급을 15달러까지 올려줄 것을 요구하고 여러 패스트푸드 매장의 직원들도 잇따라 파업을 시작했다.

〈뉴요커New Yorker〉와 〈베니티페어Vanity Fair〉의 편집장 출신인 티나 브라운Tina Brown이 설립한 뉴스 사이트 〈데일리비스트Daily Beast〉에서 활발하게 활동하는 신세대 정치인은 과거 민주당 인사보다 성향이 더 진보적이다. 1989~2000년 대졸자 평균 임금상승률은 11퍼센트였지만 2000~2012년에는 8퍼센트로 낮아졌고 무급 인턴 근무도 흔해졌다. 그렇다고 미국의 재기 능력을 과소평가해서는 안 되지만, 아무튼 사회혁명의 시한폭탄은 지금도 똑딱거리며 돌아가고 있다.

여론조사기관 퓨리서치센터Pew Research Center가 미국 전역에서 실시한 조사 결과에 따르면, 경제가 서서히 회복 중임에도 불구하고 미국인의 인식은 그에 미치지 못했다. 2014년 1월 미국 성인 중 스스로를 중산층으로 보는 사람의 비율이 사상 최저치인 44퍼센트로 나타났다. 2008년에는 금융위기가 발발하고 초기 몇 개월 동안에도 이 비율이

53퍼센트를 유지했다.[23]

대변혁에 적응하다.

경기침체만 보고 서방 국가, 특히 미국이 글로벌 영향력을 상실했다고 경솔하게 판단하면 안 된다. 미국의 힘은 여전히 건재하고 세계 곳곳에 깊이 스며들어 있다. 가령 서방의 사고방식은 상업, 문화생활, 개인생활 등 모든 나라의 여러 분야에 침투해 있다. 비록 겉으로 드러나지 않아도 서방의 사고방식은 이미 서방 문화의 일부가 아니다.

문화의 영향력을 논할 때 미국은 꽤 오랜 기간 '동급 최고' 지위를 유지하고 서방 중심 사고는 계속 세계적으로 인정받거나 심지어 환영받을 것이다. 하지만 서방은 세계 판도 변화에 발맞추어 스스로 변화해야 한다. 그중 하나가 여지를 남기는 일이다. 다른 문화의 자아정체성을 인정하며 자신의 사고방식을 강요해서는 안 된다. 특히 최근 들어 경제적·사회적 발전 덕분에 새롭게 민족 자긍심을 보이는 국가들 앞에서 오만한 자세를 피해야 한다.

운전을 하려면 운전면허증이 있어야 하고,
투표로 한 국가가 나아갈 방향을 결정하려면 정치 교육을 받아야 한다.

자동차를 운전하려면 운전면허 시험에 합격해야 한다. 운전면허증이 있으면 통행 가능한 모든 도로에서 자유롭게 차를 몰고 다닐 수 있다. 그러나 교통신호를 따르고 교통규칙을 지킬 책임을 져야 하며 타인의 권리를 침해해서는 안 된다. 모든 운전자가 다른 운전자의 권리를 존중해야 서로의 자유를 보장받을 수 있다. 모든 것에 우선하는 공동의 이익이 있기에 교통 시스템이 순조롭게 기능하는 것이다.

서방의 민주체제에서는 일정한 자격을 갖춘 모든 사람에게 선거권이 주어진다. 그렇지만 모든 서방 국가가 다음 세대에게 이 특권에 따르는 책임을 지도록 교육하는 것은 아니다. 민주란 국민이 주인이라는 뜻이다. 국민이 마음대로 결정할 수 있다면 이 체제를 개선할 책임도 역시 국민에게 있다. 국가의 미래나 복잡한 문제 앞에서 결단을 내리려면 적어도 기본적인 교육은 받아야 한다. 더구나 현 상황은 매우 복잡하다. 우리가 살아가는 이 시대가 정치는 글로벌화하지 않고 경제만 글로벌화를 이뤘기 때문이다.

대다수 유권자는 정부를 신뢰하지도 지지하지도 않는다. 미국의 경우 국민의 정부 지지율은 약 30퍼센트에 불과하다. 여론조사기관 유고브YouGov의 2012년 조사 결과, 영국도 유권자의 62퍼센트가 '정치인은 항상 거짓말을 한다'라고 응답한 것으로 나타났다.[24] 더욱 흥미로운 점은 크게 실망한 국민이 '다수'의 자격으로 정치인에게 실현 불가능한 약속을 하라고 요구한다는 점이다. 이는 마치 고양이가 자기 꼬리잡기 게임을 하는 격이다.

뛰어난 사람을 정치에 참여시키려면
그들의 마음을 끌 환경을 만들어야 한다.

21세기 경제에 불어닥친 시련에 효과적으로 대응해야 굿거버넌스를 실현할 수 있다. 이를 위해 대외적으로는 글로벌 정치 및 경제 위기에 대응하고, 대내적으로는 체제 안정을 보장한다는 전제 아래 대중에게 환영받지 못하는 정책을 시행해야 한다.

그런데 오늘날 정치인의 최대 관심사는 지지율이다. 그들은 자신의 표를 잃을 만한 그 어떤 행동도 하지 않으려 한다. 이밖에도 요즘 정치인은 다국적기업이 제공하는 정치 자금을 필요로 한다. 그들이 정치인이라는 직업에서 받는 보수는 기업으로 따지면 중간관리자의 연봉에 불과하다. 많은 정치인이 자신의 정치 활동을 훗날 더 좋은 직장을 구하거나 사업에서 성공하기 위한 투자쯤으로 생각하는 것도 이 때문이다.

10년마다 두 배로 성장하는 중국 ─────────────── ●

경제 문제는 서방 민주주의 위기의 핵심이다. 중국은 경제적인 성공으로 전 세계의 집중적인 관심을 받았다. 20세기에는 서방식 민주주의만 경제 번영을 이룰 수 있다는 관념이 지배적이었지만 중국의 성공으로 이 관념은 소리 없이 사라졌다.

세계에서 인구가 가장 많은 민주주의 국가인 인도도 서방 국가가 번영을 독점하는 구도를 깨뜨리지 못했다. 전 세계 수많은 나라 가운데 이 독점 구도를 깨뜨린 것은 결국 중국 공산당이 이끄는 중화인민공화국이다. 미국이 최고 성장을 구가하던 시기에 미국인의 생활수준은 30년마다 두 배로 상승했다. 반면 중국인의 생활수준은 10년마다 두 배 이상 뛰어 1971년 150달러였던 것이 2013년 6900달러까지 상승했다.

퓨리서치센터가 2013년 실시한 '전 세계 태도 조사 Global Attitudes survey' 결과 중국인 중 85퍼센트가 자국의 발전 방향에 "아주 만족한다"라고 응답했다.[25] 이 조사는 중국 정부가 경제 안정화를 꾀하고 과도한 환경 개발을 억제할 필요가 있다고 발표한 지 얼마 지나지 않았을 때 실시한 것이다. 중국은 7퍼센트에 가까운 높은 경제성장률을 유지하고 있고 정치 모델에서도 자국만의 독특한 노선을 걷고 있다.

물론 중국이 이룩한 경제적인 성과는 첨예한 논쟁을 불러일으키기도 했다. 중국의 정치 모델은 글로벌 서던벨트의 신흥경제국에 적합한가? 과연 중국의 사례는 좋은 본보기일까? 우리의 대답은 이렇다. "그렇기도 하고 그렇지 않기도 하다."

우리는 이것을 운동경기의 하프타임에 비유한다. 하프타임 때는 상대팀의 효과적인 전술 중 어떤 것을 본받아야 좋을지 고민한다. 실제로 중국의 몇몇 정책은 어떤 정치 모델에서든 시행할 수 있다. 중국은 타국의 경험을 연구해 단점은 버리고 장점은 취하는 능력이 탁월하다. 또한 개혁을 한꺼번에 전국적으로 시행하지 않고 우선 한 지역에서 시범적으로 시행한 뒤 그 경험에서 얻은 교훈을 바탕으로 전국으로 확대한다. 그렇다고 이것을 한 가지 완성된 모델로 받아들일 수는 없다. 이것만으로는 부족하지만 하나의 원칙으로 삼는 것은 가능하다. 가끔은 현지 상황에 따라 적절히 조정해야 효과를 발휘한다.

중국은 개방적인 태도로 서방의 여러 가지 앞선 경험을 받아들여 경제 및 기술 발전을 도모했다. 그렇다면 서방도 중국의 정치 모델을 도입할 수 있지 않을까? 이 질문에 답하려면 더 이상 중국을 비판하지 말고 그들을 이해하려 노력해야 한다.

마르크스주의와 중국식 통치 모델 ─────────── •

어떤 시각으로 바라보든 중국의 전체 체제를 지탱하는 기둥 가운데 가장 독특하면서도 서방인에게 가장 비판받는 것이 바로 공산주의다. 이 문제에 대한 중국인의 생각은 다르다. 엥겔스는 공산주의 사회를 "생산력을 체계적으로 이용하고 (…) 상품이 풍부해 누구나 생활에 필요한 것을 평등하게 누림으로써 생활의 질이 높아지는 사회methodical utilization (…) of enormous forces of production (…) also the means of life, and quality of living (…) are available equally and in constantly growing abundance"라고 정의했다. 이는 마르크스가 말한 "능력에 따라 일하고 필요에 따라 분배한다"라는 말과 일맥상통한다.

마르크스주의는 중국이 최종 목표를 실현하기 위한 원칙이다. 간단히 말해 공산주의사회는 필요에 따라 분배하는 사회다. '지식은 실천에서 나온다'라는 원칙에 따라 중국식 사회주의를 정의하자면 "사회가 완전히 진화하지 않아 그 성격을 최종 확정하기 어려워 붙인 '임시 명칭'"이라 해야 할 것이다. 차이나드림은 이런 사회에서 탄생했는데 현재 세계 각국 정부의 슬로건은 '불평등에 반대하는 투쟁'이다. 이 짧은 구호는 명확한 의미 전달로 널리 공감대를 얻고 있다.

중국인이 마르크스주의를 어떻게 해석하는지 알기 위해서는 먼저 중국 공산당의 역할 및 조직을 알아야 한다. 내부적으로 엘리트 선발제도를 갖춘 중국 공산당은 당원들에게 정기적으로 정치 교육을 실시해 당의 정치 능력을 강화한다. 외부에서 내부 지도사상을 이해하지 못하면 이는 그저 '정기적인 세뇌'로 보일 뿐이다. 서방인은 중국 공산당의 신분이 서방 정당의 당원 신분과 근본적으로 다르다는 사실을 알지 못한다. 서방의 정당은 유권자에게 환심을 사야 하지만 중국 공산당은 가장 우수한 인재를 뽑아 자격을 준다.

우리가 경험한 중국은 여러 면에서 달랐다. 몇 년 전 상하이에 머무를 때 우리는 딸들의 공부를 도와줄 과외교사를 구하기로 했다. 그때 한 여학생이 과외교사 자리에 지원했다. 그녀는 각종 자격증과 성적표 등 자신의 우수함을 증명해줄 자료들을 내밀었다. 그녀가 건넨 묵직한 서류 뭉치가 매우 인상적이었다. 그런데 그녀가 말을 멈추더니 잠시 뜸을 들이다가 말했다.

"이건 제 당원증이에요."

우리는 그녀가 왜 그토록 진지한 말투와 표정으로 그 말을 하는지 전혀 이해하지 못했다.

2013년 말 중국의 공산당원은 약 8669만 명이었다. 서방 국가의 정당들이 당원을 늘리기 위해 다양한 방법을 동원하는 것과 달리 중국에서는 모두가 공산당원이 되기 위해 노력한다. 이는 옛날 중국의 과거제도와 비슷하다. 당시에는 오랫동안 엘리트 교육을 받아 과거시험에 합격한 생원만 과학자, 법관, 행정공무원으로 발탁됐다. 엄격한 선발제도 아래 가장 우수한 인재만 체제 내로 들어갈 수 있었던 것이다. 더구나 그들의 행동마저 엄격한 제약을 받았다. 지위가 가장 낮은 생원인 수재는 교사가 됐고 지위가 가장 높은 진사는 모사, 과학자, 관리, 황제의 사신 및 어사가 됐다.

중국 공산당 가입을 신청하는 데만 해도 몇 단계 선발 과정을 거쳐야 한다. 당원 교육은 평생교육이며 어느 분야에 종사하든 당원의 평생교육은 그 분야에서 발전하는 데 큰 도움을 준다. 중국 공산당 당원이라는 사실만으로도 그의 자질과 능력은 충분히 검증된 셈이다. 우리는 중국의 여러 성과 도시를 방문할 때마다 그곳 정치인의 훌륭한 자질에 깊은 감명을 받았다(물론 그중에는 비리를 저질러 구속된 사람들도 있다). 중국의 고위 공무원 중에는 미국, 영국, 독일의 대학으로 유학을 다녀온 사람도 많다. 정치계에서 성공하려면 실제 업무에서 훌륭한 리더십과 함께 경제적인 성과도 보여주어야 한다.

전 세계 각지의 기업 경영자를 연구하고 그들을 대상으로 코칭 강의를 해온 다문화경영 전문가 스티븐 라인스미스는, 자신의 경험에 비춰볼 때 중국의 민영기업과 국영기업의 기업가 훈련 방법이 가장 훌륭하다고 했다. 그는 우리에게 베이징대학의 한 저명한 학자를 만난 이야기를 들려주었는데, 그에게 앞으로 중국의 비즈니스 교육에 행정관리 과목도 포함될 것이라는 말을 들었다고 했다. 그의 말에 따르면 "중국 정부의 운영 방식을 알지 못하는 민영기업은 성공을 거두기 힘들다."

우리는 이 점을 인정해야 한다. 기업가로 성공하고 싶다면 MBA 외에 MPA(Master's of Public Administration, 공공관리 석사학위) 과정도 기본적으로 이수해야 할 것이다.

민주주의는 제정되지 않고 발전해야 한다.

러시아, 베네수엘라, 이집트, 이라크, 시리아, 리비아, 우크라이나를 비롯한 몇몇 국가의 최근 정세는 민주주의의 씨앗이 심기만 하면 싹이 트는 것이 아님을 잘 보여준다. 민주주의가 생존하고 발전하는 데 반드시 필요한 문화적 토양을 갖추지 못한 나라도 많다. 아무리 튼실한 씨앗도 척박한 땅에서는 싹을 틔우고 자랄 수 없다.

서방 민주주의가 성숙 단계에 이르기까지는 오랜 세월이 걸렸다. 역사를 돌이켜보면 놀라운 사실이 매우 많다. 20세기까지도 서방 민주제도 안에서 투표라는 기본적인 권리는 재산, 지위, 납세액, 학력, 성별 등의 제한을 받았다. 1776년 미국이 독립을 선포했을 때 13개 주에 46만 명이 넘는 노예가 있었다. 아프리카에서 끌려온 그들의 노동력은 미국의 경제발전에 크게 기여했으나 20세기 중반까지도 아프리카계 미국인은 백인과 평등한 권리를 누리지 못했다. 스위스는 1971년에야 비로소 여성에게 선거권을 부여했고, 세계에서 가장 잘사는 나라 리히텐슈타인은 1984년에야 여성의 선거 참여를 허용했다.

지속가능한 민주제도를 수립하려면 유권자와 피선거인 모두 점차 성숙해야 한다. 아프리카, 아시아, 유럽 각국에서는 민주적인 선거로 선출한 지도자가 권력을 이용해 부정부패를 저지른 사례가 있다. 선거만으로 완벽한 민주제도를 저절로 수립할 수 있는 것은 아니며 오히려 선거가 지도자의 부패를 돕는 도약대가 되기도 한다. 그들은 권력을 이용해 자기 이익을 위한 체제를 수립하고 헌법이나 독립된 기관 위에 군림한다. 정치적 자각을 높이는 환경을 만드는 것 외에 국가를 공정하고 평등하며 민주적인 방향으로 나아가게 할 방법은 없다. 교육의 역할 중 경제발전 실현만큼 중요한 것이 바로 정치적 자각을 높이는 일이다. 이 장의 뒷부분에서 이 문제를 보다 구체적으로 논의하겠다.

중국 관련 보도에서 서방 세계는 습관적으로 옐로카드를 흔든다.

새로운 정치 모델을 찾고자 한다면 중국을 살펴봐야 한다. 중국은 경제 분야에서 여러 가지 세계 기록을 보유하고 있다. 그런데 중국 관련 언론 보도는 대부분 서방이 중국을 어떻게 제재하고 처벌할 것인가에 관한 내용이다. 중국을 제대로 보여주는 진정한 기사는 거의 없다. 독일의 일요 신문 〈프랑크푸르트알게마이네존탁스자이퉁 *Frankfurter Allgemeine Sonntagszeitung*〉의 2013년 11월 기사 "중국의 실험The China Experiment"은 예외였다.[26]

"서방은 아직도 중국을 제대로 알지 못하고 있다. 독특한 정치 모델 덕분에 중국은 뛰어난 혁신 능력과 임기응변력을 갖추고 이 시대의 시험에 잘 대처하고 있다. (…) 사회주의와 시장경제를 결합하고 그것을 실제로 실천하는 과정에서 그들은 국가의 발전 계획을 지속적으로 조정 및 개선하고 있다. 중국은 발전 목표와 우선적으로 추진할 사항을 결정한 뒤 혁신적인 수단으로 중앙의 권력을 지방에 나눠줌으로써 지방에 적극성을 부여하고 혁신적인 분위기를 조성한다. 이런 방법으로 효율성이 낮던 시스템까지도 예상을 훨씬 뛰어넘는 성과를 냈다. 중국의 특수한 정치 형태는 글로벌화 기회를 장기적이고 유연한 방식으로 이용했다. 개혁개방 초기에는 아무도 중국이 지금처럼 발전할 것이라고 예상하지 못했다. (…) 우리는 성공적인 사회 모델이 새로 탄생하는 것을 목격하고 있지 않은가?"

《중국의 혁신*Innovation in China*》을 집필하기 위해 자료를 수집하는 과정에서 우리는 라인스미스와 긴밀하게 협력했다. 수많은 다국적기업에서 경영진 코칭과 컨설팅 서비스를 제공해온 라인스미스는 집단주의를 강조하는 중국의 문화와 다른 나라 문화 사이에 어떤 차이가 있는지 잘 알고 있다. 그는 다음과 같이 말했다. "중국처럼 집단주의 색채가 짙은 문화 속에서는 상하 관념이 강하고 안정적인 생활을 추구하는 경향이 있다. 이는 개인주의를 신봉하는 서방 문화와의 커다란 차이점이다. 서방 문화에서 사람들은 언제든 자기 의사에 따라 직장을 옮긴다."

중국의 정치, 문화, 경제 발전을 알고 싶다면 이런 문화적 차이를 충분히 고려해야 한다.

인터넷 민주주의는 비텐베르크 성당의 정문이다.

서문에서 말했듯 오늘날 인터넷은 마틴 루서 시대 비텐베르크 성당의 정문처럼 불만 정서를 전파하는 매개체다. 게다가 정보학, 사회학, 경제학, 심리학이 융합된 사회정보학이 점점 중요해지고 있다. 우리는 오클라호마대학 도서관과 정보연구소에서 사회학과 사회정보학을 강의한 콜린 라인스미스Colin Rhinesmith 박사에게 이 새로운 학문이 앞으로 어떤 역할을 할지 물었다. 그는 이렇게 대답했다.

"16세기에 루서가 자신의 주장을 비텐베르크 성당 정문에 붙였을 때, 당국은 아주 쉽게 그의 주장을 떼어내 찢어버릴 수 있었다. 요즘 정부는 정문을 닫아버리는 쪽을 택한다. 인터넷을 차단해 의견 교류를 막는 것이다. 물론 사람들은 금세 뒷문을 찾아낸다. 새로운 모바일기술 덕분에 무선네트워크 없이 서로 연락을 주고받을 수 있기 때문이다. (…) 사회정보학은 우리에게 IT 기술이 어떻게 소통 방식을 만들어내는지 알려준다. 또 사회가 더 넓어지고 정치력과 경제력의 범위가 확대되면, 우리가 일하고 공부하고 여가를 즐길 때 사용하는 정보 시스템이 어떻게 변화하는지도 알 수 있다. 나아가 사회정보학은 우리가 흔히 간과하는 기술의 특징을 이해하도록 도와준다. 우리는 사회정보학을 이용해 IT 기술이 우리의 생활에 어떤 영향을 미치는지 더 깊이 인식할 수 있다."

인터넷은 양방향으로 소통이 이뤄진다. 사람들은 인터넷을 통해 자신이 바라는 것을 정부에 요구하고, 정부도 인터넷을 이용해 국민에게 정책을 설명한다. 중국에서는 위로는 시진핑 주석과 리커창 총리, 아래로는 각급 지방정부에 이르기까지 모두 양방향 사이트에 참여하고 있다. 인터넷은 국민에게는 문제를 제기하고 감정을 표현하는 창구이고, 정부에게는 국민의 생각을 이해하는 중요한 통로다.

우리는 이미 《메가트렌드 차이나》에서 다음과 같이 썼다. "중국 지도부는 권력을 고도로 분산해 상향식 아이디어와 주도권 및 요구를 통합하는 광범위한 개념을 수립했다. 즉 지도부가 설정한 포괄적인 공동 목표 아래 하향식 주도권과 상향식 주도권을 확립했는데 각각의 주도권은 환경과 조건에 맞춰 유연하게 현실에 적용한다."[27]

인터넷은 이 수직적 구조의 일부이며 사상과 경험이 위에서 아래로, 아래에서 위로 계속 이동한다. 중국은 이런 구조 속에서 자국의 역사와 사상에 적합한 민주적 모델을 형성하는 초기 단계에 있다. 이 수직적 민주화 과정이 바로 중국의 약점이다. 하지만 정치인이 선거 위주의 관념에서 벗어나 장기적인 전략 아래 계획을 수립하는 것은 중요한 강점이다.

서방인이 한 국가의 정부에 합법적인 통치 지위가 있는가를 판단하는 유일한 기준은 국민선거로 선출됐는가 하는 점이다. 반면 중국인은 '그 정부가 어떤 성과를 거두었는가'로 제대로 통치하고 있는가를 평가한다. 이 기준에 따라 판단하면 중국 정부는 매우 잘하고 있는 셈이다.

중국 공산당은 1949년부터 지금까지 줄곧 중국을 통치해왔다. 물론 공산당이 정권을 쥐고 있던 지난 30년간 국가 통치 이념과 수단은 완전히 바뀌었다. 중국 공산당의 지도 모델은 국민이 광범위하게 참여하는 정치제도로 바뀌고, 중국 사회도 투명한 정책 결정과 법률 집행을 지향하는 수직적 민주사회 조직으로 변화했다.

> 서방 국가는 각종 위원회 설립에 열중하고,
> 중국은 도전과 실수에서 배운다.

아프리카, 아시아, 라틴아메리카의 여러 나라와 달리 중국의 통치 모델은 중앙 권력을 계속 지방으로 내려 보내는 방식이다. 반면 중국의 개혁은 아래에서 위로 올라가는 상향식이며 실천을 기반으로 한다. 가령 언젠가 한 작은 농촌 마을의 농민들이 공사의 토지를 18개로 분할해 농가 18호에 나눠주기로 합의했다. 이 합의는 커다란 위험 부담을 안고 있었다. 수십 년간 농민과 농업을 구속해오던 체제의 모든 규칙을 깬 것이기 때문이다. 그런데 당시 완리萬里 안후이성위원회 서기는 이 대담한 조치를 지지했고 나중에는 덩샤오핑의 지지까지 얻었다. 덩샤오핑은 민중의 적극성과 창의력이 커다란 목표를 실현하는 중요한 원동력이라고 믿었다.

중국 경제평론가 우샤오보는 1978년부터 수십 년을 돌이켜본 뒤 이렇게 분석했다. "정책수립자들은 자신의 임무가 시대의 조류에 순응해 최고의 결과를 이끌어내는 것임을 알았다. 그들은 자신이 해야 할 일은 용기와 적극적인 정신을 발휘하는 것 외에 민중이 정확한 방향으로 창의력을 발휘하도록 유도하는 것뿐임을 깨달았다."[28] 덩샤오핑은 절망을 딛고 용기를 낸 일반 민중의 농업 개혁을 참고해 국가의 개혁개방 정책을 수립했다. 일부 농지를 '실험 논'으로 삼았듯 일부 지역을 특구로 지정해 경제 개혁을 실시한 것이다.

〈프랑크푸르트알게마이네존탁스자이퉁〉은 이 방식을 다음과 같이 평가했다. "중국은 몇 가지 방법을 시도했고 성격을 규정할 수 없는 비선형 발전 문제에서 큰 성과를 거두었다. 중국의 제도는 적응력이 뛰어난데 이는 실천을 바탕으로 부단한 자아 개선을 거쳐 메커니즘을 완성했기 때문이다."[29]

서방 국가는 중국을 오판한 대가를 감당할 수 없을 것이다.

서방 국가가 전 세계의 규칙을 정하는 시대는 이제 막을 내리고 있다. 이런 변화 속에서 활기차게 발전하는 중국의 원동력과 특수한 개혁 방식을 분석하고 이해하는 것은 매우 중요한 일이다. 〈프랑크푸르트알게마이네존탁스자이퉁〉은 이렇게 전했다. "현재 혁신을 진행 중인 중국을 분석하는 것은 결코 쉬운 일이 아니다. 어떤 시대든 발전 단계에 있을 때는 새로운 체제를 명명하기까지 어느 정도 시간이 걸린다. 중국 지도층은 자국의 방식을 '중국식 사회주의'라고 부르지만 서방 세계에서는 '사회주의 시장경제'라고 부른다."[30]

우리 부부는 미국의 과학사학자 토머스 쿤Thomas Kuhn의 말에 동의한다. 그는 "과거 모델의 명칭으로 새로운 모델을 이해해서는 안 된다"라고 말했다. 우리가 2009년 《메가트렌드 차이나》를 집필할 때, 그는 "새로운 모델이 충분히 발전할수록 그것을 정의하는 용어도 더 풍부해진다"라고 했다. 서방의 민주주의를 최종적인 정부 모델로 삼아 중국의 통치 모델을 분석하고 평가하면 실망스러운 결과가 나올 수밖에 없다. 진정한 해답은 이데올로기가 아니라 어떤 성과를 내느냐에 있다.

〈파이낸셜타임스〉 기드온 래치먼은 덩샤오핑의 영어 통역사 장웨이웨이張維爲의 말을 인용해 이렇게 말했다. "중국인은 통치 성과에 따라 정당성을 부여한다. 정부가 훌륭한 성과를 내면 그 정부의 법 집행이 정당하다고 본다."[31]

아랍의 봄

이른바 '아랍의 봄'(2010년 12월 튀니지에서 시작돼 중동과 북아프리카 국가로 확산된 반정부 시위를 일컫는 말–옮긴이)은 사회적·경제적 원인으로 인해 민중이 개혁을 요구하고 나선 민주화 운동이다. 하지만 이 운동은 아랍 민중의 삶의 질 개선으로 이어지지 못했고 아랍 세계는 오히려 이 '자유'에 대해 혹독한 대가를 치러야 했다. 잠시나마 사람들의 마음속에 등장한 더 평등하고 안락한 삶을 위해 싸우겠다는 희망의 난류는 현실이라는 차디찬 바람에 흔적도 없이 쓸려갔다. 시리아는 내전의 수렁에 빠지고, 리비아 민병대는 정권 쟁취를 위한 투쟁을 벌였으며, 이집트는 군사 독재 국가의 길로 들어섰다.

아랍 청년들이 반정부 시위를 벌인 주된 원인은 낮은 교육수준과 그로 인한 실업에 있다. 그러나 그 내면에는 존엄성과 삶의 의미라는 더 중요한 문제가 있다. 안타깝게도 사하라 사막 이북 지역 국가의 청년들은 생존조차 보장받지 못하고 있다. 종교적 가치관과 전통 문화의 영향력이 점점 약해지는 가운데 침체된 경제는 신앙마저 앗아갔다.

현재 이 공백을 메우는 것은 바로 종교 극단주의의 거짓 약속이다. 많은 사람이 신성한 사명이라는 깃발을 높이 들고 자립을 외치고 있다. 이들은 정부 지도층과 더러운 손을 맞잡고 무고한 민중에게 '이교도'로 낙인찍힌 이들을 공격하라고 선동한다. 이런 환경에서는 감정이 더 이상 이성의 지휘를 받지 않는다. 이 상황은 하루아침에 완전히 뒤바꿀 수도 없고 무력으로 억지로 바꿔놓을 수도 없다. 감정과 이성의 괴리를 막는 것은 건전한 사회 환경 그리고 가정과 사회의 유대 작용이다. 사회가 건전하고 가정과 사회가 탄탄하게 연결돼야 극단주의자가 비집고 들어오지 못한다.

ISIS(Islamic State of Iraq and Syria, 이라크와 시리아 이슬람국가. 줄여서 IS라고 한다. – 옮긴이)가 위험한 조직인 가장 큰 이유는 이 조직이 청년들을 공략하기 때문이다. ISIS는 과거 비슷한 성격의 다른 단체들과 달리 사람들에게 힘과 긍정적인 메시지를 준다. 그들은 종교와 민족을 기준으로 적을 규정하고 모든 죄를 적에게 밀어버린다. 어쩌면 ISIS의 전사가 칼라슈니코프 기관총을 어깨에 걸치고 무심한 듯 붉은 석양 아래 깃발을 들고 서 있는 사진을 본 적이 있을지도 모른다. 그런 사진은 사람의 마음을 교묘하게 끌어당기는 매력이 있다. 그런데 서방 언론은 그 사진을 기사로 내보내며 무의식중에 ISIS의 이미지를 전 세계에 선전해주고 있다.

오랫동안 서방 세계는 ISIS의 위협 앞에서 숱한 잘못을 저질러왔고 지금도 그 대가를 치르고 있다. 요한나 미클-라이트너Johanna Mikl-Leitner 오스트리아 내무장관은 "칼리프의 아이, 우리의 잘못인가? Children of the caliphate, it is our fault?"라는 주제로 열린 TV 토론회에서 이 점을 분명히 지적했고, 그다음 날 우리는 그녀와 이에 관한 이야기를 나누었다.

그녀는 우리에게 이렇게 말했다. "20~30년 전에야 비로소 진정한 의미의 민족 융합 문제가 등장했다(당시 오스트리아에서는 이슬람 이민자가 빠르게 증가하고 있었다). 우리나라에 온 사람들이 교육수준이 낮고 독일어도 거의 하지 못한다는 사실을 알았을 때 진지하게 대처했어야 했다. 낮은 교육수준과 언어 제약 때문에 그들의 생활 반경은 매우 좁았다. 결국 세상과 멀어진 그들은 생활수준을 높일 기회를 얻지 못했고 상대적으로 급진적인 단체에 빠지기 쉬웠다. 급진적인 단체는 자신들이 하느님께 부여받은 사명을 수행한다고 선전한다. 우리는 이 악순환의 고리를 끊어야 할 사회적 책임을 짊어지고 있다. 이것은 정부의 특정 부처에만 해당하는 문제가 아니다. 관련 기관이 모두 힘을 모아야 해낼 수 있는 어려운 문제다. 오스트리아 국민 모두 지역 간, 계층 간 융합이라는 문제에 관심을 기울여야 한다."

우리는 그녀의 의견에 전적으로 동의했다. 나아가 그녀의 말이 비단 오스트리아에만 적용되는 것은 아니라고 생각했다. 비난과 격리로는 사회문제를 해결할 수 없다. 아무런 원인도 없이 극단주의 사상에 물드는 사람은 없다. 심지어 그들은 자기 주위의 무고한 민중을 살해하라는 부추김을 받기도 한다. 극단주의 세력과 싸워 이기려면 단순히 처벌만으로는 부족하다. 중요한 것은 극단주의 사상이 자생하는 환경적 요인을 없애는 일이다. 미클-라이트너 장관은 실질적인 행동의 중요성을 강조하며 "우리는 과거의 잘못을 인정해야 한다. 스스로 자기 행동을 책임져야 한다는 사실을 간과하고 모두가 사회를 원망하기만 해서는 안 된다"
라고 경고했다.

물론 이슬람 세계도 종교를 위장한 급진주의 테러 단체를 멀리해야 한
다. 그런데 이슬람 세계의 지도자 중에는 그렇게 할 수 있는 사람이 많지
않다. 이슬람 세계가 테러 단체와 확실히 선을 긋지 못하면 이슬람 세계
를 바라보는 국제사회의 시각은 더 나빠질 것이다. ISIS, 알카에다, 탈레
반 등 종교적 색채를 띤 단체는 계속해서 문제를 확산할 확률이 높다. 설
령 그럴지라도 그들은 이 세계가 더 평등하고 참여도 높은 사회로 나아
가는 것을 막을 수 없다.

아랍의 봄을 촉발한 사건은 튀니지에서 일어났다. 많은 젊은이가 자신
이 꿈꾸는 삶을 누릴 희망을 잃으면서 튀니지의 상황은 일촉즉발로 치
달았다. 결국 대학 졸업 후 일자리가 없어 과일 노점을 하던 청년 모하메
드 부아지지Mohamed Bouazizi가 경찰의 노점상 단속으로 과일을 모두 빼
앗기고 분신자살하는 사건이 발생하면서 사회적 갈등은 격화됐다. 부아
지지는 과일을 빼앗고 자신에게 수모를 준 경찰에게 분신자살로 항의했
고 이 불씨는 큰 불길로 번져갔다. 이 사건이 촉발한 튀니지 시위가 아프
리카 북부 국가로 빠르게 퍼져나간 사회혁명을 두고 '아랍의 봄'이라고
부른다. 이제 우리는 이 혁명이 진정으로 싹을 틔우려면 아직도 긴 시간
이 필요하다는 사실을 알고 있다.

그 흐름에서 가장 앞장설 국가는 아마 튀니지일 것이다. 이미 튀니지
에서는 종족 간 평화 공존이라는 새로운 분위기가 조성되고 있다. 부아
지지의 죽음에 분노해 자유를 외치며 싸운 하층 민중이 거대한 도약을
이룬 것은 사실이다. 그렇지만 튀니지의 현대화는 지네 엘-아비디네 벤

알리Zine al-Abidine Ben Ali 튀니지 대통령이 하야한 뒤 정식으로 시작됐다.

튀니지는 대립 대신 합의 구도를 구축한다.

아랍의 봄 당시 사회혁명으로 가장 큰 성과를 거둔 나라는 튀니지다. 튀니지는 민주제도 수립을 위한 첫걸음을 내딛었는데 그 제도의 바탕은 튀니지의 각 부족을 단결하게 한 헌법이다. 2014년 1월, 2년간의 힘든 협상 끝에 튀니지의 각 정당은 합의를 이끌어냈고 튀니지의 신헌법이 국민의회를 통과했다. 당시 국회의원 216명 가운데 200명이 찬성표를 던졌다.

튀니지의 신헌법은 아랍 세계에서 가장 자유주의 색채가 뚜렷한 헌법으로 튀니지 정계의 주도권을 쥔 이슬람 정당과 세속주의를 대표하는 반대파 정당 모두의 지지를 얻었다. 이 헌법은 이슬람교를 튀니지의 국교로 인정하고 튀니지가 독립적인 국민정권임을 확인했으며, 모든 국민의 자유와 권리를 보장하는 한편 청소년과 여성의 평등한 권리를 특별히 배려했다. 나아가 앞으로 어떤 정부도 이 헌법을 개정할 수 없다고 규정했다. 여야 모두의 압도적인 지지로 신헌법을 받아들인 튀니지는 앞으로 안정적인 과도기를 거쳐 민주 국가로 거듭날 것이다.

내부에서 부는 체제 변화의 바람

문화적 배경이 다른 국가가 무작정 서방의 민주주의를 시행하는 것은 상대가 알아듣지 못하는 언어로 대화하는 것과 같다. 많은 국가에서 모든 국민이 인정하는 정부를 수립하려 할 때, 가장 큰 걸림돌은 근본적으로 다른 종교와 세속단체 간의 대립이다.

아랍의 봄은 북아프리카와 근동 지역(아라비아, 북동아프리카, 동남아시아, 발칸 등을 포함하는 지역 – 옮긴이) 대다수 국가의 정치적 분위기를 바꾸어 놓진 못했지만, 적어도 새로운 통치 모델을 탐색하도록 유도하는 효과는 있었다. 앞으로 가장 중요한 것은 교육이다. 민주주의 발전은 상향식으로 진행돼야 하고 경제발전이든 사상 해방이든 민주제도 아래 국민이 마땅한 책임을 져야 한다.

민주주의의 스승을 자처하는 서방 정치인들은 서방식 민주제도를 선전하지만, 미국이 아프가니스탄과 이라크에 도발한 전쟁은 처음 의도가 좋았을지라도 하면 안 되는 일이었다. 또한 자국의 문화와 역사가 서방 각국과 공통점이 거의 없는 국가에 서방의 민주제도를 받아들이라고 강요하는 것은 더더욱 하면 안 되는 일이다.

민주적인 정치 모델을 확립하려면 진화식 변혁이 필수적이다.

〈이코노미스트〉는 2013년 11월 중동과 아프리카 문제를 다뤘다.[32] 사실 사우디아라비아와 아랍에미리트에서도 통치자와 국민의 관계에 조용한 변화가 일어나고 있다. 아랍의 봄이 민중에게 새로운 정치 참여 욕구를 불러일으켰기 때문이다. 물론 아랍 국가의 지도자들이 권력을 포기할 가능성은 없지만, 그들은 힘을 길러 자신의 통치권이 합법적임을 증명하기 위해 노력하고 있다.

통치권을 선거로 획득한 것이 아니면 엘리트 정치를 하는 동시에 능력 있는 인재를 등용해야 정권을 유지할 수 있다. 이제 여론을 좌우하는 것은 소셜미디어이며 정부가 통제하는 주류 언론은 여론을 통제하기에 역부족이다. 오히려 거대한 의견 교환의 장은 유튜브, 페이스북, 트위터 등의 온라인사이트다. 사람들은 SNS에서 자신의 관점을 자유롭게 교류하고 정치인과 국가정책을 평가한다.

사우디아라비아는 상당히 폐쇄적인 사회이지만 오늘날 세계에서 가장 활발한 소셜미디어를 보유하고 있다. 이에 따라 아랍 국가들도 다른 나라와 마찬가지로 지도자들의 일거수일투족이 인터넷을 통해 빠르게 대중에게 공개 및 전파되고 있다. 가령 아랍에미리트 공무원이 교통사고를 낸 뒤 상대 차 운전자를 폭행한 사건, 중국의 재벌 2세가 자신의 페라리 자동차로 교통사고를 낸 사건 등이 휴대전화 영상에 찍혀 전 세계로 퍼져 나갔다.

인터넷은 또 다른 세계로 통하는 문을 활짝 열어젖혔다. 중국이나 브라질의 젊은이들처럼 아랍의 젊은이들도 이 세계로 들어오고 싶어 한다. 젊은이들이 자기 나라에 변화의 바람을 일으키려면 어떻게 해야 하느냐고 질문할 때마다 우리는 가급적 '혁명'이라는 붉은 선을 넘지 말라고 조언한다. 그보다는 지속적인 발전을 실현하는 것이 더 중요하다.

세계가 점점 더 긴밀하게 연결될수록 독재 정부는
국민의 정치 참여를 허용하지 않을 수 없다.

오늘날 독재체제는 점점 개방되고 국민의 정치 참여가 늘어나고 있다.

아랍에미리트의 국영신문 〈더내셔널*The National*〉의 2013년 12월 기사에는 과거에 누구도 상상하지 못한 통치 방식이 담겨 있었다.[33] 글의 주인공은 두바이 국왕이자 아랍에미리트 총리로 현재의 두바이를 세운 셰이크 모하메드 빈 라시드 알 막툼Sheikh Mohammed Bin Rashid Al Maktoum이다. 포스트 오일 시대의 발전 전략을 수립하고 두바이를 관광지이자 금융 및 공업의 중심지로 만든 주인공이기도 한 그는, 트위터에 글을 올려 자신의 팔로워 수백만 명에게 호소했다.

"모두 행동하십시오. 사상 최대 규모의 전국적인 브레인스토밍에 참여해 의료와 교육 사업 발전을 위한 새로운 아이디어를 찾아주십시오!"

앞으로는 더욱 투명한 정치를 실현하고 지도자의 책임과 의무를 분명히 규정하며 엘리트 정치를 해야 한다. 그리고 혁신이 기술 분야에서만 일어나면 안 되며 사회와 문화 분야로 확대해야 한다. 정치가 투명할수록 정권의 합법성은 강해진다. 가장 근본적인 수단은 교육의 개선 및 발전을 도모하는 것이다. 두바이와 아랍에미리트 정부는 정부의 행정 수준을 평가하기 위해 핵심성과지표KPI(Key Performance Indicators)를 제정했다.

2021년 발전 목표를 수립한 두바이 정부의 각 부서는 교육, 비즈니스 환경 개선 등 주요 실적 지표를 반드시 달성해야 한다. 이들은 국민에게 연간보고서를 발표하고 셰이크 모하메드 빈 라시드 알 막툼에게는 매달 보고서를 제출해야 한다. 현재 46개 부처와 감독기관 모두 실적에서 꼴찌로 밀려나지 않기 위해 안간힘을 쓰고 있다.

아랍에미리트는 중동 지역에서 가장 청렴한 국가로 앞으로도 오랫동안 전통적인 하향식 통치 방식과 점점 강해지는 국민의 정치 참여 욕구

사이의 모순을 해결하기 위해 부단히 노력할 것이다.

온두라스의 정치 실험 ─────────────────────── •

자국에 적합한 통치 모델을 찾으려 할 때 가끔은 대담한 조치를 취할 수
도 있다. 라틴아메리카의 가난한 나라 온두라스가 2011년에 실시한 정
치 실험은 전 세계를 놀라게 했다. 온두라스는 아무것도 없는 무無에서
출발해 도시를 세우기로 했기 때문이다. 그 도시에는 독립적인 정부, 법
원, 경찰서, 조세제도는 있어도 부패와 범죄 조직은 없다. 부와 발전의
출발점인 그곳은 경제적 잠재력은 있으나 시대에 맞지 않는 통치구조를
변화시킬 힘은 없는 이 나라의 희망과 본보기가 될 터였다.

이 프로젝트의 책임자는 온두라스 국민당 의원 옥타비오 산체스Octavio
Sánchez와 경제학자이자 뉴욕대학 스턴스쿨 교수인 폴 로머Paul Romer다.
교육 개혁과 경제발전, 여성 해방을 꿈꾼 산체스는 온두라스가 가난한
원인은 극단적인 자본주의가 아니라 정치가들이 경제발전에 유리한 방
식으로 일하지 않기 때문이라고 생각했다.

온두라스에서 북쪽으로 수천 킬로미터 떨어진 미국 콜로라도 주에 사
는 로머는 지금까지 시행한 대부분의 발전 모델이 실패했다고 평가했
다. 그가 생각하는 해결책은 홍콩 모델이었다. 홍콩은 영국의 규범과 제
도를 바탕으로 경제발전을 도모할 새로운 환경을 구축했고 이후 덩샤오
핑이 중국의 경제 개혁에 홍콩 모델을 도입했다. 2010년 로머는 TED
강연에서 자신의 생각을 밝혔는데, 인터넷으로 그의 강연을 들은 수백

만 명 중에는 산체스도 있었다. 자신의 생각을 행동으로 옮길 국가를 찾던 로머는 마침내 온두라스에서 그 기회를 발견했다.

골짜기에 빠졌다는 것은
두 다리가 탄탄한 바닥을 딛고 있다는 뜻이다.

산체스와 로머 협력의 출발점은 매우 단순했다. 당시 온두라스의 상황은 더 이상 악화될 수 없을 만큼 최악이었다. 온두라스는 살인 범죄 발생률이 세계 1위이고 두 명 중 한 명이 하루에 1.25달러도 안 되는 돈으로 생활하고 있었다. 790만 인구 중 납세자가 고작 25만 명에 불과한 실정이었다. 물론 마약산업만큼은 호황을 누렸는데 미국으로 은밀히 들어오는 마약의 95퍼센트가 온두라스를 경유했다.

방식은 달랐지만 산체스와 로머는 같은 이상을 품고 있었다. 홍콩 모델을 이용해 만신창이가 된 이 나라를 잘살게 만들고 싶다는 것이었다. 로머의 TED 강연을 시청한 산체스는 곧바로 그에게 연락했고 이내 대담한 실험을 시작했다. 그들은 황무지에 수백만 명이 거주할 만한 도시를 세우고 자신들의 원칙에 따라 도시를 관리함으로써 그 원칙의 타당성을 검증하기로 했다. 물론 그 도시에 거주할 사람들은 그들의 계획에 동의해야 했다.

〈이코노미스트〉는 2011년 12월자 기사에서 "온두라스가 홍콩을 건설할 계획이다. 이 야심찬 개발 계획의 목적은 온두라스를 빈곤에서 벗어나게 하는 데 있다. 과연 가능할까?"라는 의문을 제기했다.[34] 모든 것을 새로 시작하는 이 도시는 외국 전문가들을 초빙해 도시 운영의 관리 감독을 맡기로 했다.

로머가 제기한 '차터시티Charter City' 개념은 부를 차근차근 축적해가는 방식이다. 모든 것은 아무것도 없는 상태에서 새로 출발한다. 우선 독립 정부를 수립하고 법률을 제정하며 자체 통화를 사용한다. 또 선거를 실시할 정도로 사회구조가 성숙할 때까지 전제통치를 실시한다. 온두라스는 이 '경제특구'가 독립적인 법률을 제정하도록 헌법 개정까지 추진했다. 온두라스 의회는 2011년 1월 찬성 124표, 반대 1표로 헌법 개정을 결의했다. 그해 12월 포르피리오 로보Porfirio Lobo 대통령은 '투명위원회'의 첫 위원을 임명했는데, 그 직무는 새로운 실험의 성실성과 청렴성을 감독하는 것이었다.

온두라스는 이 프로젝트를 차근차근 추진했다. 〈뉴욕타임스〉, 〈월스트리트저널〉, 〈이코노미스트〉 등 세계 유수 매체들은 전례 없는 이 실험을 보도하며 로머를 영웅으로 묘사했다. 그런데 국제사회의 관심이 높아질수록 온두라스 내부에서 갈등이 불거지기 시작했다. 로머는 차터시티를 범죄나 부패와는 거리가 먼 온두라스 동북부의 외곽 지역에 건설하길 바랐지만, 산체스는 온두라스에서 가장 현대화된 항구인 푸에르토 코르테스 근처에 짓고 싶어 했다.

한편 라틴아메리카에 투자할 기회를 찾고 있던 미국 기업가 마이클 스트롱Michael Strong은 산체스의 이 계획을 지지했다. 스트롱은 차터시티에 10년간 10억 달러를 투자하겠다고 제안했다. 더구나 그는 아웃소싱 방식으로 제품을 생산하는 미국 기업가들과도 돈독한 관계를 유지하고 있었다. 중국 업체에 아웃소싱할 경우 비용은 낮지만 거리가 멀다는 단점이 있는 반면 온두라스는 미국의 옆 나라다.

온두라스는 빈곤과 낙후성에 선전포고를 하듯
급진적인 실험을 진행했다.

기자들은 로머가 이 이야기의 주인공이라고 생각했지만 온두라스인들의 생각은 달랐다. 꿈이 현실로 바뀌려는 중요한 시기에 거의 모든 사람이 성공을 예견했으나, 결국 이 프로젝트는 개인적인 명성과 성과를 손에 넣기 위한 싸움으로 변질되고 말았다.

로머는 이 프로젝트를 '차터시티'라고 불렀고 산체스는 'RED(경제특구를 뜻하는 스페인어의 이니셜)'라고 불렀다. 로머는 캐나다 정부와 협상하며 캐나다 총리에게 이 도시를 관리할 시장을 임명해달라고 요청했으나, 산체스는 자국 영토의 주권을 타국에 위임하길 원치 않았다. 6개월도 지나지 않아 로머와 온두라스 정부 사이에 균열이 생기고 말았다. 경제학자 로머는 현실을 바꿔 자신의 신념을 적용하려 한 반면, 정치가인 산체스는 자국의 현실에 맞춰 로머의 이론을 바꾸고 싶어 했다.

온두라스 내에서도 이 프로젝트에 대한 비판의 목소리가 커졌다. 진보 진영에서는 이 프로젝트가 부자들만 더 잘살게 만드는 신식민주의라고 비난했다. 일부 변호사는 이 프로젝트가 위헌이라며 고등법원에 고소장을 제출했다. 처음에 이 프로젝트를 지지한 야당도 태도를 180도 바꾸었다. 획기적인 실험은 대개 정치 투쟁의 희생양으로 전락하기 십상이다. 급기야 수도 테구시갈파에 있는 온두라스 고등법원은 이 프로젝트가 헌법에 위배된다고 판결했다.

얼마 후 온두라스 정부는 스트롱과 양해각서를 체결했고 동시에 기존 계획을 취소했음을 선포했다. 로머가 속수무책으로 프로젝트에서 퇴출당한 후, 스트롱은 시범적으로 소규모 인프라 프로젝트를 실시했다. 산체스는 초기 구상을 실현하고 싶어 했으나 정치적 혼란을 피하기 위해 외국인이 자국 영토를 관리하면 안 된다는 것 외에는 아무것도 문제 삼지 않겠다고 했다. 그는 "로머를 영입한 것은 잘못이었다. 우리 스스로의 힘으로 이 프로젝트를 달성해야 했다"라고 말했다.

지금 이 도시에서는 온두라스의 통제권이 커지고 도시의 독립성은 줄어들었으며, 전문가 스물한 명으로 구성한 위원회가 프로젝트를 관리 및 감독하고 있다. 산체스는 여전히 자신이 열다섯 살 때부터 꿈꿔온 일이 실현되기를 염원하고 있다. 그의 꿈은 2050년에 결말을 맺으므로 아직 시간은 있다. 그때가 되면 부강하고 번영하는 온두라스가 월드컵 개최국으로 성장해 있을지도 모른다. 다만 2050년에 산체스의 꿈이 실현될지 단정할 수 없을 뿐이다.[35]

한 세대 만에 경제 모델 바꾼 싱가포르 ───────────●

일반적으로 서방인은 사회를 교화하려 하고 아시아인은 사회에서 배우려 한다. 아시아인은 어떤 상황에서든 "내가 무엇을 배울 수 있지?"라고 묻는다. 장쑤성 쑤저우산업단지를 견학하러 갔을 때, 한 관계자가 우리에게 중국과 싱가포르가 이런 마음가짐으로 경제적 고비를 극복했다고 말해주었다.

쑤저우 산업단지의 박물관에는 이 작은 도시가 1992년부터 산업화를 이뤄온 과정이 전시되어 있었다. 이 변혁을 추진하며 중국은 싱가포르의 경험에서 배운 것을 적용했다.

"지속적으로 배우고 필요할 때마다 조정한다."

리콴유 전 싱가포르 총리의 인생 신조다. 싱가포르 식민지시대의 우등생에서 지도자로 변신한 그는 1970년대에 사회주의는 아무런 의미가 없으며 심지어 영국 경제를 침체시키는 근본 원인임을 깨달았다. 존 미클스웨이트John Micklethwait와 에이드리언 울드리지Adrian Wooldridge는 공동 집필한 책《제4의 혁명The Fourth Revolution》에서 다음과 같이 썼다.[36] "리콴유는 서방이 현대 국가를 위해 만들어놓은 메뉴판을 가져다가 영국 철학자이자 현대적 절대주의 이론 창시자인 토머스 홉스Thomas Hobbes와 철학자이자 당시 가장 영향력 있던 고전자유주의 사상가 존 스튜어트 밀John Stuart Mill의 주장을 참고해 추려낸 뒤 여기에 동양철학의 요소를 버무렸다."

개혁개방 초기에 덩샤오핑이 싱가포르를 방문하고 그 나라를 중국 대외 개방의 본보기로 삼은 것은 결코 우연이 아니었다. 싱가포르는 독재 통치 모델의 고효율이라는 장점을 최대한 이용해 경제발전을 꾀하는 한편 민주주의를 적극 수용했다. 싱가포르의 성공 공식은 현명한 장기 전략에 결과를 중시하는 엘리트 정치체제를 더한 것이다. 그 결과 1965년 511달러였던 싱가포르의 1인당 GDP는 2013년 5만 1709.45달러까지 증가했다.[37]

고효율의 독재체제를 구축하다.

싱가포르는 총면적이 716평방킬로미터에 불과한 작은 나라다. 한 가족의 독재통치 아래 발전의 길을 걷기 시작한 이 나라는 곳곳이 늪이던 땅에서 비약적인 성장을 일궈냈다. 1959년 리콴유가 싱가포르 총리로 취임했을 때 싱가포르는 실업률이 높고 주택 및 농지는 부족했으며 천연자원이 전혀 없는 암담한 땅이었다. 그런데 싱가포르는 단 한 세대 만에 개발도상국에서 선진국으로 화려하게 변신했다. 1959년부터 싱가포르의 인민행동당은 모든 대선에서 승리했다.

현재 싱가포르는 세계에서 가장 청렴한 나라다. 2012년 국제학업성취도평가PISA(Program for International Student Assessment)에서 싱가포르는 수학 및 언어 능력 세계 2위, 읽기 능력과 과학적 소양 세계 3위, 디지털 계산 및 읽기 능력은 세계 1위를 차지했다. 1인당 소득은 IMF 통계 기준으로 세계 3위, 세계은행 통계 기준으로 세계 4위, 미국 CIA 통계 기준으로 세계 6위다. 글로벌경쟁력지수는 세계 2위를 차지했다.

평균 여섯 가구당 한 가구의 자산이 100만 달러가 넘는 싱가포르는 세계에서 인구 대비 백만장자의 비율이 가장 높은 나라다. 특히 7000개가 넘는 다국적기업이 들어선 싱가포르는 가장 자유롭고 혁신 능력과 경쟁력이 뛰어나며 또한 가장 기업친화적인 국가로 평가받고 있다. 세계은행은 싱가포르를 "비즈니스의 천국"이라고 표현했다.

싱가포르의 생활수준과 교육의 질, 의료 서비스 수준은 이미 그들을 식민 통치한 영국을 넘어섰다. 가령 싱가포르는 교사와 공무원이 성실하게 일하도록 그들의 월급을 평균 4500달러까지 끌어올렸다. 싱가포르에는 극빈층이 매우 드물지만 소득불균형은 선진국 가운데 홍콩과 미국에 이어 세 번째로 심각하다. 다행히 전체 인구 중 열다섯 살 이상 생산가능 인구의 실업률이 2퍼센트에 불과하다.

플러턴호텔의 야외 레스토랑에 앉아 있으면 다양한 국적의 사람들이 오가는 것을 구경할 수 있다. 싱가포르는 다민족 국가로 민족 문화가 음식 문화만큼이나 풍부하고 다채롭다. 서양의 사조, 중국의 유가사상, 말레이 문화, 이슬람 문화, 인도 문화가 공존하고 있지만 사회적·문화적 갈등은 없다. 오히려 싱가포르는 다민족과 다문화의 장점을 부각시켜 매력적인 모습을 보여주고 있다.

싱가포르가 서방 민주주의의 모든 요건에 부합하는 것은 아니지만 싱가포르인은 자국 정부에 만족하고 있다. 우리가 싱가포르를 방문할 때마다 현지인과 외국인 모두 싱가포르 정부에 항의할 만한 점이 없다고 말했다. 가끔 정부에 항의 시위를 하자고 주장하는 이들도 있지만 거의 호응을 얻지 못한다고 한다.

아프리카의 경제 회복과 초보 정치

앞서 서방인은 음식이 가득 담긴 그릇을 앞에 놓고 굶주리고 있다고 표현했다. 아프리카의 상황은 더 심각하다. 단지 방식만 다를 뿐이다. 아프리카는 자원이 얼마나 풍부한 대륙인가! 리콴유는 적들을 교도소에 가둬두고 싱가포르를 30년간 독재 통치했다. 오늘날 아프리카인들도 이 같은 대가를 치를 각오가 되어 있다. 리더에게 아프리카의 상황을 바꾸려는 마음가짐과 능력이 충분하기만 하다면 말이다.

과거 수년 동안 부정부패, 효율성이 낮은 체제, 실업, 도농 격차 등 많은 요인이 아프리카의 발전을 가로막았다. 아프리카 여러 나라의 인프라와 교육수준은 식민지시대 직후보다 더 열악하다. 이것이 바로 아프리카인이 분노하는 가장 큰 이유다. 경제가 고속성장하기를 바란 아프리카인은 한국과 일본을 필두로 한 아시아의 경제성장을 멀리서 지켜보기만 해야 했다. 현재 아프리카의 GDP는 여전히 전 세계 GDP의 3퍼센트에 불과하다. 그러나 글로벌 환경에 근본적인 변화가 생기면서 아프리카에 기회가 찾아오고 있다.

아프리카 국가가 지속가능한 발전을 실현하려면 먼저 정치 개혁을 실시해야 한다. 아직도 아프리카에서는 굿거버넌스를 찾기 힘들다. 논란이 많은 정치인과 독재 정부가 정권을 장악한 채 정치가 투명하지 않고 부패가 만연하는 실정이다.

대표적으로 짐바브웨는 로버트 무가베Robert Mugabe 대통령 주도로 몇 가지 '기적'을 이루었다. 63개 선거구의 유권자수가 주민의 수를 넘어서고, 유권자 중 100세 노인이 11만 6195명이며, 2009년 인플레이션율이 6000만 퍼센트라는 놀라운 기적이 일어난 것이다.

토지혁명으로 백인 농민 4000명의 토지를 몰수하기 전까지만 해도 짐바브웨는 아프리카의 중요한 곡식 생산국이었지만 현재는 오히려 옥수수를 수입해야 할 지경에 이르렀다. 어떤 방식으로든 무가베 시대가 끝난다면 짐바브웨는 한때 번성하던 농업을 회복해 국가 경제 전반에서 새로 시작할 수 있을 것이다.

냉전이 끝난 직후 아프리카 53개국 가운데 억지로라도 민주 국가로 부를 만한 나라는 3개국에 불과했다. 하지만 지금은 그 수가 훨씬 많아졌다.[38]

아프리카는 산적한 문제를 우선적으로 해결해야 한다.

현재의 아프리카 국가 국경선은 모두 식민지시대에 그어졌다. 이것은 민족의 다양성이나 역사의 변천 상황을 반영하지 않은 것이며 종족 및 경제 관계에 따라 구분한 것도 아니다. 현재의 아프리카 국경선은 19세기 말 이전 그곳을 식민 통치한 나라들이 협상으로 정해놓은 세력 범위를 바탕으로 한다. 아프리카의 지도도 라틴아메리카처럼 식민 역사의 산물이다.

거의 모든 나라가 임의로 구획을 정했는데 이런 국경은 아프리카가 안고 있는 근본적인 병폐 중 하나다. 가령 이 국경은 동일한 부락의 대가족을 분리하고 무역로를 끊어 식량을 비롯한 기타 자원의 교환을 불편하게 만들고 있다. 민족 국가를 세우려면 먼저 대대로 전해내려온 혈통, 종교, 언어 등을 토대로 공통적인 민족의식을 형성해야 한다. 이 과정을 뛰어넘어 인위적으로 영토를 구획하는 것은 본말이 전도된 일이다. 따라서 아프리카 국가의 시급한 과제 중 하나는 민족의식과 민족자긍심을 찾는 일이다.

이들 나라의 국민은 경제적인 이유로 하나가 되긴 했지만 자신들만의 고유한 개성을 표출하고자 하는 욕망이 점점 강해지고 있다. 아프리카 국가는 세계를 향해 문을 활짝 열고 글로벌화할수록 지역색이 더 강해지는 모순을 극복하기 위해 노력하고 있다. 그들은 자기 민족 및 부족과 긴밀해질수록 보다 고유한 개성을 고집하는데 이것이 폭력적인 방식으로 표출될 수도 있다.

아프리카의 문화, 역사, 경제에 적용 가능한 새로운 통치 모델을 찾으려 할 때 보통은 문화적·도덕적 장애물을 만난다. 이런 이유로 아프리카의 많은 국가가 아직도 정치 질서를 유지해줄 효과적인 통치체계를 수립하지 못하고 있다. 그밖에도 그들은 많은 문제를 안고 있다. 무엇보다 국민을 폭력에서 보호하고 법치를 실현하며 기본적인 사회보장과 인프라를 제공해야 한다. 나아가 물, 에너지, 식량 등의 문제도 해결해야 한다.

아프리카에는 세계 최빈국이 많으며 연평균 1인당 소득이 1036달러 이하다. 유엔 통계에 따르면, 소말리아에는 경제적 지원을 받지 않을 경우 생존할 수 없는 인구가 약 3만 명에 달한다.[39] 유엔의 소말리아 구호 활동 책임자 필리페 라자리니Philippe Lazzarini는 "아동 5만 명이 심각한 영양실조로 죽음의 문턱에서 신음하고 있다"라고 말했다. 유엔은 2014년 가장 기본적인 것을 지원하기 위해 소말리아에 9억 3300만 달러를 투입했다.

〈로이터통신〉에 따르면, 국제적인 후원가들은 소말리아에 대한 지원 규모를 축소했다.[40] 시리아, 남수단, 중앙아프리카공화국을 지원하는 일이 더 시급하기 때문이다.

아직도 많은 아프리카 국가가 정상적인 정치 및 법률 질서와 기본적인 복지제도를 확립하지 못하고 있다. 법관과 법원이 워낙 부패한 나머지 "법 앞에 만인이 평등하다"는 말이 공염불에 불과하기 때문이다. 턱없이 낮은 임금과 형편없는 직업 교육수준으로 인해 오히려 경찰이 각종 범죄에 가담하고 있을 정도다. 그래도 많은 아프리카 국가에서 정부의 통치 모델에 변화가 일어나고 있다.

무너진 인도의 민주주의 ─────────────── •

일부 민주 국가는 사실상 국민이 아니라 통치계급과 국제자본을 위해 봉사하고 있다. 일부 아프리카 국가도 마찬가지지만 인도의 상황은 약간 다르다. 서방 세계는 인도를 세계 최대 민주주의 국가라고 부르며 인도의 미래를 과도하게 낙관하고 있다. 맥킨지글로벌연구소는 2007년 인도의 중산층이 "미래의 가장 큰 소비층"으로 부상할 것으로 내다보았다.[41] 그런데 2014년까지도 인도의 1인당 국민소득은 이 전망치에 이르지 못했고 많은 인도인이 사회당과 간디 가족의 장기집권에 불만을 품고 있다.

최근 적어도 표면적으로는 인도에 변화의 기운이 감돌고 있다. 인도 의회는 모디 총리에게 아직도 '선거 연설'에 머물러 있다며 비난했고 국회의원들도 모디 총리의 블로그를 조롱하며 서둘러 선거 모드에서 빠져나오라고 비아냥거렸다. 인도의 주요 경제지 〈이코노미스트타임스*Economist Times*〉는 모디 총리가 취임 한 달 뒤인 2014년 7월 블로그에 올린 글을 기사에 인용했다. "과거 정부는 밀월기를 100일, 심지어 그보다 더 길게 연장했지만 나는 그럴 수 없다. 100일은커녕 취임한 지 100시간 만에 갖가지 힐난이 쏟아지기 시작했다."[42]

〈월스트리트저널〉은 모디 총리의 1차 해외방문 관련 내용을 보도했다.[43] 모디 총리는 취임식의 연장선상에서 부탄을 방문하고 지역 지도자들을 초청했다. 이 기사는 부탄과 국경을 맞댄 인도 시킴 주에서 활동하는 라이Rai 박사의 말을 인용해 "인도는 남아시아 무역에서 발언권이 비교적 강하지만 정치적 영향력은 매우 약하다. 모디 정부는 인도가 장기적으로 남아시아 최대 투자자이자 인프라 건설 차관 제공국으로 발전하길 바라고 있다. 이는 중국이 아시아의 다른 지역과 아프리카에서 구사하는 전략과 일치한다"라고 보도했다.

적어도 인도 기업인들은 모디 총리에게 큰 희망을 걸고 있다. 맥킨지 글로벌연구소에 따르면, 인도 기업인 중 96퍼센트가 자국의 경제 상황이 6개월 안에 호전될 것이라고 대답했고 그중 75퍼센트가 인도 경제가 이미 회복 중이라고 대답했다.[44] 그러나 2009년 만모한 싱Manmohan Singh 과 그가 이끄는 인도 국민회의가 대선에서 승리했을 때도 기업가 중 72퍼센트가 이렇게 대답한 바 있다.

미래에 아시아를 주도할 나라는 인도인가, 중국인가?

인도는 아직 가야 할 길이 멀다. 얼마 전까지만 해도 "미래에 아시아를 주도할 나라는 중국인가, 인도인가?"라는 질문을 종종 들었지만, 최근 일부 평론가는 이를 논의할 가치조차 없는 문제로 치부한다. 중국의 위상이 탄탄해지면서 사람들은 더 이상 이 문제에 관심을 보이지 않는다. 인도는 복잡한 법규와 세수에 발목이 잡혀 있고 이는 앞으로 상당 기간 동안 발전을 저해하는 요인으로 남을 것이다.

비대한 관료체제가 중국을 따라잡는 데 큰 걸림돌로 작용하긴 해도 인도는 인구가 젊다는 장점을 갖고 있다. 중국 인구의 평균연령은 서른여덟 살이고, 인도 인구의 평균연령은 그보다 훨씬 낮은 스물여덟 살이다. 한마디로 인도에는 무한한 잠재력을 가진 청년층이 5억 명 이상 있다. 인도가 이 같은 유리한 조건을 이용하려면 교육수준을 높여 경제 글로벌화를 실현하고 이를 통해 얻게 되는 여러 가지 기회를 충분히 수용해야 한다. 나아가 인도는 여성과 소외계층에 대한 차별을 근본적으로 개선해야 한다.

인도 인력자원개발부 장관 샤시 타루르Shashi Tharoor는 아랍에미리트 영자신문 〈걸프뉴스Gulf News〉에 기고한 칼럼에서, "무엇보다 민주주의가 커다란 역할을 해 인도라는 오래된 국가가 21세기라는 책에 성공 스토리를 쓰게 해주었다"라고 칭찬했다.[45] 하지만 그는 이렇게 덧붙였다. "인도인은 오랫동안 자국 의회를 민주주의의 성전으로 추앙해왔다. 그런데 그 성전을 지키는 제사장들이 지금 제 손으로 성전을 더럽히고 있다. 인도의 민주주의는 개혁이 시급하다."

2014년 5월 인도의 제15기 인민원(의회 하원)이 역사 속으로 사라졌다. 제15기 인민원은 인도에서 민주주의를 시행한 이후 60년간 생산성이 가장 낮은 의회였다. 타루르는 "과거 5년은 인도 의회의 5년이었다. 야당은 모든 회의를 결렬시켰다. 2009년 5월 국회의원에 당선된 이들은 과거 의회에 비해 통과시킨 법안의 수가 가장 적고 의회 변론 진행에 들인 시간이 가장 짧다"라고 썼다. 선거에서 국민의 선택을 받은 사람들은 구호를 외치고 피켓을 들고 욕설을 퍼붓고 의회를 휴회시켰다. 다시 말해 그들은 해야 할 일은 하지 않고 불필요한 일만 했다. 그렇다면 국민이 항의 시위 외에 할 수 있는 일이 뭐가 있겠는가?

중국과 인도의 협력은 어떨까?

"중국-인도 협력은 빙산의 일각만 드러낸 채 발굴되기만 기다리는 엄청난 보물이자 에너지를 축적하고 분출을 기다리는 거대한 화산이다. 모두가 기대에 부풀어 있다."

중국의 왕이 외교부장이 부드러우면서도 강력하게 주장한 선언문이다. 지금까지 중국의 경제 전략은 단 한 번도 공수표로 끝난 적이 없다. 2014년 6월 초 인도를 방문한 왕이 외교부장은 중국과 인도의 관계를 "21세기 가장 활기 넘치고 잠재력이 큰 관계"라고 표현했다.

중국의 말처럼 두 나라가 대립하지 않고 협력한다면 아시아 전체를 휩쓸 경제 돌풍을 불러일으킬 수도 있다. 특히 국경 문제에 양국이 관망하는 자세를 취할 경우, 두 나라는 그야말로 '발굴되길 기다리는 보물'(왕이 외교부장은 2014년 6월 8일자 〈힌두 *The Hindu*〉와의 서면 인터뷰에서 이 표현을 사용했다)을 캐는 과정에서 구덩이 하나를 팔 수 있다.

〈타임스오브인디아 *Times of India*〉의 베테랑 기자 사이발 다스굽타Saibal Dasgupta는 "모디 총리가 과감한 정책을 펴고 있다. 신정부는 중국 정부와 평화롭고 안정적인 관계를 수립했다"라고 평했다.[46] 언론 보도에 따르면, 모디 총리는 네 차례나 중국을 방문해 인도의 공업 발달을 위한 영감을 얻었다. 현재 인도 경제 중 공업의 비중은 15퍼센트로 중국(31퍼센트)의 절반 수준이다.

리커창 중국 총리의 취임 이후 첫 방문지가 인도였던 점은 중국의 대아시아 전략에서 인도가 얼마나 중요한 존재인지 여실히 보여준다. 중국과 인도의 무역액은 2000년에 비해 스무 배나 증가했다. 그러나 왕이 외교부장은 "중국과 인도의 25억 인구를 생각하면 현재의 협력 규모는 여전히 작은 편"이라고 말했다. 중국-인도 관계라는 거대한 화산이 낮게 으르렁거리며 포효할 준비를 하고 있다.

모스크바 주재 〈블룸버그〉 칼럼니스트 레오니드 베르시드스키Leonid Bershidsky는 2013년 1월 "거짓 민주에서 가짜 독재로 변화하는 러시아" 라는 제목의 사설을 발표했다.[47] 블라디미르 푸틴 러시아 대통령이 집회와 언론의 자유를 제한하는 법규를 제정하고 NGO 단체의 활동 범위를 제한하는 한편 외국 동성애자들이 러시아 아동을 입양하지 못하도록 금지했기 때문이다. 하지만 베르시드스키는 "지금까지 대부분의 규정을 강력하게 집행하지 않았다"라고 말했다.

또 하나의 통치 모델을 구축하다

러시아의 행동은 항상 예측하기 힘들다. 구소련 해체와 함께 러시아와 유럽은 신뢰할 만한 동반자 관계를 확립했다. 그렇다고 러시아의 불확실성과 변덕스러움이 사라진 것은 아니다. 2014년 10월, 알렉산더 버시바우Alexander Vershbow 북대서양조약기구 사무차장은 기자들에게 "러시아는 북대서양조약기구를 자신들의 적이라고 선포했으므로 우리도 러시아를 동반자가 아니라 적으로 간주할 수밖에 없다"라고 말했다.

2009년 당시 드미트리 메드베데프Dmitry Medvedev 러시아 대통령은 거액을 들여 각국 전문가를 야로슬라블로 초청했다. 야로슬라블은 모스크바에서 동쪽으로 160킬로미터 떨어진 도시로 오랜 역사를 자랑한다. 메드베데프가 주최한 글로벌정책포럼은 2004년 푸틴이 모스크바 북부 발다이 호에서 개최한 국제토론클럽과 비슷한 점이 있다. 그들의 목표는 전 세계에 소프트파워를 과시해 러시아의 이미지를 바꾸는 데 있었다. 비록 모스크바 지식인들이 이 포럼에서 나온 이야기가 러시아의 정치 현실을 반영하지 못했다고 지적하고 "대다수 참석자가 얼간이였다. 술과 음식을 뱃속에 가득 넣고 돌아간 후 앵무새처럼 러시아를 위한 정치 선전을 했다"라고 비난했지만 말이다.

우리는 야로슬라블에서 열린 글로벌정책포럼에 세 차례 참석했다. 한 번은 메드베데프 대통령과 함께 "민주화와 경제성장 가운데 국가 발전에 더 필요한 것은 무엇인가"라는 주제를 놓고 토론을 했다. 빈곤과 민주주의가 공존할 수 있을까? 지속가능한 민주주의제도를 확립하려면 물질적인 기초가 반드시 필요할까? 러시아는 진정한 경제성장과 정치 개혁 두 가지를 모두 실현하지 못했다.

발전소 아니면 폐기물?

일반적으로 풍부한 천연자원은 한 국가의 장점이다. 정부가 능력 있으면 풍부한 자원이 정치 개혁과 경제성장을 든든히 뒷받침해주기 때문이다. 그런데 러시아의 경우 천연가스 거래가 세계경제라는 커다란 배경 속에서 별다른 긍정적 역할을 하지 못하고 있다. 〈포브스〉 회장 스티브 포브스는 사설에서 이 거래를 "논할 가치도 없다"라고 일축했다. 그는 2014년 6월 〈포브스아시아〉를 통해 다음과 같이 말했다.[48] "러시아는 자원이 풍부하고 국민의 교육수준이 높으며 우수한 과학자와 수학자를 많이 배출하고 있다. 하지만 경제 규모가 놀랄 만큼 작고 원유, 천연가스를 비롯한 자원 수출에 과도하게 의존하고 있다. 오늘날처럼 기술이 발달한 시대에 러시아는 '발전소'가 되어야지 폐기물이 되어서는 안 된다."

푸틴 대통령의 생각은 다르다. 그는 현재 세계 9위 경제대국인 러시아가 발전하려면 해결해야 할 문제가 많다고 생각한다. 푸틴은 프랑스 방송국 FT1과 라디오방송국 유럽1Europe1과의 인터뷰에서 사람들에게 어떤 이미지로 남고 싶으냐는 기자의 질문에 이렇게 대답했다.⁴⁹ "조국과 국민의 번영 및 행복을 쟁취하기 위해 전력을 다한 사람으로 남고 싶다."

<blockquote>
러시아가 청년층의 신뢰를 얻고
그들에게 희망을 주려면 아직 가야 할 길이 멀다.
</blockquote>

2010년 봄, 우리 부부는 스콜코보혁신센터Skolkovo Innovation Center 기공식에 참석했다. 모스크바 부근의 기술 및 경제 단지에 건립한 이 센터는 과학기술 혁신의 새로운 장이 될 것으로 기대를 모으고 있었다. 공식적인 행사를 마친 후 우리는 젊은 학생들과 그 프로젝트에 관해 대화를 나눴다. 스타트업과 청년 창업가를 지원하기 위한 프로젝트였으므로 그들은 일종의 수혜자였으나 프로젝트를 신뢰하는 학생이 한 명도 없었다. 학생들은 지원금이 대부분 자신들이 아닌 정치인의 주머니 속으로 들어갈 것이라고 생각했다.

우리가 관찰한 러시아의 가장 두드러진 특징은 청년층이 희망을 잃었다는 점이다. 물론 러시아가 꾸준히 실력을 과시하는 분야도 있다. 대다수 국가가 러시아인이 크림반도를 집어삼키고 우크라이나를 호시탐탐 노리며 세계적인 영향력을 되찾으려 하는 푸틴 대통령의 목표를 지지한다고 생각한다.

러시아의 국가적 위치는 매우 특수하다. 중국과 긴 국경선을 공유하고 있으며 역사적으로 중국과 같은 이데올로기 진영에 있었다. 뿐만 아니라 유럽에도 한쪽 발을 걸치고 있는 유럽의 3대 무역 파트너다. 오래전에 민주화가 좌절된 러시아에서 포스트모던 차르이자 독재자로 군림하는 푸틴은 러시아가 필요로 하는 강한 지도자다.

전 러시아 주재 미국 대사인 스티븐 라인스미스 다음과 같이 진단했다. "푸틴의 최대 관심사는 러시아가 정치적으로 세계적인 영향력을 회복하는 일이다. 이 목표는 경제적인 수단으로는 달성이 가능하지만 원유와 천연가스 공급을 중단하겠다며 위협하는 것으로는 불가능하다. 경제적 수단으로 정치적 목적을 달성하는 것은 경제원칙에 부합하지 않는다. 푸틴이 시진핑과 체결한 천연가스 장기 공급 계약은 사실상 자원을 당근과 채찍으로 동시에 사용하는 방식이다. 그것을 어떻게 쓰든 푸틴의 관심사는 러시아의 경제발전이 아니라 러시아의 자원을 이용해 세계적인 영향력을 손에 넣는 것이다."

러시아가 크림반도를 점령한 후 오바마 대통령은 기자회견에서 러시아는 "중요한 지역 국가일 뿐 세계적인 영향력은 없다"라고 말했다. 어떤 의미에서 이것은 푸틴 대통령에게 가장 치욕적인 말이다. 그의 가장 큰 목표가 러시아를 다시 세계무대 위에 올려놓고 구소련 시절의 세계적인 영향력을 회복하는 일이기 때문이다.

우리는 러시아가 글로벌 서던벨트에 점점 접근하고 있다고 생각한다. 이는 러시아가 글로벌 서던벨트 중 가장 중요한 국가인 중국의 인접 국가이므로 그리 이상한 일이 아니다. 러시아에 대한 유럽연합과 미국의 제재는 타당성 여부와 관계없이 러시아와 글로벌 서던벨트의 관계를 더욱 좁히는 결과를 낳을 것이다. 푸틴 대통령은 엄격한 일처리 방식, 굽히지 않는 태도, 러시아제국을 재건하려한 원대한 의지 등 대다수 러시아인이 원하는 모든 것을 갖추고 있다.

판도 변화의 원동력

서문에서 우리는 "사람은 누구나 시간과 공간, 교육이라는 세 가지 필터를 통해 세계를 관찰한다"라고 말했다. 우리는 여기에 한 가지 요건을 더하고자 한다. 그것은 바로 교육이다. 교육은 우리가 세계와 사회를 바라보는 여러 가지 렌즈 중 하나다. 가난한 나라에서 태어나 교육을 받지 못한 수백만 명과 수준 높은 교육을 받은 행운아들의 생각이 같을 수는 없다. 교육을 받은 이들은 글로벌화가 제공한 기회를 훨씬 더 쉽게 발견하고 종교적 근본주의에 빠져 테러단체에 가입할 가능성도 낮다.

철학자 루트비히 비트겐슈타인Ludwig Wittgenstein은 "내 언어의 한계는 내 세계의 한계다"라고 말했다. 옳은 말이다! 유럽연합의 한 연구보고서도 이 말이 사실임을 입증하고 있다. 이 보고서에 따르면, 유럽 아동 네 명 중 한 명꼴로 독해 능력이 심각하게 떨어지는 것으로 나타났다. 읽고쓰는 능력은 가장 기본적인 요건이다. 이 능력만 있어도 전문적인 교육을 충분히 받을 수 있다.

안드로울라 바실리유Androulla Vassiliou 유럽연합 교육문화집행위원은 다음과 같이 말했다. "현재 우리는 진퇴양난에 처해 있다. 디지털 시대가 되면서 독해 능력이 과거보다 더 중요해졌지만, 우리의 독해 능력은 디지털화 속도를 따라가지 못하고 있다. 이 상황을 바꿀 방법을 서둘러 마련해야 한다. 시대를 막론하고 읽기와 쓰기 능력을 높이기 위한 투자는 경제적으로 매우 긍정적이다. 장기적으로 이것은 개인과 사회를 위해 수십억 달러의 가치를 창출한다."

우리가 지금 고대 그리스 철학자의 지혜를 계승하는 것은 결코 우연이 아니다. 김나지움gymnasium(체력, 사교술, 학문적 소양을 길러주기 위한 교육기관)에서 교육받는 것은 그리스 사회 및 문화에 참여하기 위한 필수조건이었고 수사학도 정규교육의 중요한 부분이었다. 아리스토텔레스는 수사학을 "효과적인 설득 수단을 찾기 위한 예술"이라고 말했다.

역사적으로 가장 유명한 여인인 이집트의 여왕 클레오파트라 7세는 아름다운 미모로 숱한 찬사를 받았다. 그런데 스테이시 시프Stacy Schiff는 《더 퀸 클레오파트라 Cleopatra》에서 그녀를 "현명한 전략가이자 천재적인 협상 전문가이며 고대 세계의 판도를 바꾼 사람"이라고 평가했다.[50] 그녀의 업적을 익히 잘 알고 있는 로마인은 그녀의 미모를 칭송하지 않는다. 그녀의 가장 큰 장점은 출중한 미모가 아니라 남다른 언변이었다. 이집트 교육의 기초는 그리스 철학이며 이집트인은 언변을 매우 중시한다. 클레오파트라는 그리스어 단어부터 습득했고 시와 이야기를 배웠다. 그녀는 글을 쓰고 시를 지을 수 있었으며 복잡한 신들의 계보와 갖가지 서사시를 물 흐르듯 자연스럽게 암송했다.

학습은 꾸준히 연습하고 각종 규칙을 익히며 오랫동안 노력을 기울여야 하는 일이다. 특히 치밀한 연설에는 많은 노력과 부단한 연습이 필요하다. 그리고 경험과 지혜가 있어야 전략적 사고를 할 수 있다. 클레오파트라는 소녀 시절 알렉산드리아에서 수사학과 연설 기술을 훈련받은 후 언어를 사용하는 기교를 익혔다.

중국에서는 기원전 700∼200년 '백가쟁명百家爭鳴'을 통해 학문과 문화가 빠르게 발전했다. 이 시기에 유가, 법가, 도가 같은 철학 유파가 속속 등장했고 유명한 중국 철학자 공자도 언변을 매우 중시했다. 16세기 종교 개혁에서 가장 관심 있는 문제도 교육이었다. 마틴 루서의 가장 큰 성과는 그가 발표한 논문이었으며 그는 의무교육의 강력한 옹호자였다. 당시 의무교육은 매우 생소한 것이었는데, 루서는 교육을 받아야 모든 신도가 직접 성경을 읽을 수 있다고 생각했다.

종교 개혁은 인문주의 및 교육 개혁과 밀접한 관계가 있다. 독일제국을 통치한 팔츠-츠바이브뤼켄Pfalz-Zweibrücken의 요한 1세는 칼뱅주의를 받아들인 후 1592년 남녀 아동들에게 의무교육을 실시했다. 이것은 세계 역사상 최초의 의무교육이다. 미국에서는 1852년 매사추세츠 주에서 처음 의무교육을 시작했다.

교육의 목적은 학습법을 배우는 데 있다.

중국 청두의 스스중학교石室中学校는 세계 최초의 공립중학교로 지금으로부터 2150년 전인 한나라 때 촉군태수蜀郡太守 문옹文翁이 창건했다. 지금도 학생들을 가르치는 스스중학교는 중국 교육 개혁 시범중학교로 지정됐다. 2012년 우리는 스스중학교를 방문해 영어 수업을 참관했는데, 당시 수업은 기후변화를 주제로 영어 연설과 질의응답으로 이루어졌다.

이 책을 집필하는 동안 우리는 딸을 만나러 함부르크로 가는 길에 스테판 작세Stephan Sachse를 만났다. 작세는 온라인 대학 강의를 지원하는 다텐로첸Datenlotsen의 CEO다. 우리는 처음 만난 그와 교육 시스템과 디지털 교육의 미래를 놓고 열띤 대화를 나누었다.

문제는 '어떻게 디지털화라는 수단을 활용해 교육의 질을 높일 것인가'에 있다. 특히 고등교육 수준을 높여야 한다. 디지털화는 우리 생활 곳곳에 깊이 파고들어 있고 아이들은 어릴 적부터 디지털 기술을 접한다. 우리의 손자 세대는 우리가 어렸을 때 스마트폰, iPad, 노트북이 없었다는 사실조차 믿지 않는다. 그런데 공무원, 교사, 행정가조차 디지털 시대를 맞이할 마음의 준비가 부족하고 지식 및 기술도 제대로 갖추지 못하고 있다. 이들은 디지털 기술을 학교 교육에 효과적으로 응용하는 방법도 모르고 있다. 작세는 여기서 사업 기회를 발견하고 경영관리대학원에 디지털 교육 솔루션을 제공하고 있다.

작세는 이런 말을 했다. "교육 분야의 디지털화는 아직 초보적인 단계지만 이미 커다란 영향력을 발휘하고 있다. 모바일 설비, 소셜미디어, 디지털콘텐츠 등을 접하며 자란 젊은 세대는 디지털화 교육의 개념을 빠르게 받아들여 친구들과 공유하고 있다. 그러므로 우리는 교육 분야에서 과거와는 전혀 다른 비즈니스 모델로 성공할 수 있다."

아이튠스U iTunes U는 생긴 지 10년도 안 됐지만 사용자가 5억 7500만 명에 이르고, 이 플랫폼이 제공하는 각종 학습 자료(음성, 동영상, 텍스트 형식으로 업로드한 강의 자료 등)를 사용하는 모바일 단말기가 3억 1500만 대에 달한다. 2008년 설립된 미국 스타트업 2U.com의 슬로건은 '뒷줄은 없다No back row'이다. 그들의 목표는 최고의 온라인 교육 프로그램을 만드는 데 있다. 현재 온라인 학습을 이용하는 학생은 예전처럼 고군분

투하며 공부하는 방식에서 벗어나 업무 능력 훈련 프로그램, 지역에 개설한 다양한 강좌 등을 이용해 여러 사람과 함께 공부한다. 각 강좌당 학생은 평균 10.4명이고 교사가 지도하는 온라인 강좌도 9만 7000여 개에 달한다. 2014년 2U의 주가총액은 7억 2000만 달러였다.

작세는 다음과 같이 말했다. "전통적인 교육기관의 입장에서 이런 업체는 위협적인 존재다. 유럽에서는 교육 시장이 아직 상업화하지 않았고 교육 시장에 경쟁이라는 개념도 형성되지 않아 정부와 교육기관이 이 개념에 상당한 반감을 보인다. 프랑스는 최근에야 대학에 IT 기술 시스템의 구축을 허용했다. 독일에서는 자체적인 소프트웨어 시스템을 구축하기 위해 여러 대학이 2014년 협동조합을 설립했다. 그런데 독일은 아직 전국적으로 표준화된 대학관리 시스템이 구축되어 있지 않다. 수많은 시인과 철학가를 배출한 독일은 그 효율적인 시스템을 외면하는 바람에 국제사회에서 낙오될 위험에 처해 있다."

평생학습과 맞춤형 교육

의무교육만으로 저절로 생활의 질이 향상되고 경제가 발전하는 것은 아니다. 그런데 많은 나라가 자국의 의무교육 연한을 1년 혹은 2년 연장한다고 자랑스럽게 발표하고 있다. 의무교육 연한 증가가 교육의 질 향상을 의미하지는 않는다. OECD가 실시하는 국제학업성취도평가 결과도 이 사실을 증명한다.

에릭 하누셰크Eric Hanushek 스탠퍼드대학 교수와 루저 와이스만Ludger

Woessmann 뮌헨대학 교수는 '교육과 경제성장'의 상관관계를 연구해 놀라운 결과를 밝혀냈다. "사람들이 무엇을 배우는가가 중요하다. 그런데 요즘 정책들은 이 정보를 간소화하고 왜곡한다. 교육의 중요성을 인정하고 모든 사람이 학교에 진학해야 할 필요성을 증명하는 데만 열중할 뿐 무엇을 배워야 하는지는 간과하고 있다. (…) 젊은층 중 가장 기본적인 읽기 및 계산 능력을 갖춘 비율이 10퍼센트 이하인 나라가 많았다. 그런데 그들 나라의 진학률은 이보다 훨씬 높았다."

어떤 정치 모델을 택하든 교육은 경제발전에서 가장 중요한 일이다.

전 세계 거의 모든 정부가 교육 개혁을 거스를 수 없는 대세로 여기고 있다. 21세기는 인재 경쟁력이 결정적인 역할을 할 것이다. 많은 사람이 이 점에 공감하지만 실질적으로 행동에 옮기는 경우는 그리 많지 않다. 여느 개혁과 마찬가지로 교육 역시 혁신하려면 우선 기존의 것을 없애야 한다. 아쉽게도 각국 정부가 교육을 독점적으로 통제하기 위해 안간힘을 쓰는 바람에 교육비용은 더 높아지고 교육의 질은 더 낮아졌다.

사하라 사막 이남 국가의 순위를 보면 의료, 교육, 농업에 많이 투자하는 나라일수록 유엔에서 제정한 밀레니엄개발목표Millennium Development Goals에 근접해 있음을 알 수 있다. 밀레니엄개발목표란 2015년까지 극빈층 인구를 절반으로 줄이겠다는 계획을 말한다. 과거 수십 년 동안 실시된 아프리카 국가의 의무교육 확대 사업은 어느 정도 성과를 거두었다. 그러나 교사 훈련이 제대로 이루어지지 않고 있고 교육 과정 역시 오랫동안 변화 없이 정체 상태에 있다. 교실이 없어서 야외에서 수업을 하거나 교사가 부족해 많은 학생이 한 반에서 수업을 받는 나라도 여전히 많다. 사실 적잖은 개발도상국이 이와 비슷한 문제를 안고 있다. 경제발전을 위해서는 일정한 소질을 갖춘 인력이 필요하지만 교육은 매우 힘든 문제다. 농촌 지역의 경우 더욱 그렇다.

중국도 '서부대개발' 전략을 실시하던 초기에 이 문제에 부딪혔지만 그들 나름대로 훌륭한 방법을 찾아냈다.

좋은 학교에 진학하지 못하면 좋은 학교가 찾아온다.

이것은 청두의 도농교육자원평등화 사업이 내건 슬로건이다. 이 사업의 목표는 원격 교육 네트워크 구축 및 도시학교와 농촌학교 간 자매결연이다. 대표적으로 스스중학교와 바이마중학교白馬中學校는 도농 간 우수한 교육자원을 공유한 좋은 사례다.

청두 농촌 지역을 연구할 때, 우리는 하이난성 하이커우의 작은 마을을 방문한 적이 있다. 당시 우리는 차창 밖으로 보이는 현대화된 농촌 마을이 몇 년 전까지만 해도 지저분하고 가난한 빈민촌이었다는 사실이 믿어지지 않았다. 과거 그곳 사람들은 좁은 땅에 농사를 지어 근근이 생계를 유지했으나 지금은 새로 공장이 들어서는 바람에 일자리가 늘어났다. 이 작은 마을의 젊은 세대는 자신의 아버지 세대와 다른 삶을 살아갈 것이다. 마을의 학교에는 현대식 건물이 몇 동이나 들어섰다.

그 학교를 방문하자 학생들이 창가로 몰려나와 영어로 "Hello!", "How are you?"를 외치며 손을 흔들어주었다. 우리는 그 따뜻한 환대를 결코 잊지 못할 것이다. 가장 감명 깊었던 것은 학생들의 열정과 낙천성이었다. 농촌 지역 투자가 늘어난 것은 사실이지만 금융 자원은 여전히 부족했다. 이 학생들은 청두의 최고 명문 고등학교 교사들에게 동영상 교육을 받았는데 우리도 그 수업을 한 시간 동안 청강했다.

교실에 커다란 모니터가 걸려 있어 원격강의를 하는 교사들이 마치 한 교실에서 수업을 하고 있는 것 같았다. 교사와 학생은 쉽게 소통했고 학생들의 수업 태도도 매우 진지했다. 학생들은 자신의 부모세대에는 이런 일을 상상도 할 수 없었다는 사실을 알고 있는 듯했다. 수업이 끝난 후 두 여학생이 우리를 찾아와 유창한 영어로 학교 교지에 실릴 인터뷰를 해달라고 부탁했다.

그 학생들의 부모가 대부분 변변한 교육을 받지 못해 읽기나 쓰기 능력이 보통 수준 이하라는 사실을 알고 난 뒤, 우리는 그들이 더욱 대단하게 느껴졌다. 지금은 부모가 아무리 가난해도 학생들은 청두 시의 교육지원을 받아 공부를 할 수 있다. 청두의 모든 아이가 경제적인 이유로 교육받지 못하는 일이 없도록 하겠다는 것이 그 사업의 취지다.

교육과 코칭은 21세기 핵심 산업으로
세계 각국은 이를 두고 경쟁할 것이다.

교육 개혁은 대단한 경제적 기회를 창출할 전망이다. 〈포브스〉에 따르면, 획기적인 교육 기술은 '1조 달러 규모의 기회'를 만들어낼 것으로 보인다.[51] MIT 등이 온라인을 활용한 원격교육을 시작한 지 벌써 10년이 넘었다. 이 같은 무료 개방교육을 수강한 학생이 이미 연인원 1억 명을 돌파했고 여전히 매달 100만 명씩 늘어나고 있다.

유럽은 실업률이 증가하는 가운데(유럽연합의 실업률은 22개월 연속 상승했다) 훈련받은 우수한 기술 인력과 관리 인력이 IT산업의 수요를 충족시키지 못하는 난제를 안고 있다. 독일만 해도 엔지니어와 자연과학자가 5만 명이나 부족하다.

지금까지 독일은 교육의 문턱을 높여 독일로 유학가려는 많은 외국 학생을 거절해왔다. 그런데 최근 독일 정부는 외국 유학생을 적극 유치해 젊은층 인구 감소에 대응하겠다고 밝혔다. 독일은 전통적으로 엔지니어링 기술 분야에서 오랜 명성을 누리고 있고, 독일 대학에서 유학하는 중국인 유학생은 2만 4000명에 달한다. 이는 독일의 외국인 유학생 30만 명 중 8퍼센트에 해당하는 숫자다(독일에 거주하되 독일 국적을 취득하지 않은 사람들 포함). 독일은 외국인 유학생을 35만 명까지 늘리겠다는 목표를 세웠다.

미국은 여전히 세계 각국 유학생이 선호하는 나라로 외국인 유학생이 가장 많다. 미국에 유학 중인 중국 학생만 해도 25만 명에 달한다. 2012~2013년 미국 대학에 입학한 외국인 유학생은 사상 최대인 81만 9644명(대학, 대학원 포함)을 기록했다.[52] 이 가운데 장학금을 받는 학생은 그리 많지 않았고 그중 49퍼센트가 중국, 인도, 한국 유학생이었다.

한편 중국에서 공부하는 외국인 유학생 중에는 한국 학생이 약 6만 5000명으로 가장 많고 그다음이 미국(1만 8500명), 일본(1만 5000명) 순이다. 2014년 10월 영국문화협회의 발표에 따르면, 영국에서는 세계 200여 개국에서 온 50만 명의 유학생이 공부하고 있고 오직 영어를 공부하기 위해 영국에 온 학생도 60만 명에 이른다.[53]

스테판 작세는 우리에게 이렇게 말했다. "2013년 전 세계에서 인터넷 접속이 가능한 인구가 27억 명이었고 인터넷보급률은 연평균 16.1퍼센트씩 증가했다. 이 수치만으로도 사람들이 지식을 얻는 능력이 얼마나 발전했는지 알 수 있다. 그뿐 아니라 모바일 장치도 점점 편리해졌다. 중국에서 판매하는 100달러 이하의 스마트폰만 해도 10여 종에 이르고 가격도 점점 내려가고 있다."

GSV교육GSV Education에 따르면, 2013년 미국 대학생 중 68퍼센트가 스마트폰 혹은 태블릿PC가 학습 능률을 높여준다고 응답했고 38퍼센트가 태블릿PC를 소유하고 있었다. 이것은 전혀 놀랍지 않은 사실이다. 2011년 여름 미국 실리콘밸리의 애플 본사를 방문한 자페르 차을라얀Zafer Çağlayan 전 터키 경제장관은 "교육 사업 발전을 위해 향후 수년 내에 태블릿PC 1500만 대를 구입할 계획"이라고 밝혔다. 그는 2015년까지 터키의 모든 학생에게 태블릿PC를 한 대씩 보급하겠다는 원대한 목표를 세웠다.

교육 시스템 개혁이 시급하다고 말하는 사람은 많지만 현실적으로 교육은 실제 업무에 필요한 수요를 충족시키지 못하고 있다. 바로 여기에 경제적인 기회가 숨어 있다. 앞서 말한 다텐로첸도 이 기회를 잘 활용한 셈이다. 2012년 유럽에는 교육 분야 스타트업이 3000개 있었는데, 스타트업 DB 플랫폼인 크런치베이스Crunchbase에 등록한 기업이 2300개였고 이 중 대부분은 미국 기업이었다. 교사와 학생은 언제 어디서든 시간과 공간의 제약 없이 정보를 얻을 수 있으며 기존 관념을 완전히 뒤엎은 비즈니스 모델이 속속 탄생하고 있다.

브라질의 크로톤은 세계 최대 민간 교육업체로 2012년 순수입이 9억 8500만 달러였고 수익률도 매우 높았다. 1966년 설립된 이 기업은 벨루

오리존치에 본사가 있으며 유치원부터 대학원까지 다양한 수준의 교육을 제공한다. 크로톤의 학생은 약 52만 명이며 직원은 1만 5000명 정도다.

개성화된 교육인가, 천편일률적 교육인가?

디지털 기술 발달로 상품을 저렴한 가격에 대량 판매하는 것은 물론 맞춤형 생산도 가능해졌다. 한 예로 아이튠스에서는 한 가수의 앨범에 수록된 모든 곡이 아니라 자신이 원하는 곡을 선택해 자기만의 음악 목록을 만들 수 있다. 디지털화가 음반산업을 철저히 바꿔놓았듯 디지털화는 대학교육에 변화의 바람을 불러일으켰다. 수 세기 동안 이어져온 교육 시스템에 거대한 변혁이 일어나고 있는 것이다.

이 분야의 선구자는 대규모 개방형 네트워크 강좌로 동영상을 이용해 전 세계에 지식을 전파하는 무크MOOCs(Massive Open Online Courses, 개방형 온라인 강좌)다. 이제 온라인 세미나 덕분에 수백 명의 학생들이 한 강의실에 모여 앉아 강의를 들을 필요가 없다. 캘리포니아 무크 플랫폼을 이용하는 수강자는 500만 명에 달하는데 이는 독일 전체 대학생의 두 배에 이른다. 독일 포츠담직업학교의 온라인 수강생은 7만 5000명에 이른다.

가장 바쁘고 저명한 교수의 강의를 무료로 들을 수 있다는 것은 굉장히 매력적인 일이다. 2011년 서배스천 스런Sebastian Thrun 스탠퍼드대학 교수는 인공지능 관련 강좌를 온라인에 공개했는데 16만 명이 이 강좌를 수강했다.

더 놀라운 것은 이 강좌를 우수한 성적으로 졸업한 600명의 학생 중

스탠퍼드대학 학생은 단 한 명도 없었다는 사실이다. 그들은 대부분 신흥국 학생이었다. 온라인 강좌가 없었다면 이런 교육을 접할 기회조차 없었을 것이다. 그들이 사는 국가에는 대학이 매우 적고 그들에게는 해외유학비를 감당할 능력이 없었다.

무크는 단지 시작일 뿐 진정한 교육 개혁은 아직 이뤄지지 않았다. 비록 학생들의 출발점과 목표는 각기 다르지만 학습 방법은 모두 같다. 미래에는 대규모로 이뤄지는 일률적인 교육이 아니라 개개인에게 맞춘 개성적인 교육이 대세로 자리 잡고 푸크POOCs(Personalized Open Online Courses)가 무크를 대체할 전망이다.

가장 이상적인 것은 학생 개개인을 위한 맞춤형 교육을 제공하는 일이다. 이 방식에서는 표준화된 교과서에 얽매일 필요 없이 개인의 교육수준에 맞는 학습 자료를 추천해준다. 교사는 학생들의 학습 상황을 가끔 관리하고 감독하며 학생들이 게으름을 피우거나 너무 조급해할 경우 적절히 바로잡아준다. 학생 150명이 대형 강의실에서 강의를 들으면 이런 일은 불가능하다.

디지털 기술을 이용할 경우 과거 소규모 교육에서만 가능했던 방식으로 학생들을 가르칠 수 있다. 스마트 프로그램은 학생들의 실력과 학습 속도에 따라 진도를 조절하고 학생의 수요에 맞춰 개성적인 맞춤형 교육을 제공한다.

미국 온라인 교육업체 뉴튼은 학생들의 다양한 교육수준에 따라 학습 계획을 세워준다. 이 플랫폼을 이용하면 속도만 다를 뿐 누구나 자신의 목표를 달성할 수 있으며, 싫증을 내거나 과도한 부담감을 느끼지 않고 공부하는 것이 가능하다. 뉴욕의 교육 개혁 시범학교 뉴클래스룸New

Classroom에서는 매일 저녁 컴퓨터 시스템으로 학생 개개인에게 다음 날 학습할 내용을 보내준다. 그렇게 절약한 시간에 교사는 학생들을 더 세심하게 관리할 수 있다.

학생들에게 문제가 생기면 보스턴의 MIT 실험실이 문제 해결을 위해 적극 나선다. 이 프로그램은 학생의 노트북이나 스마트폰에 장착한 카메라 렌즈로 학생들이 수업에 집중하는지 확인하고 상황에 맞는 조치를 취한다. 한 예로 버클리에서 실시한 테스트에서 이 프로그램은 졸업생의 이메일을 분석해 일주일 만에 학생들의 졸업 작품 수준을 예측하는 데 성공했다.

글로벌 인재 경쟁은 유학 시스템과 교환 학생의 개념을 바꿔놓았다.

유럽 축구계는 미래의 글로벌 인재 경쟁을 예측하는 데 좋은 정보를 제공한다. 영국 프리미어리그 축구팀은 국적에 관계없이 세계 최고 선수들을 선발한다. 각 구단의 선발 요건에 결정적인 영향을 미치는 것은 선수의 경쟁력이다. 하지만 국가 간에 경쟁이 벌어지는 월드컵에서 가장 중요한 것은 국적이다. 월드컵 경기에서 선수들은 자국 팀에서만 뛸 수 있다.

스포츠계에는 선수의 리그 진출 자격을 좌우하는 기본 원칙이 존재하지 않는다. 특히 천재적인 운동선수는 일반적인 규범을 따르지 않는다. 최고 선수를 얻기 위한 경쟁에서는 대사관에 세운 테스팅 센터보다 혁신적 사고가 훨씬 더 중요하다. 외국 학생에게 자국의 교육기관을 개방하는 것은 문화를 발전하고 전파하는 방법일 뿐 아니라 경제적으로도 큰 수익을 거둘 기회다.

가르치는 것과 필요로 하는 것 ———————•

다텐로첸은 100여 개 대학과 교육기관에 디지털 기술을 이용한 교육 프로그램을 설계해주거나 혹은 자신들의 노하우를 제공한다. 우리는 다텐로첸의 CEO 스테판 작세에게 교육 시스템이 가르치는 내용과 실제 비즈니스 현장에서 업무에 필요한 지식이 동떨어져 있는 문제를 어떻게 생각하는지 물었다.

그는 이렇게 말했다. "학생들이 산업사회에 진출하는 방법이 한 가지만 존재하는 것은 아니다. 우수한 전문 인력이 턱없이 부족한 탓에 현재 각 업종마다 인재를 확보하기 위한 새로운 방법을 시도하고 있다. 그들이 이용하는 것은 바로 디지털 네트워킹이다. 각 기업은 디지털 네트워크로 학생이 등록하는 날부터 적극 지원하고 전공 선택에 대해서도 아낌없이 조언해준다."

이원 교육, 시너지 효과를 발휘하다.

신입사원을 선별하고 인증하는 강의 시스템을 구축하는 기업들도 있다. 일부 대학에서는 기업체의 의뢰를 받아 석사과정을 개설하고 있다. 대학이 콘텐츠 공급자로 변신하고 있는 것이다. 대표적인 사례가 바로 2009년 시작한 바덴뷔르템베르크 주의 이원적 직업교육 시스템인 듀얼아카데미다. 이곳은 전교생이 3만 4000명에 이르는 독일 최대 직업교육 기관이다. 현재 1만여 개 협력 기업이 자사 직원을 이곳에 보내 이원교육 기회를 제공하고 있다.

듀얼아카데미에 개설된 여러 가지 커리큘럼은 모두 실무에 필요한 지식을 가르치는 데 초점을 맞추고 있다. 학교와 기업이 수시로 의견을 교환하는 덕분에 졸업생은 대부분 비교적 빨리 취업한다.

듀얼아카데미는 여러 분교를 거느린 미국의 대학 시스템을 벤치마킹했다. 이곳 학생들은 네트워킹 기술로 제공하는 각종 기회를 최대한 활용하며, 자신들이 직접 학비를 벌면서 직업 계획을 세우는 새로운 방법을 모색할 수도 있다. 그뿐 아니라 자격 인증 방식이 보다 투명해지고 인증 범위도 더욱 넓어졌다. 학교는 자격 인증과 인증서 데이터베이스를 구축하고 관련 기관 및 기업은 정해진 절차를 통해 이 데이터베이스에 접근을 신청할 수 있다.

한편 학습은 사회화 과정이다. 온라인 대학은 인터넷을 통해 학생들을 하나로 연결하고 있다. 미국인과 중국인, 한국인과 브라질인이 스카이프나 페이스북, 트위터 같은 소셜네트워크로 언제든 서로 도움을 주고받을 수 있다. 전 세계 어디서든 누군가가 인터넷에 접속해 있으면 질문에 답해줄 수도 있다. 그 어떤 대학도 이런 서비스를 제공하지는 못한다. 학생들끼리 서로 평가하는 방식도 교수가 학생을 평가하는 방식과 놀라우리만치 그 결과가 일치하며, 학생들의 적극적인 참여를 유도할 수 있다는 장점도 있다.

대학은 반드시 교육 디지털화 전략을 수립해야 한다. 정치인은 데이터를 안전하게 보호할 방법을 마련하고 중고등 교육의 수요에 맞게 법률을 새롭게 개정해야 한다. 이제 교육 관련 투자는 많은 학생을 가르치는 일이 아니라 학생 개개인의 수요에 맞는 맞춤형 교육을 실시하는 데 중점을 두어야 한다.

5장

_____ 도시의 시대

Global Game Change

How the Global Southern Belt Will Reshape Our World

200년 전에는 세계 인구의 2퍼센트만이 도시에 거주했다. 제1차 세계 대전이 끝난 뒤에는 이 비율이 16퍼센트까지 상승했다. 그런데 지금은 전체 인구의 절반 이상이 도시에서 생활하고 있다. 향후 20년 안에 전 세계 도시 인구 비율은 약 70퍼센트까지 증가할 것이다.

예로부터 도시는 권력의 중심이자 변혁의 발원지였다. 자연계의 모든 사물처럼 도시 역시 탄생하기도 하고 사망하기도 한다. 도시의 쇠락은 매우 더디게 이뤄진다. 한때 유럽의 교육 중심지이자 출판 도시이던 독일의 라이프치히처럼 말이다. 라이프치히대학은 무려 1409년에 설립됐다. 미국 자동차산업의 중심지이던 디트로이트처럼 한순간에 무너지는 도시도 있다. 디트로이트는 제너럴모터스 파산과 함께 순식간에 나락으로 떨어졌고 시 정부도 2013년 파산을 선언했다.

역사를 돌이켜보면 정치, 경제, 문화, 사회 발전에 중요한 역할을 수행한 도시가 아주 많다. 그중 일부만 살펴보면 아테네, 로마, 알렉산드리아,

뤄양, 페샤와르, 페르가몬, 카이펑, 앙코르와트, 바그다드, 베이징, 파리, 항저우, 런던, 베네치아, 뉴욕, 빈, 도쿄, 뭄바이, 이스탄불, 상하이 등이 있다.

도시는 문명의 발상을 주도한다. 메소포타미아가 그러했고 페니키아와 그리스도 마찬가지였다. 로마는 도시에서 세계적인 제국으로 성장했으며 중앙아메리카의 마야 문명과 라틴아메리카의 아스텍 문명도 도시에 의존해 문화를 꽃피웠다. 또 암흑시대에 피렌체, 베네치아, 피사, 제노바는 모두 해상 공화국으로 이름을 떨쳤다.

도시는 정치, 경제, 문화 혁신 및 쇠퇴의 근원지다.

바스티유 감옥 습격은 프랑스혁명의 시발점이었고, 마틴 루서 킹Martin Luther King은 워싱턴DC 링컨기념관 앞 시위에서 그 유명한 '내게는 꿈이 있다'라는 연설을 했다. 대도시는 각종 행정기구의 중심지일 뿐 아니라 경제나 정치에 대해 불만을 털어놓는 민중의 주요 무대이기도 하다. 1989년 라이프치히의 아우구스투스 광장과 베를린의 알렉산더 광장, 프라하의 바츨라프 광장에서 역사적인 시위가 벌어졌고 이 시위 물결은 마침내 유럽의 정치 판도를 바꾸어놓았다.

2009년 100만 명 이상이 테헤란의 아자디 광장에 모여 마흐무드 아흐마디네자드Mahmoud Ahmadinejad 이란 대통령에게 반대하는 시위를 벌였다. 2011년에는 50만 명이 카이로의 타흐리르 광장에 운집해 시위를 벌였는데, 이 시위를 계기로 호스니 무바라크Hosni Mubarak 이집트 대통령이 하야했다. 2013년에는 우크라이나 정부가 유럽연합과의 협상을 거절하자 20만 명이 넘는 군중이 키예프독립광장에 모여 항의 시위를 벌였다. 이에 비하면 2011년 뉴욕 맨해튼의 주코티공원에 2000명이 모여 금융계가 월가를 장악한 데 반대하며 벌인 항의 시위는 보잘것없는 규모다.

역사상 최고의 인구 이동

세계의 정치, 경제, 사회, 문화는 도시의 내부나 도시와 도시 사이에서 발전하고 있다. 유엔의 통계에 따르면, 2050년 세계 인구는 약 91억 명까지 증가하고 이 중 도시 거주 인구가 63억 명에 달할 것으로 예상된다. 새로 증가하는 인구는 대부분 도시 거주 인구라는 이야기다.[1]

비교적 발전한 지역에서는 도시 인구 비율이 86퍼센트에 이르고 낙후된 지역에서도 이 비율이 64퍼센트까지 상승할 수 있다. 전 세계 도시 인구 비율은 67퍼센트에 달할 것이다. 따라서 새로 증가하는 인구 중 대부분은 개발도상국 도시에서 증가할 것이다.[2] 2025년이면 중국 도시 인구 중 아동 인구가 지금보다 700만 명 정도 늘어나지만 중국 전체 아동 인구는 지금보다 줄어들 것이다.[3]

발달한 지역이든 낙후된 지역이든 도시화는 계속 진행된다. 아시아의 도시 인구는 14억 명, 라틴아메리카와 카리브 해 인구는 2억 명, 아프리카 인구는 9억 명이 증가할 전망이다. 세계은행은 전 세계 도시화율을 51퍼센트(2011년), 연평균 도시화율은 1.97퍼센트(2010~2015년)로 추산하고 있다. 말리, 말라위, 니제르 등 아프리카 국가의 도시화율은 연평균 5퍼센트에 이르고 심지어 부르키나파소의 도시화율은 연평균 6퍼센트가 넘는다.

대개방시대로 접어들면서 이제 경쟁은 국가 간이 아니라 도시와 도시 간에 벌어지고 있다. 기업가들은 새로운 소비시장과 최고의 비즈니스 기회, 가장 우수한 인프라, 고급 노동력, 서비스 지향적인 정부를 찾으려고 한다. 분업 생산이 심화하면서 블루칼라 업종은 점점 줄어들고 있다. 결국 미래의 도시는 낮은 임금이 아니라 하이테크 기술로 경쟁하고 어느 도시의 환경이 혁신에 더 유리한지, 어떤 업종이 다음 혁명에 더 도움이 될지 서로 비교할 것이다.

도시는 전 세계 GDP의 80퍼센트를 창출한다.

맥킨지글로벌연구소는 전 세계 GDP의 60퍼센트를 창출하는 600개 도시를 열거했다.[4] 실제로 도시는 전 세계 GDP의 80퍼센트를 창출하고 있다. 이 보고서는 2025년에도 GDP 상위 600개 도시가 전 세계 GDP의 60퍼센트를 창출하겠지만 이들 600개 도시의 명단에 큰 변화가 생길 것이라고 전망했다.

2025년이면 신흥경제국 중 연간 가처분소득이 2만 달러 이상인 가구가 4억 3500만 가구로 늘어나 선진국을 10퍼센트가량 추월할 것으로 보인다. 특히 글로벌 서던벨트에 속하는 국가의 발전 속도가 포화시장을 크게 앞지르고 경제성장률이 높은 도시들이 소득증가세를 주도할 가능성이 크다. 인구가 다원화하고 중산층 인구가 늘어날수록 도시 경쟁력도 크게 증가할 전망이다.

맥킨지글로벌연구소가 발표한 새로운 상위 600대 도시 명단에 중국의 많은 도시가 포함될 가능성이 큰데, 이는 그리 이상한 일이 아니다. 요즘에도 많은 방문자가 중국 도시의 변화와 고속성장에 놀라움을 금치 못하고 있다. 그중에는 청두, 충칭, 항저우, 톈진, 하얼빈, 우한은 물론 서방인이 이름조차 들어본 적 없는 도시도 많다.

현재 중국 내에서는 사상 최대 규모의 도시화가 진행되고 있다. 2020년이면 최소 1억 명의 농촌 인구가 도시 인구로 바뀔 것으로 보인다. 30년 전 중국의 도시 인구는 전체 인구의 20퍼센트에 불과했지만, 지금은 그 비율이 50퍼센트를 넘어섰다. 옥스퍼드이코노믹스에 따르면, 향후 16년 내에 중국 도시가 전 세계 대도시 중 가장 크게 확장될 것으로 예상된다. 2030년이면 중국의 아홉 개 도시가 세계 대도시의 대열에 오르고, 유럽의 여덟 개 도시는 이 리스트에서 탈락할 것이다. 2013년 상하이의 GDP가 전년 대비 7.7퍼센트 증가한 3539억 달러를 기록했다.[5] 같은 기간 선전의 GDP는 10.5퍼센트 증가한 2370억 달러였고 대외무역액은 5370억 달러까지 증가했다.[6]

라틴아메리카가 도시화에 앞장서고 있다.

2014년 7월 브릭스 정상회담 기간 동안 중국과 라틴아메리카 각국에서 도시화 협력을 주요 의제로 한 포럼이 열렸다. 인구의 약 80퍼센트가 도시에 거주하는 라틴아메리카 각국은 도시의 지속가능한 발전을 실현하고 경제발전과 환경보호 사이에서 최고의 균형점을 찾는 일이 시급했다.

맥킨지글로벌연구소는 라틴아메리카 도시를 라틴아메리카 성장의 핵심 요소로 꼽았다.[7] 라틴아메리카의 198개 대도시(인구 20만 이상)에 2억 6000만 인구가 거주하고 있고 이들이 경제성장에 기여하는 비율은 65퍼센트에 이른다. 2025년이면 이들 도시의 인구가 3억 1500만 명까지 증가하고 1인당 GDP는 2만 3000달러까지 늘어날 것으로 예상된다. 이 과정에서 라틴아메리카의 미래 투자와 지속가능한 발전을 실현하려면 젊은 인구에게 충분한 일자리를 공급해야 한다. 이를 위해 라틴아메리카 각국 정부는 과감한 개혁으로 창업에 유리한 환경을 조성해야 하는데, 이때 도시가 결정적 역할을 할 전망이다.

맥킨지글로벌연구소가 내놓은 도시 명단 상위 25개 가운데 16개가 중국 도시다. 네 개는 다른 아시아 도시이고 그 나머지는 미국 도시 두 개, 유럽 도시 두 개, 라틴아메리카 도시 한 개다. 미국의 도시 건설은 각 분야에서 여타 국가들보다 월등히 뛰어나지만 지금은 뉴욕만이 그 명성을 이어가고 있다. 물론 미국에서도 도시의 중심은 여전히 발전과 성장의 엔진 역할을 하고 있다.

에드워드 글레이저Edward Glaeser 하버드대학 교수는 미국산 제품의 18퍼센트를 3대 도시에서 생산한다고 밝혔다.[8] 마찬가지로 런던의 생산력도 영국의 다른 지역보다 50퍼센트나 높다. 글레이저는 경제학의 '집적화agglomeration'를 언급하며 인구가 조밀한 지역에서 사람과 기업이 더 창의적이고 생산력도 높은 이유를 설명했다.

그는 상대적으로 집중화한 지역 내에서 상품과 서비스, 사상이 자유롭게 이동할 때 여러 가지 역량을 동시에 발휘할 수 있다고 말했다. "도시의 생산력은 놀라울 정도이며 인류의 가장 소중한 자산을 널리 확대한다. 그것은 바로 우리가 주변 사람들에게 배울 수 있다는 점이다."

미국 인구의 80퍼센트가 도시에서 살고 유럽은 도시 인구가 전체 인구의 60퍼센트에 달한다. 미국 도시 인구의 평균소득은 농촌 및 소도시 인구보다 35퍼센트 많고, 유럽에서도 농촌 인구의 평균소득은 도시 인구보다 30퍼센트 적다. 맥킨지글로벌연구소는 2025년 전 세계 도시 GDP 순위에서 뉴욕이 도쿄에 이어 2위를 차지할 것이라고 예상했다.[9]

옥스퍼드이코노믹스는 다음과 같이 예측하고 있다. "2030년 중국의 아홉 개 도시가 전 세계 50대 도시 안에 들고, 유럽의 여덟 개 도시가 이 순위에서 탈락할 것으로 보인다. 또한 톈진, 베이징, 광저우, 선전, 쑤저우 등 중국 도시가 GDP 증가율이 가장 높은 10대 도시 중 일곱 개를 차지할 것이다."[10]

우리는 청두, 우한, 항저우 등 중국에서는 매우 중요하지만 서방인에게는 낯선 도시에 주목할 것을 강력히 권한다. 우한은 2018년 세계 최고 높이의 건물을 완공할 예정이다. 이 건물이 완공될 경우 세계 언론의 이목이 우한으로 집중될 전망이다. 고도 1000미터로 설계된 우한피닉스타워가 완공되면 세계 최고 높이의 건축물이자 새로운 생태계의 기준으로 우뚝 설 가능성이 크다.

도시화가 가장 더딘 국가

인도의 도시화는 매우 더디게 이뤄지고 있다. 특히 농촌 지역이 다른 신흥경제제국에 비해 낙후돼 있다. 맥킨지글로벌연구소는 2030년 인도 인구 중 5억 9000만 명이 도시에 거주할 것이라고 전망했다.[11] 하지만 이 예측이 실현되려면 최소한 7~9억 평방미터 면적의 상업 및 주거 시설을 건설해야 한다. 이는 해마다 시카고만 한 도시를 하나씩 건설해야 한다는 뜻이다. 이밖에도 25억 평방미터의 도로를 건설해야 한다. 막중한 책임을 짊어진 모디 총리와 그의 정당은 인프라 건설에 필요한 조건을 마련하기 위해 온갖 노력을 기울여야 한다.

맥킨지글로벌 연구소는 인도의 미래를 낙관하지 않았다. "모디 정부가 과감한 개혁을 추진할지라도 인도 경제는 연성장률 7~8퍼센트 수준을 회복하기 힘들 것이다. 해결해야 할 문제가 모두 복잡하게 얽혀 뿌리 깊게 박혀 있기 때문이다." 모디 총리는 관리주의, 부패, 카스트제도, 교육 및 인프라 부족 등 여러 가지 문제를 해결하는 과정에서 맞닥뜨릴 어려움도 과소평가하지 않아야 한다.

인도의 NGO 단체 자나그라하Janaagraha에 따르면, 인도의 도시는 전 세계를 휩쓰는 도시화 물결에 부응할 만한 자금과 전문성이 부족하다(다른 신흥경제국에 비해 인도의 도시화 속도가 결코 빠른 것도 아니다).[12] 이 단체는 모두를 놀라게 할 만한 도시평가순위를 발표했다. 이 순위에서 1위를 차지한 곳은 도시화 수준이 가장 낮기로 유명한 캘커타이고, 인도에서 가장 완벽하게 계획된 도시로 인정받는 찬디가르는 꼴찌를 했다. 이 순위는 도시의 수용 능력 및 자원, 도시 계획 및 설계, 정부의 투명도, 문책제도 및 대중의 정치 참여도, 합법적인 정치 대표의 권력의 크기 등 네 가지 평가항목에 따라 결정됐다.[13]

맥킨지글로벌연구소는 기업들에게 인도의 여러 지역에 진출하되, 특히 도시 클러스터에 주목할 것을 건의했다. 이 연구소는 49개 도시 클러스터가 "2012~2015년 인도의 GDP 증가분 중 77퍼센트를 창출하고 소비의 72퍼센트, 소득의 73퍼센트를 담당할 것"이라고 전망했다.[14]

인도의 건축가 찰스 코레아Charles Correa는 다음과 같이 말했다. "도시에도 도시의 문제가 있긴 하지만 일단 도시에서 생활해보고 도시화가 선사하는 편리함을 경험해본 사람은 다시 농촌생활로 돌아갈 수 없다. (…) 사실 도시가 아무리 지저분해도 대개는 도시에서 사는 것이 더 행복하다. 100년 전 간디는 농촌이 중요하다고 말했다. 그 시대에는 그것이 옳은 말이었지만 오늘날에는 도시가 더 중요하다. 사람들은 보다 자유로운 삶에 대한 희망을 도시에 걸고 있다. 도시는 인도의 가장 큰 재산이다. 도시는 문제가 아니라 해답이다."[15]

국가는 지고 도시가 뜬다

세계경제의 판도 변혁에서 특히 주목을 받는 것은 국가 단위였던 과거의 구도가 도시 단위 구도로 전환되고 있다는 점이다. 이제 마이클 블룸버그Michael Blumberg 전 뉴욕 시장이 했던 다음의 말에 주목하는 사람이 점점 늘어나고 있다. "내게는 뉴욕시경찰국NYPD이라는 나만의 군대가 있고 휘하에 국무부도 있다. 워싱턴(중앙정부)에서는 이 점을 못마땅하게 여기고 있다. 뉴욕에는 세계 각지에서 온 수많은 사람이 있고 여기에서 벌어지는 그 어떤 문제에서도 자유로울 수 없다."

미국 정부가 이 점을 싫어하면 어떻게 할 것인가라는 질문에 그는 "나는 워싱턴의 말에 순종하지 않을 것이다"라고 대답했다. 또한 "뉴욕 시정부가 중앙정부의 하위이긴 해도 진정 중요한 행동은 모두 도시 차원에서 이뤄진다"라고 말했다.

벤저민 바버Benjamin Barber 메릴랜드대학 교수는 자신의 책《뜨는 도시 지는 국가If Mayors Ruled The World》에서 "현재의 도시 협력 네트워크를 확장해 대도시 간의 협력을 강화함으로써 국가 간 협력으로는 불가능한 사업을 성사시킬 수 있다"라고 말했다.[16]

현재 각국 정부는 비대한 몸집 때문에 세계무대에서 적극적으로 경쟁에 참여하지 못하고 있다. 정부의 정책 결정 과정이 너무 복잡하고 번거로워 국제 협력이라는 필수적인 일을 순조롭게 진행하지 못하는 것이다. 반면 도시의 지도자들은 실무를 우선시하고 이데올로기 문제에 덜 민감하다. 현재 계속 구축 중인 글로벌 도시 네트워크는 국제기구가 해결할 수 없는 세계적인 문제를 해결할 전망이다.

도시는 개혁을 호소하는 대규모 항의 시위의 주된 무대이기도 하다. 존 로산트John Rossant 뉴시티재단 이사장은 이렇게 말했다. "본질적으로 이런 시위는 위대한 도시 드라마이며 그 주인공은 도시와 도시 공간이다. 이 사회적 혼란은 진정한 도시의 시대에는 정치의 주요 무대가 도시이고 주요 의제도 도시라는 사실을 알려주는 경종과도 같다."

사회의 경제 관리

바버는 21세기의 도전과 세계적인 전염병, 범죄, 테러주의 등의 문제에 대응하는 가장 희망적인 방법으로 글로벌 도시 네트워크를 통한 '글로벌 시장의회'(시장의회라는 명칭은 멋지지만 세계 각국의 대도시가 협력을 강화하고 동맹을 확대하지 않으면 실현하기 어렵다) 설립을 꼽았다.

브루스 카츠Bruce Katz와 제니퍼 브래들리Jennifer Bradley는 자신들의 책《대도시 혁명*The Metropolitan Revolution*》에서 미국의 경기부양 문제를 논하며 도시에 희망을 걸었다.[17] 그들은 미국 도시와 대도시는 "산산조각 난 경제 시스템을 복구하고 있지만 연방정부와 다른 주의 입법기관은 경쟁의 늪에 빠져 아무것도 하지 못하고 있다"라고 말했다.

〈파이낸셜타임스〉 칼럼니스트 에드워드 루스Edward Luce도 이런 논조의 글을 내놓았다. 그는 "미국 연방정부가 거의 마비 상태에 놓인 지금 도시가 미래의 희망이다. 미국 각지에서 성장하는 도시 지도자들은 자기만의 전략을 추진하고 있다."[18] 그는 미국 연방정부와 각 주정부를 거의 마비시킨 정치적 경색 국면을 비난하며 "21세기 미국의 가장 중요한 변화는 도시에서 나타나고 가장 재미있는 정치 활동도 도시에서 활발하게 전개될 것"이라고 말했다. 또한 그는 미국 정부의 역할이 점점 줄어들고 있다는 브루스 카츠 브루킹스연구소 부소장의 말을 인용하는 한편, 도시의 경제활동 참여도가 늘어났음을 지적했다.

하이테크 산업단지는 통상 교외에 짓지만 인재를 따라 자본이 도시로 들어오고 있다. 핀터레스트, 트위터, 징가 모두 실리콘밸리가 아닌 샌프란시스코에 본사를 두고 있다. P. D. 스미스P. D. Smith는 자신의 책《도시의 탄생*City*》에서 사람들을 도시로 불러들이는 것은 열정적인 도시 생활과 도시가 제공하는 협력 기회이며 도시로 모여드는 사람들이 도시를 "예술, 상업, 과학, 진보의 발원지"로 만들고 있다고 했다.[19]

많은 학자가 이 관점에 동의하고 있으며 오늘날 수많은 사람이 이런 생활을 경험하고 있다. 짐 오닐 전 골드만삭스 회장도 "세계에서 경제적으로 가장 성공한 국가들을 보면 많은 도시가 결정적인 역할을 했음을 알 수 있다. 그런 도시는 재정 및 정책 결정에서 비교적 독립적이었다. 중국, 독일, 미국이 전형적인 예다"라고 말했다.

농축된 에너지

〈이코노미스트〉 기자인 리안 아벤트Ryan Avent의 주장은 매우 명확하다. "도시는 사상이 부화하는 곳이자 전파지이며 경제성장의 엔진이다. 도시에도 골치 아픈 문제가 있다. 하지만 도시는 붐비기 때문에 비로소 도시인 것이다. 단순히 경제성장과 일자리 창출만 놓고 보면 도시는 붐빌수록 좋다."[20]

기술 수준이 같은 노동자도 인구밀도가 높은 도시에서 일할 때 생산력이 높게 나타난다. 인구밀도가 높으면 당연히 협력에 유리하다. 그는 간단한 예로 식당 모델을 제시했다. 백 명 중 한 명이 베트남 음식을 선호하고 베트남 음식점 한 곳이 수익을 내려면 천 명의 잠재고객이 있어야 한다고 가정해보자. 이 경우 인구가 만 명인 도시에서는 베트남 음식점을 개업할 수 없지만 인구가 백만 명인 도시에서는 개업이 가능하다.

결국 대도시에 사는 사람은 소도시에 사는 사람이 먹기 힘든 음식을 더 쉽게 먹고, 똑같은 종류의 음식도 다양한 식당에서 맛볼 수 있다. 또 음식점들끼리 경쟁을 하므로 더 맛있는 음식을 보다 낮은 가격에 먹는 혜택도 누린다. 베트남 음식점이 하나뿐인 인구 10만 명의 도시와 베트남 음식점을 개업할 수 없는 인구 1만 명의 도시를 비교하면, 인구 100만 명의 도시에 있는 음식점의 음식이 더 맛있고 생산력도 높으며 미시경제에 대한 영향력도 더 크다.

물론 인재가 부족하면 아무리 인구밀도가 높아도 소용이 없다. 아벤트에 따르면, 인구밀도는 마술이 아니라 상호 협력을 촉진하는 한 가지 요인일 뿐이다. 인구밀도와 인재를 포함한 각종 요소의 혼합물이 클수록 생산력 진보와 경제발전을 더 빠르게 촉진할 수 있다.

전 세계에서 성장이 가장 빠르고 혁신이 두드러진 지역을 살펴보면 공유제와 사유제가 함께 발전하고 대내외 협력이 기적을 일으켰음을 알 수 있다. 그들은 국가가 아니라 '준국가'이며 쉽게 말하면 '경제특구'다.[21]

오늘날 많은 도시가 경제특구 모델 아래 발전하고 있다. 가령 중국은 개혁개방 초기에 네 개 경제특구를 지정했다. 이 중 선전은 면적 126평방킬로미터의 작은 어촌 마을에서 중국에서 가장 부유한 대도시로 변모했다. 1986년 전 세계 46개국에서 179개의 경제특구가 생겨났으며, 2013년에는 135개국에서 총 3000개로 늘어났다. 라틴아메리카의 최대 경제특구는 200만 인구가 사는 브라질의 마나우스다. 아랍 세계에만 300개의 경제특구가 있고 그중 절반은 세계 최대 규모이자 최고 효율의 항구인 제벨 알리 자유무역지구처럼 두바이에 위치해 있다.

파라그 카나Parag Khanna 뉴아메리카재단 선임연구원은 워싱턴의 말을 듣지 않을 것이라는 블룸버그의 발언을 인용하며 "하지만 워싱턴은 그의 말을 들어야 할 것이다. 세계 다른 지역의 시장들도 이렇게 위풍당당하며 현재 각국 지도자 중 최소 여덟 명은 시장 출신이다"라고 덧붙였다. 미국 시사지 〈디애틀랜틱 *The Atlantic*〉은 이 같은 현실을 꼬집었다. "세계 각국의 대선에서 새로운 현상이 나타나고 있다. 시장이 국가지도자로 선출되는 일이 점점 늘어나고 있는 것이다. 글로벌 문제 처리에서도 그들의 주장이 점점 영향력을 얻고 있다."[22]

물론 모든 시장이 튈 시장 출신 프랑수아 올랑드 대통령이나 테헤란 시장 출신 마흐무드 아흐마디네자드 전 이라크 대통령처럼 화려하게 성공하는 것은 아니다. 중국에도 공무원이 실적에 따라 승진하는 전통이 있고, 시장이나 시위원회 서기로 시작해 성급 고위 공무원으로 승진했다가 중앙정치국 위원이 되는 사람도 많다.

도시 경쟁력 강화

람 이매뉴얼Rahm Emanuel 시카고 시장은 활발한 행보로 특히 주목을 받고 있다. 2013년 12월, 그는 경제협력을 모색하기 위해 중국을 방문했는데 이는 두 달 사이 두 번째 해외 방문이었다. 당시 그의 해외 방문 비용은 시카고경제발전국에서 부담했고 시카고에 본사를 둔 캐터필러, 모토로라솔루션스, 하얏트인터내셔널 등의 기업 대표가 그와 동행했다. 이매뉴얼은 "이번 방문의 목적은 관광, 비즈니스, 물류에 강한 시카고의 지위를 탄탄히 다지는 한편, 시카고를 전 세계에서 중국에 가장 우호적인 도시로 만들겠다는 현 시정부의 의지를 천명하는 데 있다"라고 말했다.

이 말은 결코 허울뿐인 립서비스가 아니었다. 이매뉴얼이 베이징을 방문한 기간 동안 여덟 개 중국 도시가 시카고와 경제협력을 체결했다. 가오후청 중국 상무부장은 "우리는 중국 도시와 시카고의 협력이 무역구조를 바꿔놓길 기대한다. 즉 콩·면화 무역뿐 아니라 제조업·IT·신재생 에너지·의료 등 다양한 분야로 협력이 확대되기를 기대한다"라고 말했다. 그는 또한 "2013년 미·중 무역액이 5000억 달러를 돌파할 것"이라고 했다. 중국 개혁개방 초기인 1979년 미·중 양국 간 무역액은 24억 5000만 달러였다.

시카고 시장은 중국을 방문하기 한 달 전인 2013년 11월 멕시코를 방문한 바 있다. 시카고 인구 중 멕시코계는 150만 명으로 로스앤젤레스 다음으로 멕시코계가 많이 살고 있는 곳이 시카고다. 이매뉴얼은 1991년 시카고와 우호도시협정을 맺은 멕시코시티를 방문해 미겔 앙헬 만세라Miguel Angel Mancera 멕시코시티 시장과 경제협약을 체결하고 무역 및 투자 전략을 확대하는 한편 무역 및 산업 전문화, 과학연구기관 설립 및 교류를 촉진하기로 합의했다. 2013년 멕시코시티 시정부는 민간 부문의 혁신기금을 2012년의 1억 5000만 달러에서 2억 3000만 달러로 크게 늘렸다. 민간 부문이든 공공경제든 IT 기술 발전을 위해서는 막대한 자금 지원이 필수적이기 때문이다.

2012년 멕시코의 몬테레이에서 세계클러스터경쟁력총회TCI가 열렸다. 세계클러스터경쟁력총회는 클러스터와 혁신 분야의 전략적 협력에 집중하고 라틴아메리카 도시들의 클러스터를 지원하기로 결정했다. 몬테레이는 경제 변혁의 성공적인 본보기로 현재 멕시코의 클러스터와 상업 발전의 중심 도시로 도약했다.

세계경제에서 점점 중요한 역할을 하고 있는 아프리카도 새롭게 얻은 위상을 탄탄히 다지려면 도시 경쟁력 강화가 필수적이다. 모잠비크의 마푸토에서 열린 제5회 범아프리카경쟁력포럼Pan African Competitiveness

Forum의 주요 의제는 "아프리카 산업 발전을 촉진할 혁신 클러스터와 혁신 시스템"이었다. 이 포럼은 아프리카연합과 세계클러스터경쟁력총회의 지원으로 2008년 에티오피아 아디스아바바에서 창립됐다. 2014년 8월, 탄자니아에서 열린 제6회 포럼에서는 클러스터를 기반으로 한 통합과 아프리카 국가 간 무역 활성화로 아프리카 사회 및 경제 발전을 도모할 방법을 모색했다.

시너지 효과를 주도하는 힘 ───────────────●

도시 간 연합은 보통 자매결연 사업으로 출발한다. 자매결연은 본래 경제협력에 중점을 둔 것이 아니지만 여러 국가의 도시가 서로 방문하면서 일부는 장기적인 협력관계를 맺었다. 중국에도 일찍부터 도시 연합을 체결한 도시가 많다.

여름철의 높은 기온 때문에 충칭, 난징과 함께 중국 양쯔 강 유역의 '3대 화로'로 불리는 우한은 개혁개방 초기인 1979년부터 자매결연 사업을 시작했다. 우한은 자매결연의 손을 내민 여러 도시 가운데 일본 규슈의 인구 최대 도시인 오이타를 선택했다. 1937년부터 1945년까지만 해도 일본은 중국의 가장 큰 적대국이었다. 1970년대에 오이타는 주요 전자제품 생산기지로 성장했고 도시바, 캐논 등이 이곳에 공장을 설립했다. 당시 개혁개방 초기 단계에 있던 중국은 신기술산업을 주력 산업으로 육성하고 있었다.

우한은 역사적 은원 관계를 떠나 여러 도시와 적극적인 자매결연을 맺고 상대방 경험을 흡수했다. 몇 년 뒤인 1982년 우한은 독일 뒤스부르크와 협력관계를 체결했는데 당시 철강 제조업은 매우 중요한 산업이었다. 우한은 뒤스부르크와 협력관계를 체결한 덕분에 독일의 우수한 엔지니어를 초빙해 냉연공장을 세울 수 있었다. 그 후 우한은 유럽, 미국, 아시아, 아프리카 등지의 18개 도시와 협력관계를 맺었다.

도시가 발전하기 위해서는 수많은 난관을 극복해야 한다. 산업 전략 수립, 외자 유치, 학교 설립, 숙련 노동력 확보, 시민 소득 증대, 쾌적한 생활환경 조성 등 쉽지 않은 문제가 많다. 하지만 오늘날 투자, 비즈니스 기회, 인재를 얻기 위한 글로벌 협력과 경쟁은 점점 국제 관계에서 도시 간 관계로 이동하고 있다. 중국 청두가 코스타리카 산호세와 직접 교류하고 있지만 중국과 코스타리카의 관계에는 아무런 영향이 없다는 사실도 이 점을 증명한다.

전략 시범 시행의 중심

리커창 총리는 도시화가 중국 경제와 사회 개혁의 핵심이라고 단언했다. 향후 10년간 중국 인구 1억 명이 농촌을 떠나 도시로 이주할 것으로 보이는데 이는 놀라운 변혁이다. 20년 전 중국의 도시 인구는 전체 인구의 20퍼센트에 불과했다.

중국은 도시 클러스터를 건립하고 협력을 강화함으로써 경쟁력을 끌어올릴 계획이다. 이 과정에서 중요한 두 가지 원칙이 바로 분권화와 글로벌화다. 맥킨지글로벌연구소는 중국을 22개 도시 클러스터로 나누었는데, 이들은 모두 각기 다른 특색과 강점을 지니고 있다. 이들 도시 클러스터의 비약적인 성장은 또다시 세계인을 놀라게 하고 있다. 산시, 간쑤, 칭하이, 충칭, 신장 등 서부의 12개 성과 구 및 시의 발전을 위한 서부대개발 전략에 힘입어 빈곤하고 낙후됐던 지역이 빠르게 발전하고 있다.[23]

우리는 2011년 《중국의 혁신》을 출간했다. 판다로 유명한 청두는 투자 유치, 일자리 창출, 도시 발전 촉진은 물론 쾌적한 생활환경 조성에서도 눈부신 성과를 거두었다. 미국 컴퓨터회사 델이 2010~2020년 청두에 투자하기로 한 금액만 해도 1000억 달러에 달한다.

중국의 기준으로 볼 때 쑤이닝은 작은 도시다. 그런데 이 작은 도시가 현재 성장의 고속열차에 올라탔다. 2013년 우리가 방문했을 때 쑤이닝에는 초대형 물류단지 건설이 한창 진행 중이었다. 〈쑤이닝일보遂寧日報〉에 따르면, 이 프로젝트에 총 60억 위안을 투자할 예정이다. 중요한 것은 중국에서 개혁의 정책 목표를 수립하는 것은 중앙정부이지만 이 정책을 실제로 시행하는 것은 지방정부라는 사실이다.

가령 한 자녀 정책을 완화하기 위한 구체적인 방법은 중앙정부가 아니라 각 성, 자치구, 직할시 등이 각자 수립하고 시행한다. 일부 지방정부는 다른 지방보다 훨씬 더 좋은 성과를 거두고 있다. 마찬가지로 중국 공산당 제18기 중앙위원회 제3차 전체회의(이하 '18기 3중전회')에서 결정한 일련의 개혁 조치도 구체적인 시행 방법은 지방정부가 결정하고 실천에 옮긴다.

중국에는 수천 개의 도시가 있고 각 도시마다 개혁 성과가 천차만별이지만 이것은 그리 이상한 일이 아니다. 광둥성 중부의 인구 700만 도시

포산은 오랫동안 다양한 경제 개혁 조치를 적극 추진해왔다. 덕분에 포산 경제는 눈부신 성과를 거두었고 18기 3중전회에서 결정한 새로운 개혁 정책에 적극 호응하고 있다.

〈이코노미스트〉는 포산을 중국 경제발전 모델의 대표 도시로 선정하기도 했다.[24] 이 신문은 우선 2012년 포산의 1인당 GDP가 1만 5000달러에 육박해 일부 유럽연합 회원국보다 높다는 사실에 주목했다. 포산은 제조업이 발달한 도시로 중국의 성공한 많은 민영기업이 이곳에 공장을 두고 있다. 그중에는 가전업체 메이디도 있다. 직원이 13만 5000명에 이르는 메이디는 2012년 매출액 160억 달러를 돌파했다.

현재 포산의 민영기업은 인구 스무 명당 하나꼴이다. 2012년 민영기업 성장률은 몇몇 국영기업의 두 배였다. 중국 정부는 18기 3중전회에서 시장이 자원분배에 결정적인 역할을 한다는 사실을 강조했는데, 포산은 이미 시장경제 발전의 혜택을 한껏 누리고 있다.

살기 좋은 도시 만들기

인도의 NGO 단체 자나그라하가 발표한 인도 문제 연구보고서를 보면, 그들은 인도의 가장 고질적인 문제로 도시계획에서 협조 체제가 약하다는 점을 꼽고 있다. 신흥국일수록 이 점은 더욱더 중요하다. 도시화의 가장 큰 난제는 경제발전 원동력을 찾는 일이다. 하지만 하이테크 클러스터를 건립하면서 슬럼가가 나타나는 것을 막고 교통비용이 급증하는 문제를 해결하려면 넓은 시각과 정확한 전략이 필요하다.

중국의 대도시들은 무엇보다 심각한 환경오염에 대처해야 한다. 최근에는 대도시 발전 전략에 변화가 생겨 더 이상 GDP 증대만 추구하지 않고 '가장 살기 좋은 도시'로 거듭나는 것을 목표로 하고 있다. 우리는 오랫동안 청두에 머물며 중국의 도시화를 연구했는데, 청두는 2014년 중국에서 가장 살기 좋은 도시로 선정됐다. 항저우, 우한, 창춘, 쑤저우 등 여러 도시도 방문해보았지만 그들의 계획은 거의 비슷했다. 최근에는 GDP를 끌어올리는 것 외에 행복지수 상승을 주요 목표로 삼고 있다.

비록 우리는 중국에 오래 머물고 있으나 집은 빈에 있다. 빈은 멜버른의 뒤를 이어 세계에서 두 번째로 살기 좋은 도시다. 물론 빈 외에도 살기 좋은 도시는 아주 많다. 어느 도시에서 살 것인가는 각자의 선택일 뿐이다. 도시의 활력, 비즈니스 기회, 기후, 물가, 문화적 분위기 등 사람들이 거주할 도시를 선택하는 이유는 매우 다양하다.

2014년 4월, 우리는 한국의 창원에서 강연을 했다. 마침 벚꽃이 만개한 계절이었는데 그곳의 벚꽃은 대부분 일제 강점기 때 심은 것이었다. 일본인이 떠난 뒤 창원 사람들은 일본인이 심어놓은 벚나무를 베어내지 않고 오히려 벚나무를 더 심었다. 그러자 끔찍했던 시절의 흔적은 그대로 부흥과 성장의 상징으로 바뀌었다. 도로 양쪽을 가득 메우고 공원과 언덕마다 흐드러지게 피어난 벚꽃은 마치 살기 좋은 혁신도시가 되겠다는 이 도시의 의지를 보여주는 듯했다.

•

지금은
민주 정신을 발휘할 때

   이 책을 처음 구상할 때 우리가 지은 제목은 '하프타임'이었다. 축구경기에서 하프타임이 되면 선수들은 전반전 경기를 되돌아보고 후반전 전술을 세운다. 이처럼 하프타임은 경기 변화를 예측하고 그에 맞춰 자신을 조정하는 시간이다.

   지금 많은 사람이 익숙한 20세기 상황에만 연연해 21세기를 끌어안을 새로운 전략을 짜지 못하고 있다. 우리가 이 책에서 언급한 것처럼 새로운 선수들은 성공을 갈망하며 세계경제와 정치라는 경기에서 열심히 뛰고 있다. 서방 국가는 그들에게 신흥경제국이라는 꼬리표를 달아주었다. 그들이 무한한 잠재력을 발휘하며 이 경기의 판도를 바꾼다고 해서 놀랄 필요는 없다. 지난 200년간 세상을 좌지우지해온 서방 국가는 아직까지도 새로운 선수에게 더 많은 공간을 내주어야 한다는 사실에 적응하지 못하고 있다.

   글로벌 서던벨트의 신흥경제국은 더 이상 서방 중심의 세계에서 후보

선수로 밀려나 있지 않을 것이다. 그들은 새로운 동맹을 결성하는 한편 국제사회에서 보다 평등한 상호관계 모델을 확립하기 위해 노력하고 있다. 아직은 과도기라 해결해야 할 문제가 매우 많지만 전 세계는 유연한 자세로 이런 문제를 해결해야 한다. 지금은 질문을 던져야 하는 시대이자 새로운 발전 전략 및 목표를 세워야 하는 시대다.

20세기에 유행한 사고방식을 고수하면 주력선수가 교체된다. 세계는 이미 서방 중심에서 다중심으로 바뀌었다. 중국이 세계 유일의 초강대국인 미국에 맞서 점점 위상을 높여가고 있을 때, 서방 언론은 이 새로운 판도를 낡은 프레임에 끼워 맞춰 과거의 미·소 관계가 미·중 관계로 대체되고 있다는 양극론을 펼쳤다. 그러나 중국은 이런 양극화 경쟁에 참여할 생각이 추호도 없다. 세계 여러 나라와 동맹관계를 맺고 싶어 하는 중국은 아프리카, 아시아, 라틴아메리카 각국과의 동등한 동반자 관계 수립을 외교전략의 기본 원칙으로 삼고 있다. 중국인은 '관시關係'라는 굳은 유대를 믿으며 자신들의 오랜 '관시학'을 전 세계로 확대하고 있다.

세계 각국은 중국의 현명한 방법을 본받아야 한다. 새로운 사고방식을 기초로 새로운 관계를 수립해야 한다. 오늘날 세계는 경제, 정치, 사회, 문화 등 여러 분야에서 대대적인 물갈이가 진행되고 있다. 세계 인구의 3분의 2 이상이 사는 지역의 경제가 부상하고 무역로와 소비 모델이 바뀌고 있으며, 국제통화와 금융질서에도 커다란 변화가 닥쳤다. 이는 마치 새로운 게임을 위해 카드를 새로 돌리는 것과 같다. 다른 점은 포커 게임에서는 어떤 카드를 손에 쥘지 우리 마음대로 결정할 수 없지만, 이 글로벌 게임에서는 손에 쥔 카드를 마음대로 바꿀 수 있다는 것이다.

이런 변화는 이미 우리의 취업 환경을 바꿔놓고 있다. 우리는 새로운 경쟁 상대에게 도전장을 받고 자기 자신을 변화시켜야 하는 상황에 직면했다. 다음 세대는 글로벌 인재시장에서 경쟁하며 자기 자리를 찾아 나서게 될 가능성이 크다. 많은 나라의 교육 시스템이 미래 수요를 충족시키지 못할 것이다. 서방 세계 발전은 직업윤리, 근면성, 진취력 등을 기반으로 한 것이었다. 하지만 지금 우리는 더 짧은 노동시간과 복지 확대만 추구하고 신흥경제국, 특히 아시아 각국의 우수한 인재들과 경쟁해야 한다는 사실을 잊고 있다. 그러니 번번이 실패할 수밖에 없지 않은가.

오늘날 많은 사람이 불평등과 부의 재분배를 놓고 열띤 논쟁을 벌이고 있으나, 이는 대중에게 인기를 얻는 것 외에는 현실적인 의미가 없다. 소득은 완벽하게 평등할 수 없지만 평등한 교육은 노력을 통해 실현할 수 있다. 평등한 교육이 이뤄져야 청년 세대가 구직시장에서 보다 많은 기회를 얻을 수 있다. 직장 경쟁에서 성패를 결정하는 것은 재능, 근면성, 진취력이다. 경제가 지속가능한 발전을 실현하려면 부의 재분배가 아니라 교육을 바탕으로 해야 한다. 또 현재 기업들은 국적과 관계없이 세계 어디에서든 인재를 구하고 있다. 비즈니스 세계의 경계가 점점 사라지고 있는 것이다. 2010년 세계적으로 직장 이민자가 2억 명에 달했다.

하지만 국제기구는 세계적으로 일어나는 이런 인구 이동을 간과하고 있다. 이동이 빈번해질수록 경제관계가 밀접해지며 그 과정에서 나타나는 문제에 대처하기 위해서는 국제 법률계와 각국 기구 간의 원활한 협력이 필수적이다. 장기적인 안목에서 세계경제 통합은 언젠가 꼭 실현될 것이므로 이런 일은 반드시 필요하다.

미국은 세계에서 이민자가 가장 많이 유입되는 나라다. 미국이 거둔 혁신의 절반은 전체 인구의 12퍼센트를 차지하는 이민자가 이뤄낸 성과다. 숙련된 기술인력이 미국으로 이주해 미국의 노동력 부족 현상을 해결해주고 있다. 선진국, 특히 인구구조가 변화하는 유럽 선진국도 결국 더 많은 이민자를 받아들여 노동력 공백을 메울 수밖에 없다.

나라의 문을 활짝 열어젖혀 서방 세계의 위대한 민주정신을 발휘해야 할 때다. 서방 세계에 장기적인 안목을 갖춘 지도자가 필요하다. 눈앞의 선거 결과와 사리사욕에만 연연하는 정치인은 필요 없다. 이런 맥락에서 국가 관리 교육을 강화해야 한다. 이것이 서방인이 눈앞의 이익보다 진정 자신과 국가에 이익이 되는 것이 무엇인지 알고 훌륭한 정치인을 뽑는 길이다.

인터넷 보급과 디지털화 확대로 거시경제와 미시경제의 생산 방식에 커다란 변화가 일어나고 블루칼라 노동자는 계속 감소하고 있다. 인터넷기술 발달로 신흥경제국 기업이 성장하고 기업가와 개인이 글로벌 경제활동에 적극 참여하고 있다. 특히 제약, 반도체 등 중국의 지식집약형 산업은 세계 2위 규모로 성장했다. 가상현실, 원격회의 프로그램, 파일 공유 네트워크를 사용하는 사람도 대폭 늘어났다. 이런 기술은 글로벌한 사고방식을 갖춘 사람에게는 문을 활짝 열어주지만, 20세기의 오래된 사고에 머물러 있는 사람에게는 오히려 걸림돌이 된다.

중앙권력의 분권화와 신속한 도시화 역시 세계 판도를 새롭게 짜고 있다. 오로지 경제성장만 추구하던 사고방식에서 벗어나 살기 좋은 도시, 전원 도시, 녹색 도시를 만들겠다는 목표가 속속 등장하고 있다.

변화는 단숨에 이뤄지지 않으며 수많은 행동이 함께 어우러져야 실현할 수 있다. 미래는 국민과 정부의 손에 달려 있다. 지금은 하프타임이다. 글로벌 대변혁의 추세가 뚜렷해지고 새로운 구도의 대략적인 윤곽

이 드러났다. 특정 국가와 지역, 도시는 점점 낙후되거나 대변혁에 빠르게 적응하지 못할 수도 있다. 누군가는 이 변혁이 불러일으키는 모든 변화를 좋아하지 않을 수도 있다. 발전 방향은 이미 결정됐다. 과거의 사고방식을 떨쳐버리지 못하면 현실을 바꿀 수 없으며 이는 우리 자신에게 아무런 도움도 되지 않는다.

우리 부부는 미래를 낙관적으로 바라본다. 글로벌 대변혁은 전 세계에 무한한 기회를 가져다줄 것이다. 그러므로 21세기에 적합한 새로운 세계를 세우는 동시에 기존의 경제관계와 사회관계를 보다 창의적으로 발전시켜야 한다.

신흥국 경제 트렌드

Global Game Change

How the Global Southern Belt Will Reshape Our World

이제 글로벌 서던벨트에 속하는 국가들 중 아프리카, 라틴아메리카, 아시아의 신흥경제국에 대해 소개하고자 한다. 모든 나라의 상황을 완벽하게 소개하는 것은 불가능하다. 한 나라만 소개하려 해도 책 한 권으로 부족할 지경이다. 여기서는 21세기 초에 변화가 나타난 몇몇 국가의 기본적인 상황을 설명하는 데 만족하기로 하겠다.

아프리카

향후 10년 내에 기회의 땅으로 변신할 절망의 대륙

글로벌 서던벨트 가운데 우리가 가장 적게 방문한 곳은 바로 아프리카다. 비록 아프리카 문제 전문가는 아니지만 우리는 그곳에 방문할 때마다 아프리카가 점점 깨어나고 있음을 느꼈다. 원래 좋은 일보다 나쁜 일

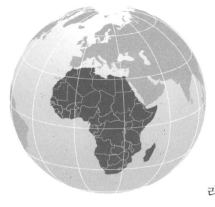

이 더 소문이 잘 나는 법이라 세계 각국 언론은 아프리카의 좋은 소식보다 나쁜 소식에 더 관심이 많다. 그러나 고정관념을 내려놓고 다양한 자료를 수집하면 아프리카를 새로운 눈으로 바라볼 수 있을 것이다.

현재 아프리카 각국이 공통적으로 안고 있는 문제는 바로 극단주의다. 아프리카 문제 전문가이자 국제법학자, 경제학자 그리고 히말라야-아프리카 컨센서스 경제 패러다임 Himalayan and African Consensus economic paradigms 창안자인 로런스 브람은 아프리카 각국의 공통적인 문제 해결에 대해 이렇게 말했다.

"극단주의를 근본적으로 해결해야 한다. 테러주의는 주류 언론들이 선전하는 것처럼 종교적 급진주의의 산물이 아니다. 가난이나 민족 차별에 절망한 사람들이 그 불만을 발산할 곳을 찾지 못해 극단적인 행동을 하고 있는 것이다. 안타깝게도 종교가 극단적인 행동의 변명이자 그것을 합리화하는 수단으로 쓰이고 있을 뿐이다. 테러주의 만연으로 나타난 심각한 불만 정서 역시 동일한 문제를 낳는다. 종족 차별과 관련된 문제는 경제, 교육, 의료보장 등을 통해 근본적으로 해결해야 한다. 그밖에 민족의 다양성을 인정하고 그들의 정체성과 자존심을 지켜주는 것도 중요하다. 그렇지 않으면 아무리 강력한 무기를 개발하고 사회구조를 개혁해도 분열과 충돌은 멈추지 않을 것이다."

우리는 아프리카에서 직접 경험한 것과 친구들에게 들은 것 그리고 아프리카에서 오랫동안 사업을 해온 기업가들의 경험을 토대로 아프리카를 자세히 연구했다. 아프리카는 아시아나 라틴아메리카에 비해 덜 알려진 대륙이므로 지면을 좀 더 할애해 한창 성장 중인 '새로운 아프리카'를 색다른 관점에서 살펴보고자 한다. 소개해야 할 나라가 꽤 많지만 그중에서도 특히 사하라사막 이남 지역 나라와 그 나라들의 경제 개방을 중점적으로 소개하겠다.

문제해결의 핵심은 교육과 경제에 있다.

〈이코노미스트〉의 전망에 따르면, 앞으로도 아프리카 경제는 과거 10년간과 비슷한 연평균 5.5퍼센트의 양호한 성장률을 유지할 것으로 보인다.[1] 나이지리아는 인구가 총 1억 8000만 명으로 아프리카에서 인구가 가장 많으며 2014년 경제 규모에서 남아공을 제치고 아프리카 1위를 차지했다.

우리는 이미 중국의 비약적인 발전을 통해 한 국가의 경제가 얼마나 빠르게 성장할 수 있는지 확인했다. 수많은 문제점을 안고 있는 국가도 놀라운 속도로 발전하고 나아가 거대한 변혁을 실현할 수 있다. 과거의 자료를 살펴보던 중 우리는 우연히 아프리카에 관한 기사를 발견했다. 그것은 2000년 5월 〈이코노미스트〉에 실린 "희망 없는 대륙The hopeless continent"이라는 제목의 기사였다.[2]

그러나 우리가 이 책을 집필하기 위해 자료를 수집하던 2013년에는 아프리카에 대한 언론의 논조가 완전히 뒤바뀌어 있었다. 독일의 글로벌 컨설팅회사 롤랜드버거는 투자자들에게 아프리카대륙에 숨어 있는 '셀 수 없는 많은 기회'를 놓치지 말라고 충고했고, 2013년 말 독일 주간지 〈슈피겔〉과 〈프랑크푸르트알게마이네존탁스자이퉁〉은 각각 아프리카의 성장을 기획 시리즈로 보도했다. 이 중 특히 눈에 띄는 것은 〈프랑크푸르트알게마이네존탁스자이퉁〉에 실린 "무언가가 아프리카로 이동하고 있다Something's moving in Africa"라는 기사였다.[3]

아프리카의 풍부한 자원과 3억 1000만 명에 달하는
신흥 중산층의 구매력을 차지하기 위한 경쟁이 점점 치열해지고 있다.

경제 부흥을 향한 아프리카의 발걸음은 점점 빨라지고 있다. 아프리카 사하라사막 이남 지역 국가들의 연간 GDP 성장률은 4.7퍼센트에 달하는데 그중 남아공 경제는 해마다 6퍼센트씩 성장할 것으로 보인다. 각국 정부는 인프라 투자를 늘리고 수출 확대를 위해 노력하고 있다. 비록 여러 국가가 높은 실업률, 다수의 빈곤인구 같은 문제점을 안고 있긴 해도 식민지시대의 참담한 상황과 비교하면 이미 놀라운 변화가 일어났다. 역사학자들도 '아프리카의 두 번째 도약'이라는 주제를 놓고 토론을 벌이고 있다.

아프리카를 모르는 사람은 없지만 이 대륙에 대한 인식은 대부분 피상적인 수준에 머물러 있다. 아프리카는 전체 인구가 11억 명으로 세계 인구의 7분의 1을 차지한다. 특히 15~20세 인구가 2억 명에 달해 세계에서 가장 젊은 대륙이기도 하다. 또한 세계 최대 사막으로 아프리카 전역에 넓게 펼쳐져 있는 사하라사막의 면적은 미국 본토 대륙의 전체 면적과 맞먹는다.

전쟁으로 혼란스럽던 1988년 콩고 내전으로 무려 540만 명이 사망한 일은 아프리카의 가장 가슴 아픈 기록으로 남아 있다. 콩고는 원유 매장량이 풍부한 나라지만 국민은 그 혜택을 조금도 받지 못하고 있다. 말리의 상황은 정반대다. 그곳에서는 가장 빈곤한 계층이 경제발전의 최대 수혜자다. 아프리카에는 세계 10위의 인구대국 나이지리아도 있다. 나이지리아 정부는 급속도로 발전하는 오래된 도시 라고스의 교통 및 비즈니스 환경을 개선하고 거리를 청소하는 등 생활환경 개선을 위해 많은 노력을 기울이고 있다.

> 사람들은 '아프리카'를 마치 하나의 국가처럼 말하지만 사실 이 대륙에 속한
> 나라들은 각기 다른 특징을 보인다. 일부 국가는 내전으로 인해
> 국민이 가난과 절망 속에서 고통을 받는 반면, 일부
> 현대화된 국가는 활력이 넘치고 중산층 인구가 나날이 늘어가고 있다.

아프리카에서는 절반이 넘는 인구가 여전히 빈곤선 이하의 생활을 하고 있으나 다른 한편으로는 억만장자도 스물아홉 명에 이른다. 그들 모두 10억 달러가 넘는 자산을 보유하고 있으며 그들의 재산을 모두 합치면 1440억 달러가 넘는다. 그중 아프리카 최고 부자인 알리코 당고테Aliko Dangote의 자산은 157억 달러에 이른다.

아프리카 대륙의 백만장자 분포를 살펴보면 남아공 요하네스버그에 2만 3400명, 나이지리아 라고스에 9800명, 케냐 나이로비에 5000명, 앙골라 루안다에 2400명이 있다. 몇 세기 동안 아프리카 국가는 피식민지라는 구시대적인 신분의 노예로 살았지만 그런 시대는 이미 지났다. 서서히 깨어난 그들은 자신의 지위를 새롭게 정립하고 세계무대에서 활약

할 준비를 끝마쳤다. 잃어버렸던 이 거대한 대륙이 세계경제로 복귀하고 있는 것이다.

아프리카의 경제 규모는 세계경제의 3퍼센트에 불과하지만
무궁무진한 잠재력을 지니고 있다.

동아프리카 시장만 해도 인구가 1억 4000만 명에 이르며 이 지역은 정치적으로도 상대적으로 안정되어 있다. 탄자니아, 우간다, 르완다, 브룬디, 케냐 등 동아프리카 국가들은 향후 10년 내에 화폐 동맹을 맺는 데 공감대를 형성했다. 아직은 이들 국가의 비즈니스 규모가 작긴 하지만 빠른 증가세를 보이고 있다.

아프리카 경제성장의 원동력은 풍부한 원유와 광산자원 그리고 그 자원에 대한 선진국의 강한 수요라는 것이 일반적인 인식이다. 그러나 이런 인식에는 오류가 있다. 1995년부터 빠른 경제성장률을 보인 아프리카 12개국 가운데 르완다, 모잠비크, 우간다, 에티오피아, 탄자니아 등 8개국은 전통적인 의미의 자원 수출국이 아니다.

아프리카 국가들의 식량 수요가 빠르게 늘어나면서 농산물 수입이 크게 증가하고 있다. 하지만 아프리카의 잠재력과 기회에 대한 인식이 점차 높아지고 있어 언젠가는 식량 수입지에서 식량 수출지로 바뀔 가능성이 다분하다.[4]

아프리카 문제 전문가 로런스 브람은 아프리카가
세계적인 식량 생산지로 거듭날 것이라고 단언했다.

아프리카개발은행은 2010~2014년 농업 발전 전략에서 "농업 발전이 빈곤을 해소하고 농업을 기반으로 한 국가의 경제성장을 촉진한다"라고 했다. 그러나 아프리카는 아직 농업 잠재력을 충분히 발휘하지 못하고 있다. 연구에 따르면, 농업을 통한 빈곤 해소는 다른 산업을 통한 것보다 적어도 두 배의 효과를 낸다. 중국에서는 농업의 빈곤 해소 효과가 다른 산업의 3.5배, 라틴아메리카에서는 2.7배로 나타났다.

언뜻 농업과 인터넷의 결합은 효과를 낼 것 같지 않지만 사실은 인터넷이 농업의 생산력 증대와 가치 향상, 사회경제적 영향력 확대에서 결정적인 역할을 한다. 다른 산업과 마찬가지로 인터넷이 학습의 장이 되어 농민들이 전문가로부터 농업 관련 지식을 배우고 정보를 얻는 것은 물론 농민들끼리 신품종 재배, 비료 사용, 관개, 무역, 금융 등에 관한 경험을 교류하고 정보를 나눌 수 있다. 한 예로 나이지리아의 경우 대학이 95개나 있지만 문맹률이 40퍼센트에 달한다. 특히 농촌 지역의 문맹률이 매우 높은데 이런 지역일수록 인터넷 동영상을 통한 농업 지식 보급이 큰 효과를 발휘한다.

맥킨지글로벌연구소에 따르면, 인터넷을 농업에 응용할 경우 해마다 농업 생산력을 3억 달러씩 향상시킬 수 있다.[5] 이미 모바일 기술을 이용해 대량 저장 공급 시스템을 개선함으로써 식량 부패를 크게 줄인 나이지리아는 농업 생산량을 목표치보다 훨씬 높게 끌어올렸다.

상당 기간 동안 많은 개발도상국이 열악한 인프라로 인해
소비자에서 생산자로 전환되는 데 어려움을 겪었다.

아프리카연합African Union의 통계에 따르면, 아프리카 국가들의 인프라 건설을 위해서는 매년 930억 달러의 자금이 필요하다. 1960년대 말 태국 정부의 자문위원으로 활동한 존은 태국 동북부의 농업 육성과 관련해 여러 가지 건의를 했다. 농민에게 다양한 농작물 품종을 보급해 생산량을 늘려야 한다는 방안도 그중 하나였다. 태국 정부는 그 건의를 받아들여 농작물 품종 보급을 추진했는데, 흥미롭게도 현지 농민들이 난색을 표하며 거절했다. 현지의 인프라가 부족해 생산량을 늘려도 수확한 작물을 시장으로 운반하기 힘들다는 것이 그 이유였다. 인프라 부족은 당시 태국 사회의 보편적인 문제였다.

이처럼 인프라 부족은 생산성 향상을 가로막는다. 이것은 비대한 관료 시스템, 빈곤 및 부패, 부실한 금융 시스템과 함께 경제성장을 가로막는 걸림돌이다. 아프리카가 발전하려면 자구적인 노력 외에 외채 탕감과 국제적인 지원이 필수적이다. 무엇보다 아프리카는 인프라 확충이 시급하다. 인프라를 확충해야 더 낮은 비용에 전력을 공급하고 교육받을 기회와 우수한 사회 서비스를 제공할 수 있다. 아프리카의 발전이 결코 순탄하지는 않겠지만 지난 수십 년간의 정체기에서 벗어나 거대한 잠재력을 보여주고 있는 것만은 분명한 사실이다. 특히 거시적인 환경 개선은 아프리카의 각국 사회가 전반적으로 발전하는 데 기여했다.

깨어나고 있는 아프리카 젊은 층의 창업 정신

맥킨지글로벌연구소는 〈사자의 전진Lions on the Move〉이라는 보고서에서 아프리카 경제의 맥박이 빨라지는 이유로 두 가지를 꼽았다.[6] 하나는 정부의 변화이고 다른 하나는 경제 개혁이다. 여기에는 채무 규모 축소, 가

계지출 적자 축소, 인플레이션 억제, 국영기업 민영화, 무역 자유화, 기업세 인하 등이 포함되어 있다. 이처럼 아프리카는 바깥세상을 향해 점점 문을 활짝 열어젖히고 있다.

맥킨지글로벌연구소의 전망에 따르면, 2020년까지 아프리카의 GDP가 1조 6000억 달러에서 2조 6000억 달러까지 늘어나고 소비지출도 2010년의 8600억 달러에서 1조 4000달러까지 증가하며 1억 2800만 가구가 재량소득Discretionary Income(가처분소득에서 기본적인 생활비를 뺀 소득 – 옮긴이)을 얻을 것으로 보인다.

이토록 빠른 소득증가율은 다른 어떤 지역에서도
나타난 적이 없다. 맥킨지글로벌연구소는 "전 세계 투자자와 기업가는
이 기회를 결코 놓쳐서는 안 된다"라고 충고했다.

미국의 투자 정보 사이트 크런치베이스CrunchBase에 따르면, 아프리카에 대한 기술 투자가 가장 활발하게 이뤄진 해는 2013년이다.[7] 미국 투자자와 벤처자본가 사이에서 아프리카의 신생 벤처기업에 투자하는 비율이 늘고 있다. 가령 IBM은 나이지리아의 오래된 도시 라고스와 모로코의 카사블랑카에 연구개발센터를 건립했고, 마이크로소프트는 아프리카 혁신을 촉진하기 위한 '4afrika Initiative' 프로젝트를 발표했다. IBM 연구원 솔로몬 아세파Solomon Assefa는 아프리카의 변화에 대해 "투자 환경이 나날이 좋아지면서 광대역 케이블이 보급되고 있고 빠른 경제성장과 활발한 인프라 건설로 해외 투자가 늘어나고 있다"라고 말했다.

사하라사막 이남 지역 48개국 가운데 빈곤선 근처에서 고통받고 있는

국가는 소수에 불과하다. 세계은행의 보고서에 따르면, 현재 세계적으로 경제성장률이 가장 높은 50개국 가운데 17개국이 바로 아프리카 국가다. 독일국제지역연구소GIGA에서 아프리카 문제를 연구하는 로버트 카펠Robert Kappel과 비르테 페이퍼Birte Pfeiffer는 아프리카의 많은 나라가 거둔 커다란 성과를 높이 평가하는 한편 과도한 낙관론을 경계했다. 바르톨로메우스 그릴은 자신의 책《오, 아프리카》에서 "아프리카의 기업가, 은행가, 투자자 들이 이처럼 낙관적이고 자신감에 넘치는 모습은 식민지 시기 이후 처음이다"라고 했다.[8]

> 2020년까지 아프리카 인구 중 가장 큰 비중을 차지하는 청년,
> 도시 거주 인구, 중산층의 수가 계속 증가할 것이다.

수익을 내려면 투자하려는 나라의 상황을 면밀히 살펴보고 적절한 투자 전략을 수립해야 한다. 아프리카의 경우 르완다 정부는 관광업과 커피 재배에 대한 투자를 장려하고, 케냐에는 IT 전문가와 휴대전화 애플리케이션 사용자가 많으며, 에티오피아는 생화 수출이 활발하다. 또 보츠와나는 다이아몬드와 관련된 부가가치 사슬을 재구축해 단순히 원석 수출에 그치지 않고 가공 산업을 육성하려는 목표를 갖고 있다.

신흥 중산층은 아프리카 발전의 주된 원동력이다. 이들을 기반으로 아프리카는 나약하고 가난하며 나태하다는 과거 이미지를 떨쳐내고 3억 1000만 인구를 거느린 새로운 소비시장으로 변신했다. 아프리카의 휴대전화 보유대수는 6억 5000만 대에 달한다. 첨단기계를 이용한 빠른 정보 습득은 사회의 진보와 변화를 촉진하는 데 큰 효과를 발휘한다.

삶에 대한 기대감 상승, 독재정치 몰락, 인터넷의 신속한 발전은 아프리카 예술계에 활력을 불어넣었다.[9] '날리우드'라고 불리는 나이지리아 영화제작단지, 케냐의 리프트밸리페스티벌과 신세대 작가들이 창간한 문예지 〈콰니Kwani〉 등 새로운 프로젝트와 작품이 탄생해 예술의 다양성을 높이고 있다.

아프리카 예술은 점차 서방의 영향에서 벗어나 본토에 뿌리를 둔 예술 창작 활동에 주력하고 있다. 〈뉴욕타임스〉 칼럼니스트 진앤 브라우넬Ginanne Brownell은 다음과 같이 말했다. "아프리카 예술계는 오랜 세월 동안 서방의 경제적 지원과 평가에 의지해왔다. 하지만 아프리카의 정치와 경제에 변화가 나타나고 서방 세계의 금융위기가 오랫동안 지속되면서 예술가, 예술기획자, 비영리단체 들이 네트워크를 구축해 아프리카 예술가가 서구의 영향력에서 벗어나도록 돕고 있다."[10]

세계은행은 아프리카의 경제성장 추세에 관한 분석과 통계자료가 실린 〈아프리카의 맥박Africa's Pulse〉에서, 아프리카의 인프라 투자가 확대됨에 따라 2014년 사하라사막 이남 지역 농업이 빠른 회복세를 보이고 공공서비스 수준과 전기 공급 및 교통운송 능력도 크게 향상될 것이라고 전망했다.[11] 또한 아프리카는 세계적으로 경제성장률이 가장 빠른 지역으로 연평균 경제성장률이 2014년 4.6퍼센트에서 2015~2016년 5.2퍼센트로 확대될 것으로 예상된다.

아프리카의 이런 변화는 과연 장밋빛 미래를 가져다줄 것인가? 이는 단정적으로 말하기 어렵다. 사실 아프리카의 미래에 관한 비관론도 낙관론만큼이나 많이 쏟아지고 있다. 나이지리아 전 대통령 올루세군 오바산조Olusegun Obasanjo는 "21세기는 아프리카의 시대"라고 단언했고,

컨설팅회사 롤랜드버거는 "아프리카에 헤아릴 수 없이 많은 기회가 있다"라고 전망했다. 그들처럼 단언할 수는 없지만 우리도 아프리카의 미래가 밝다고 생각하는 낙관론자에 속한다. 아프리카에 필요한 것은 바로 창업 정신과 용기, 혁신이다. 여기에 적절한 노력이 더해진다면 아프리카는 틀림없이 노력한 만큼 보상을 받을 것이다.

케냐 :

인구	44,037,656명
도시화율	24%
GDP	453.1억 달러
산업구조	농업 29.3%, 공업 17.4%, 서비스업 53.3%
성장률	5.1%
1인당 GDP	2000년 406.12달러, 2012년 862.23달러
2014 경제 자유지수 순위	111위

* 월드팩트북 The World Factbook에서 집계한 수치.
** 세계은행 자료에서 집계한 수치.
*** 헤리티지재단 The Heritage Foundation에서 집계한 수치.

케냐는 IT 기술과 통신 기술이 서로 시너지 효과를 내고 있다. 이동통신과 인터넷은 아프리카가 세계로 진출하는 주요 창구로 아프리카의 젊은 IT 인력들이 휴대전화 애플리케이션 분야에 활발히 진출하고 있다.

이베이 창업자 피에르 오미다이어 Pierre Omidyar는 나이로비의 한 창업센터를 후원했다. 이곳에서는 인터넷업계의 창업자들이 모여 휴대전화 게임이나 아프리카 아동들을 위한 간단한 게임을 개발하고 있다. 케냐에서 IT산업과 통신산업의 GDP 기여도는 약 5퍼센트다. 세계에서 가장 빠르게 성장하고 있는 이 시장을 놓치지 않기 위해 구글, IBM, 시스코, 마이크로소프트가 앞 다투어 케냐에 진출했다. 일명 '실리콘 사바나'로 불리는 나이로비의 옹 로드Ngong Road에는 수많은 젊은이가 모여들어 현지 수요에 적합한 스마트폰 애플리케이션을 개발하고 있다.

이동통신은 아프리카 사람들의 일상생활을 완전히 바꿔놓았다. 대표적으로 케냐 인구의 3분의 1이 엠페사라는 모바일결제 애플리케이션으로 경제활동을 하고 있다. 이 애플리케이션의 등장으로 휴대전화는 은행계좌, 신용카드, 지갑의 세 가지 기능을 수행할 수 있게 됐다.

모로코 :

인구	24,096,669명
도시화율	57%(2011년)
GDP	1,048억 달러
산업구조	농업 15.1%, 공업 31.7%, 서비스업 53.2%
성장률	5.1%
1인당 GDP	2000년 1,275.88달러, 2013년 3,108.65달러
2014 경제 자유지수 순위	103위

아프리카 사하라사막 이북 지역에 위치한 국가들은 여전히 혼란스런 상황이며 유일하게 모로코만 현대적이고 온건한 이슬람 국가로 변화하고 있다. 많은 아프리카인이 유럽으로 불법 이민을 가야 미래를 개척할 수 있다고 생각하는데 불법 이민자 중 대다수가 모로코를 거쳐 유럽으로

건너간다. 모로코에서 스페인령 세우타나 멜리아로 가는 루트가 가장 편리하기 때문이다. 하지만 불법 이민에 성공하지 못해 어쩔 수 없이 모로코에 머무는 사람이 늘어나면서 불법 체류자가 4만 명에 이르고 있다.

모로코는 아프리카 국가 중 최초로 불법 체류자에게 거주허가증을 발급하고 있다. 모로코에서 5년 이상 거주했음을 증명하거나 2년짜리 고용계약서를 제출하는 경우 정식으로 거주허가를 받을 수 있다. 나아가 모로코는 교육을 통해 불법 체류자들을 우수한 사회구성원으로 변화시키려 노력한다. 이미 성인을 위한 언어교육 및 직업훈련을 실시하고 그 자녀들이 학교교육을 받도록 허가했으며, 심지어 그들에게 의료 서비스를 제공할 계획도 세우고 있다.

모잠비크 :

인구	24,096,669명
도시화율	32.2%(2011년)
GDP	281.5억 달러
산업구조	농업 28.7%, 공업 24.9%, 서비스업 46.4%
성장률	7%
1인당 GDP	2000년 235.82달러, 2012년 578.80달러
2014 경제 자유지수 순위	128위

10년 전까지만 해도 세계 최빈국이던 모잠비크는 현재 아프리카에서 가장 빠르게 성장하는 나라로 탈바꿈하고 있다. 모잠비크는 2003~2013년의 6~8퍼센트에 이르는 경제성장률에도 불구하고 인구 중 절반

가량이 여전히 빈곤선 이하에서 생활하고 있다. 지금도 외국의 기부, 채무 감면, 상환 기간 연장 등에 의존하긴 하지만 모잠비크는 풍부한 천연가스, 석탄, 티타늄을 보유하고 있어 글로벌 투자자들의 관심이 높다. 이에 따라 향후 수년 간 외국 자본의 다양한 투자 프로젝트가 모잠비크 경제에 활기를 불어넣을 전망이다.

모잠비크 농업은 아직도 잠재력을 완전히 발휘하지 못하고 있다. 모잠비크 정부가 2013년 11월 시작한 농업운동도 농업과 가축사육업을 지원하는 단계에 머물러 있다. 그렇지만 카오라바사 Cahora Bassa (모잠비크 테트 주의 한 지구 – 옮긴이) 댐 확장 사업을 비롯해 여러 개의 댐 건설 사업을 통해 전력 수출을 확대하고 이제 막 발전하기 시작한 공업 분야의 전력 수요를 충족시킬 전망이다.

불과 50년 전만 해도 모잠비크보다 한국이 더 가난했으나 현재 한국은 세계경제에서 중요한 역할을 하고 있다. 이는 훌륭한 전략이 얼마나 큰 성과를 낼 수 있는지 보여주는 좋은 사례다.

나이지리아 :

인구	177,755,539명	
도시화율	49.6%(2011년)	
GDP	5,020억 달러	
산업구조	농업 30.9%, 공업 43%, 서비스업 26%	
성장률	6.2%	
1인당 GDP	2000년 374.22달러, 2012년 1,555.41달러	
2014 경제 자유지수 순위	129위	

나이지리아는 아프리카에서 가장 인구가 많은 국가다. 나이지리아통계국은 2014년 4월 나이지리아의 GDP가 5020억 달러로 남아공을 제치고 아프리카 최대 경제국으로 올라섰다고 정식 발표했다. GDP만 놓고 보면 나이지리아는 폴란드나 노르웨이보다 약간 낮은 수준이다. 과거 5년간 나이지리아는 연평균 7퍼센트의 경제성장률을 유지했는데, IMF는 2020년까지 나이지리아가 경제성장률 6~7퍼센트를 유지할 것으로 전망했다. 이처럼 경제 규모와 성장률 모두 아프리카 최고 수준인 나이지리아에 외국인투자가들의 관심이 높아지고 있다.

하지만 GDP 증가세에도 불구하고 나이지리아인의 생활은 과거와 크게 달라진 것이 없다. 만연한 부패가 국민의 빈곤 탈출을 가로막고 있기 때문이다. 나이지리아의 1억 7000만 인구 중 대다수가 빈곤선 이하에서 생활하고 있고 하루 평균소득이 1.25달러에도 미치지 못하며 실업률은 24퍼센트에 달한다.

나이지리아 동북부에 근거지를 두고 있는 이슬람 과격 무장단체 보코하람 Boko Haram은 엄격한 이슬람 율법을 적용해 현지인이 테러의 위협에서 벗어나게 해야 한다고 주장하지만, 그와 동시에 그들은 그 지역의 불안을 조장하고 있다. 2012년부터 북부 이슬람교와 남부 기독교 세력이 빈번하게 충돌하면서 50만 명이 내전을 피해 이 지역을 떠났다. 514개 방언과 원주민어가 공존하는 것도 나이지리아에서 지역 간, 파벌 간 공감대를 형성하기 어려운 주된 이유 중 하나다.

한편 나이지리아는 세계 6위의 원유 수출국이지만 아직도 원유 무역업체들의 통제에서 벗어나지 못하고 있다. 원유 가공 능력이 없어 휘발유, 등유 등 상품유를 생산하지 못하기 때문이다. 나이지리아의 원유 정제 시설은 모두 낡았고 가동률이 매우 낮다. 원유 수출량은 연평균 250만 배럴에 이르지만 그중 80퍼센트를 가공한 상품유 형태로 무역업체로부터 재구매하고 있다. 게다가 범죄단체에 약탈당하는 원유도 매년 15만 배럴에 달한다.

나이지리아는 상품유뿐 아니라 곡물과 기타 농산물도 수입해야 하는 형편이다. 농업 전문가들은 나이지리아가 식량을 자급자족할 수 있는 조건을 갖추고 있다고 말하지만 현실은 그렇지 못하다.

그러나 나이지리아에도 변화의 바람이 불고 있다. 우선 서비스업이 눈에 띄게 발전하고 있고 풍부한 원유 매장량을 활용한 원유 및 천연가스 업종 생산액이 전체 산업 생산액의 14퍼센트를 차지하고 있다. 특히 중앙정부의 구속에서 벗어나 자기만의 발전 모델을 찾아낸 라고스 지방정부는 대중교통 및 비즈니스 환경을 개선하고 거리 환경을 정비하는 등 현지인의 삶의 질을 높이기 위해 노력하고 있다.

라고스의 한 신디케이트(동일 시장 내의 여러 기업이 출자해 설립한 공동 판매회사. 생산은 독립적으로, 판매는 공동으로 하는 형태 – 옮긴이)가 '에코 애틀랜틱 Eko Atlantic'이라는 신도시를 건설하고 있다. 이곳은 '나이지리아의 맨해튼'으로 불릴 만큼 큰 기대를 모으고 있으나 현대식 마천루 옆에는 빈민가가 그대로 남아 있다.

라구나스 지역은 원래 아름다운 곳이었지만 좋은 시설을 갖춘 쇼핑센터가 없어 온라인쇼핑 수요가 나날이 늘어날 만큼 낙후되고 환경이 열악하다. 2014년 라고스에는 영업면적 2만 평방미터 이상 쇼핑센터가 단 두 개에 불과했다. 반면 인구가 400만 명에 불과한 남아공의 요하네스버그에는 쇼핑센터가 74개나 있어서 사람들이 원하는 상품을 마음껏

고를 수 있다.

나이지리아는 전망은 밝지만 현실은 여전히 어두운 편이다. 다행히 IT 업계가 빠르게 발전하면서 판매업에 활기를 불어넣고 있는데, 통신업은 나이지리아 GDP 증가액 중 25퍼센트를 창출해내는 효자 산업이다(현재 나이지리아의 휴대전화 회선 수는 약 1억 1500만 개에 이른다).

나이지리아 일간지 〈비즈니스데이Business Day〉는 2014년 6월 제이슨 조쿠Jason Njoku라는 청년의 사례를 보도했다.[12] 영국에서 창업에 실패한 그는 나이지리아로 돌아와 iROKOtv라는 온라인 VOD 업체를 세웠고, 반년 만에 전 세계에서 50만 명의 사용자를 모으며 큰 성공을 거두었다. 현재 178개국에서 100만 명이 그의 플랫폼을 통해 동영상 콘텐츠를 시청하고 있다.

사하라사막 이남 지역 국가들은 인터넷 접속 비용이 아주 비싸거나 혹은 너무 낙후되어 아예 인터넷 접속조차 불가능한 상황이다. 하지만 그는 이렇게 말했다. "아프리카는 고속 성장하고 있고 인터넷을 통해 상품 및 서비스를 구매하는 사람들이 갈수록 늘어나고 있다. 온라인쇼핑은 더 이상 소수만의 사치가 아니다. 앞으로 3~5년 안에 아프리카의 IT 환경이 완전히 바뀔 것이다. (…) 현재 나이지리아의 온라인 거래액은 2억 5065만 달러지만 앞으로 5년 내에 10억 달러까지 증가할 것이다. 이처럼 아프리카는 잠재력이 크지만 투자 없이는 그 잠재력을 일깨울 수 없다. 이 얼마나 큰 낭비인가!"

〈이코노미스트〉 역시 "나이지리아는 이미 무시할 수 없는 경제체로 발돋움했다"라고 단언했다.

남아공 :

인구	48,375,645명
도시화율	62%(2010년)
GDP	3,539억 달러
산업구조	농업 2.6%, 공업 29%, 서비스업 68.4%
성장률	2%
1인당 GDP	2000년 2,638.16달러, 2012년 7,507.65달러
2014 경제 자유지수 순위	75위

　　아프리카인은 매우 다양한 삶의 모습을 보여준다. 몇 년 전 남아공의 요하네스버그에 갔을 때 우리는 일반 여행객이 거의 찾지 않는 다운타운을 구경했다. 차를 타고 한때 은행과 고급 호텔이던 건물들 사이를 지나며 우리는 지금껏 한 번도 경험한 적 없는 폭력적이고 어두운 분위기를 맛보았다. 그곳에는 깨진 창문, 군데군데 움푹 파인 아스팔트 도로, 곳곳에 나뒹구는 쓰레기, 불법 점유당한 건축물 등이 즐비했다. 한마디로 부유층 주거지인 산톤과 선명한 대조를 이루었다.

　　산톤의 쇼핑센터는 모두 지하도를 통해 연결되어 있고 쇼윈도마다 명품 브랜드 상품이 전시되어 있다. 카페에서는 최상급 커피와 크루아상, 남아공 특산품인 밀크타르트를 판매한다. 하지만 우리는 그 도시의 다양한 모습이 궁금해 렌터카 운전기사에게 구시가지로 가달라고 부탁했다.

　　마보넹은 미술관, 예술가들의 작업실, 아파트, 호텔, 레스토랑이 밀집한 지역이다. 1990년대만 해도 마보넹은 요하네스버그의 다른 지역과 마찬가지로 치안이 불안하고 범죄 사건이 끊이지 않아 일반인은 거의 찾지 않던 곳이었다. 이제 이곳은 아프리카에서 가장 히피적인 지역으로 탈바꿈해 많은 사람이 찾는 명소로 바뀌었다.

남아공의 다양한 예술은 인터넷을 통해 많은 사람에게 알려졌고 덕분에 세계 어디서든 그들의 작품을 감상할 수 있다. 남아공의 〈치무렝가 Chimurenga〉는 대중적인 오프라인 잡지이자 편집과 전시기획이 가능한 플랫폼이다. 케냐 밴드 저스트어밴드Just a Band의 노래 중에 "우리는 검은 피부의 아프리카인이다. 하지만 그게 아무리 노력해도 성공할 수 없다는 뜻은 아니다"라는 가사가 나온다. 흥미롭게도 이 노래는 아프리카의 젊은이에게 자신감을 북돋워주며 이렇게 외친다.

"내가 무엇을 할 수 있고 또 무엇을 할 수 없는지 말하지 마. 난 이 세상을 바꿀 수 있어!"

탄자니아 :

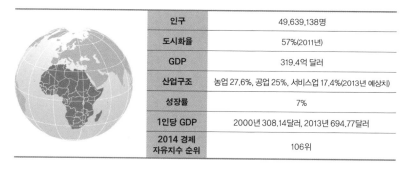

인구	49,639,138명
도시화율	57%(2011년)
GDP	319.4억 달러
산업구조	농업 27.6%, 공업 25%, 서비스업 17.4%(2013년 예상치)
성장률	7%
1인당 GDP	2000년 308.14달러, 2013년 694.77달러
2014 경제 자유지수 순위	106위

오늘날 우리가 알고 있는 탄자니아는 탕가니카와 잔지바르가 합병하면서 탄생한 나라다. 1964년 4월 26일 탄생한 이 나라는 그해 10월 국명을 탄자니아로 바꾸었다. 탄자니아는 동아프리카 2위의 경제대국이

지만 1인당 소득으로 따지면 매우 가난한 나라이며 아동노동과 국제인신매매 문제가 심각하다.

그러나 농업 분야에 커다란 잠재력을 갖고 있다. 탄자니아에는 농경지로 바꿀 수 있는 토지 면적이 현재의 경작 면적보다 더 많다. 또한 탄자니아는 석탄, 천연가스, 우라늄, 니켈, 주석, 금, 백금 등 풍부한 자원을 보유하고 있으나 광산업 생산액의 GDP 기여도는 4퍼센트에 불과하다. 그러나 광산업의 일부 지표가 상승하고 GDP 계산 기준이 바뀌면서 이 기여도는 앞으로 상승할 전망이다(2014년 상승 예상치 20퍼센트).

〈블룸버그〉는 2013년 6월 중국의 지원에 힘입어 탄자니아 경제가 10퍼센트가량 성장할 것이라고 전망했다.[13] 2013년 탄자니아에 14억 달러를 투자한 중국은 9억 5000만 달러를 투자한 미국을 제치고 탄자니아 제4위 투자국으로 올라섰다. 〈탄자니아데일리뉴스 *Tanzania Daily News*〉는 중국이 2013년까지 탄자니아에 투자한 누적 투자액은 25억 달러에 달하고, 500개에 가까운 중국 기업이 탄자니아에서 일자리 15만 개를 창출했다고 보도했다.[14]

한편 중국과 탄자니아는 10억 달러 규모의 위성도시 건설 프로젝트를 추진할 계획이고, 5000만 달러를 투자해 다르에스살람에 금융센터를 건립하기로 했다.[15] 다르에스살람 교외에 건설하는 이 위성도시는 자체적인 물·전력 공급 시스템과 도로, 은행, 학교, 병원을 모두 갖출 전망이다. 이 위성도시를 건설하면 다르에스살람 주요 상업지구의 밀집도가 해소될 것으로 보인다. 자카야 키크웨테 Jakaya Kikwete 탄자니아 대통령은 언론과의 인터뷰에서 "중국과 탄자니아 양국이 베이징에서 다섯 건의 계약을 체결했으며 계약 규모가 총 17억 달러 이상"이라고 밝혔다.

중국만 나날이 성장하는 탄자니아 시장을 낙관하고 투자하는 것은 아니다. 베트남 통신업체 비에텔도 탄자니아에 10억 달러를 투자해 3G 휴대전화 통신 네트워크를 구축할 계획이다. 이 업체는 탄자니아에서 저렴한 스마트폰을 출시하고 학교, 병원, 공공기관 등에 무료로 인터넷 서비스를 제공할 계획이다.[16]

북아프리카 ————————————————————————●

교육과 경제 그리고 아랍의 마셜 플랜

아프리카의 미래를 밝게 전망하는 사람들은 대부분 사하라사막 이남의 신흥경제국에 주목한다. 많은 사람이 사하라사막 이북의 아랍 국가들도 개방을 통해 변화를 꾀하길 기대했다. 설령 서방 세계가 인정한 민주제도를 수립하지 않더라도 최소한 국민의 삶의 질을 점진적으로 개선해 나간다면 그것만으로도 매우 고무적인 일이다. 하지만 이 같은 기대는 이미 물거품이 됐다. 기대가 무색하게도 이 지역은 10년, 심지어 수십 년간 불안과 혼란에서 벗어나지 못하고 있다.

정치체제가 하루아침에 갑자기 바뀔 가능성은 거의 없다. 사회 안정은 새로운 정치 모델 형성에 필요한 핵심 조건이며 민주제도는 단숨에 구축되는 것이 아니다. 아프리카처럼 부족과 부락이 국경선으로 분명하게 나뉜 지역에서 서로 다른 국가 및 부족이 평화적으로 공존하는 것은 결코 쉽지 않은 일이다.

존엄성을 상실하다.

"그에게 먹을 것과 살 곳을 주어라. 가난을 어루만져준다면 스스로 존엄을 회복하리라."

19세기 독일의 시인 프리드리히 실러 Friedrich Schiller는 자신의 시에 이렇게 썼다. 과일 노점상을 하다가 수모를 겪고 존엄을 잃은 모하메드 부아지지는 자신이 더 나은 삶을 영위할 수 있다는 사실을 알고 있었다. 바로 이 사실이 그의 인생을 완전히 바꿔놓았다. 그가 정부에 요구한 것은 복지나 기부가 아니라 자력으로 먹고살 수 있는 환경을 만들어달라는 것이었다. 그런데 수니파 지도자 사담 후세인은 시아파 무슬림들에게 존엄을 회복할 기회를 주지 않았고, 시아파도 마찬가지로 수니파가 존엄을 누리도록 허용하지 않았다. 두 종파 사이에 전쟁이 발발한 근본 원인도 존엄에서 찾을 수 있다.

모든 발전과 성공은 교육에서 시작되는데 교육 시스템은 급진적인 방식이 아니라 서서히 구축되고 정착된다. 교육은 책임 있는 정치체제를 수립하는 바탕이기도 하다. 재스민 혁명 이후 북아프리카 사람들은 새로운 정부에 큰 기대를 걸고 그들이 교육과 경제에 대한 투자를 늘리길 바랐지만 그들의 바람은 실현되지 않았다. 이 지역의 청년 실업률은 전 세계 청년 실업률의 두 배에 달하고, 이집트와 튀니지 일부 지역은 청년 중 절반이 일자리를 찾지 못하고 있다. 희망이 없으면 존엄도 누리기 어렵다.

정부가 실패했다면 민영기구가 대신할 수도 있다.

크레센트페트롤리엄은 아랍에미리트에 본사를 두고 있는 민영 석유 기업이다. 〈파이낸셜타임스〉는 2013년 4월 크레센트페트롤리엄의 CEO 마지드 자파르Majid Jafar의 이야기를 자세히 소개했다.[17] 그는 '아랍안정계획'과 이 지역의 위험한 하강악순환식 발전 추세를 역전시키겠다는 결심을 털어놓았다. 이것은 아직 초보 단계지만 희망의 씨앗을 심었다는 점에서 큰 의의를 지닌다.

자파르는 이렇게 말했다. "각국이 어떤 분야를 먼저 발전시킬지 그 전략은 제각각 다르겠지만 목표는 모두 동일하다. 그것은 바로 지역경제 발전을 촉진하고 극단주의를 뿌리 뽑는 것이다."

그의 일차 계획은 투자자를 모집해 이 지역의 혼란을 수습할 신탁기금을 공동 설립하는 것이다. 이것은 청년 실업을 해소하고 여성을 위한 일자리를 마련하는 데 사용할 기금으로, 주요 수혜국은 이집트, 예멘, 요르단, 모로코, 터키다. 자파르의 이 계획은 제2차 세계대전 이후 미국이 유럽에서 실시한 '마셜 플랜'을 모델로 하고 있다. 당시 미국은 유럽에 120억 달러를 투자했고 결과적으로 그것은 유럽 국가뿐 아니라 미국에도 큰 이익을 안겨주었다.

자파르는 두 가지 신념을 갖고 있다. 하나는, 국제적인 문제를 해결하는 데 더 많은 자원과 능력을 투입할 수 있는 쪽은 정치가보다 기업가라는 점이다. 다른 하나는, 위기에 처한 나라에 자금을 직접 지원하는 방법은 긍정적인 효과를 낼 수 없고 민영이나 민관 합작 형태의 인프라 사업에 투자하는 것이 더 효과적이라는 점이다.

향후 5년간 그들은 300억 달러를 투자해 일자리 500만 개를 창출하는 한편 1000억 달러를 투자해 도로, 항만, IT 통신망, 용수 및 에너지 공급

인프라를 확충하고 일자리 1500만 개를 창출할 계획이다. 아직 추진 단계에 있지만 자파르는 전략 수립에 있어 몇 가지 명확한 원칙을 갖고 있다. 바로 지원국과 피지원국의 주권을 존중하고 국내 투자 환경을 개선하며, 사회 발전과 지역 통합을 촉진하고 아랍의 각국 정부가 참여하는 회담을 통해 계획 실행의 투명성을 확보한다는 것이다.

독일 〈디벨트〉는 마지드 자파르의 계획이 실행 과정에서 여러 가지 심각한 문제에 맞닥뜨릴 수 있다고 전망하며 문제 해결 방법을 모색했다.[18] "이런 포럼은 아랍 세계에서 정치적·경제적으로 무시하기 힘든 긍정적인 역할을 할 수 있다. 이 지역의 정세가 거의 매일 극적인 변화를 겪고 있지만 말이다.

자파르는 "정치가 안정되기를 기다렸다가 행동하려 하면 아무것도 할 수 없다. 1945년 제2차 세계대전이 끝난 뒤 미국이 독일에 안정적인 민주 선거제도를 수립해야 원조해줄 수 있다는 조건을 내걸었다면 어떤 결과가 나타났을지 상상해보라"라고 말했다.

과연 아프리카는 발전할 수 있을까

〈포천〉은 2014년 9월 "아프리카는 진정 발전할 것인가? Is Africa's rise for real this time?"라는 제목의 기사를 실으면서, 제목에서 제시한 질문에 대해 "그렇다!"라고 자신 있게 답변했다.[19] 아프리카 경제는 급속히 발전하고 있지만 외국자본 투자는 폭발적으로 증가하지 않고 있다. 아프리카는 수많은 문제를 안고 있긴 해도 결국 잠재력을 발휘할 준비를 마칠 것이다.

미국 역시 아프리카의 가능성에 주목하고 있다. 버락 오바마 대통령은

2014년 8월 워싱턴에서 취임 이후 처음으로 미국-아프리카 비즈니스 정상회담을 주재했다. 아프리카 국가 지도자 수십 명이 참석한 이 회담의 주요 의제는 과거의 비슷한 회담 때처럼 경제원조가 아니었고 대신 수십억 달러 규모의 교역에 관한 이야기를 주고받았다. 이 교역 규모에 비하면 아프리카에 대한 미국 정부의 경제적 원조는 언급할 가치도 없을 만큼 적은 액수다.

글로벌 금융위기 이후 세계 각지에 나가 있던 아프리카인들이 속속 고향으로 돌아가고 있다. 외국에서 일자리를 잃은 사람들이 이제 자기 나라에서 성공할 기회를 엿보는 편이 더 낫다고 판단하기 때문이다. 〈포천〉의 기사에서 미국의 한 경제계 인사는 "아프리카는 30년 전의 아시아와 같다. 미국 투자자들은 아프리카가 향후 30년간 세계 최대 비즈니스 격전지가 될 것임을 가장 늦게 깨달은 사람들이다"라고 말했다.

라틴아메리카

수천 년 전 인구 3000만 명의 라틴아메리카 대륙은 다른 문화권의 영향을 받지 않고 독립적으로 발전해 아스텍 문명, 잉카 문명, 마야 문명 등 고도로 발달한 문명을 이루었다. 하지만 1492년 이탈리아 탐험가 크리스토퍼 콜럼버스 Christopher Columbus가 스페인 페르난도 국왕의 깃발을 높이 들고 '신대륙'에 상륙한 이후, 무자비하게 짓밟힌 남미 고유의 문화는 명맥이 끊어졌다. 16세기 초 포르투갈의 항해가이자 탐험가인 페드루 알바르스 카브랄 Pedro Álvares Cabral이 이끄는 포르투갈 함대는 지금의

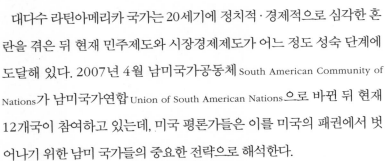

브라질 땅을 점령한 뒤 그 땅의 주인
은 포르투갈 국왕 마누엘 1세라고 선
포했다.

　남미 대륙을 '라틴아메리카'라고 부
르는 이유는 처음 그 대륙을 정복한 스
페인과 포르투갈의 언어가 모두 라틴어계
이기 때문이다. 현재 라틴아메리카에는 6억 명에
가까운 인구가 거주하고 있다.

　대다수 라틴아메리카 국가는 20세기에 정치적·경제적으로 심각한 혼
란을 겪은 뒤 현재 민주제도와 시장경제제도가 어느 정도 성숙 단계에
도달해 있다. 2007년 4월 남미국가공동체 South American Community of
Nations가 남미국가연합 Union of South American Nations으로 바뀐 뒤 현재
12개국이 참여하고 있는데, 미국 평론가들은 이를 미국의 패권에서 벗
어나기 위한 남미 국가들의 중요한 전략으로 해석한다.

　라틴아메리카 서쪽 해안 국가들이 결성한 태평양동맹 회원국은 현재
칠레, 콜롬비아, 코스타리카, 멕시코, 페루이며 파나마도 가입을 시도하
고 있다. 이 연맹의 목적은 경제적인 방법을 통한 자본 및 상품 흐름의
투명성 및 효율성 증대, 법률 개선, 지적재산권 보호에 있다. 반면 베네
수엘라, 볼리비아, 니카라과, 에콰도르가 결성한 미주 대륙을 위한 볼리
바르 동맹은 국가가 중심이 된 형태로 주로 무역과 투자를 중국 같은 국
가에 의지한다(베네수엘라만 147억 달러). 물론 지난 10년간 외국인 직접
투자액은 태평양동맹이 훨씬 더 많다.[20]

　2011년은 라틴아메리카 발전의 중요한 분수령이 된 해다. 그해 라틴

아메리카의 중산층 인구가 처음 빈곤층 인구를 추월했다. 과거 10년간 라틴아메리카에서 중산층 인구가 50퍼센트 증가해 현재는 중산층이 라틴아메리카 전체 인구의 30퍼센트를 차지하고 있다.[21]

평균 교육 연수도 5년에서 8년으로 크게 늘어났다. 일부 지역은 개혁이 상대적으로 더디게 진행되고 있지만 라틴아메리카 전체로 보면 분명 새로운 발전 궤도로 들어서고 있는 것은 분명한 사실이다. 라틴아메리카 각국의 상황을 살펴본 사람이라면 누구나 이 결론에 이의를 제기하지 않을 것이다.

라틴아메리카 국가들 중 가장 빠르게 성장하는 나라는 파라과이다. 세계은행은 파라과이 경제가 해마다 11퍼센트씩 성장할 것이라는 전망을 내놓았다. 파나마와 페루가 각각 9퍼센트와 6퍼센트의 성장률로 그 뒤를 잇고 있다.

아르헨티나 :

인구	42,610,981명	
도시화율	92퍼센트(2010년)	
GDP	6618억 달러	
산업구조	농업 9.3%, 공업 29.7%, 서비스업 61%	
성장률	3.5%	
1인당 GDP	2000년 7,208.81달러, 2013년 14,715.18달러	
2014 경제 자유지수 순위	166위	

몇 년 전 우리가 부에노스아이레스를 방문했을 때만 해도 아르헨티나

는 한창 활기차게 성장하는 중이었고 낙관적인 전망으로 가득 차 있었다. 100년 전 세계적으로 매우 부유한 국가 중 하나였던 아르헨티나는 현재 라틴아메리카의 문제 국가 중 하나다.

아르헨티나는 2002년 국가 부도를 선언한 지 12년 만에 또다시 위기를 맞이했다. 크리스티나 페르난데스 Cristina Fernandez 전 아르헨티나 대통령은 경제에 대한 간섭, 아르헨티나 최대 석유기업인 렙솔 지분의 국유화, 페소화 붕괴, 새로운 외환 관리제도 시행, 수입 규제로 인한 상품 부족, 물가 급등 등 정책 실패와 여러 가지 악재로 인해 2014년 1월 지지율이 27퍼센트까지 추락했다.

아르헨티나에 대한 외국 기업들의 투자도 나날이 줄었다. 아르헨티나 최대 일간지 〈라나시온 *La Nacion*〉은 이런 상황에 대해 "사유제 기업의 소유권을 옷을 입고 벗듯 쉽게 바꾸는 국가에 누가 투자하겠는가?"라고 의문을 제기했다.

아르헨티나에는 여전히 발전 잠재력을 갖고 있으나 현재의 곤경에서 벗어나는 것이 선결 과제다. 무엇보다 정치적 사고방식의 전환이 필요하다. 물론 부의 재분배와 에너지 보조금 지급이 가난한 사람들에게 도움을 주는 것도 사실이다. 그러나 그런 도움이 필요치 않은 사람들이 그것을 나쁜 의도로 이용할 수도 있음을 염두에 두어야 한다. 개혁은 고통스러운 일이지만 낭떠러지에 추락한 아르헨티나로서는 별다른 선택이 없어 보인다.

브라질 :

인구	201,009,622명
도시화율	87%(2010년)
GDP	2,422조 달러
산업구조	농업 5.5%, 공업 26.4%, 서비스업 68.1%
성장률	2.5%
1인당 GDP	2000년 3,694.46달러, 2013년 11,208.08달러
2014 경제 자유지수 순위	114위

브라질은 우리가 아주 좋아하는 나라다. 우리 부부는 브라질 사람들의 열정과 활력은 물론 그곳의 음악과 음식을 사랑한다. 운 좋게도 우리는 브라질을 자주 방문할 수 있었다. 브라질은 아름다운 나라로 거대한 잠재력을 지니고 있지만 브라질 기업가들은 정부 개혁이 미진하고 관료주의가 만연해 있다며 불만의 목소리를 내고 있다.

브라질의 경제성장률은 크게 둔화됐으나 보스턴컨설팅그룹 Boston Consulting Group은 세계 7위의 경제대국인 브라질에서 향후 10년 내에 500만 가구가 중산층에 편입될 것이라는 전망을 내놓았다. 그런데 브라질 중산층의 1인당 평균소득은 그리 높지 않다. 브라질은 앞으로 수년 동안 국민의 생활수준을 높이고 경제발전을 가로막는 장애물을 제거해야 하는 과제를 안고 있다. 브라질 기업가들의 평균연령은 28세로 활력 넘치고 야망이 있는 젊은 기업가들이 보다 나은 생활을 누리기 위해 열심히 일하고 있다. 중국이나 아프리카와 마찬가지로 브라질도 도시화가 경제성장의 주된 원동력 중 하나다.

여러 가지 걸림돌이 있긴 해도 브라질의 외국인 직접투자액은 여전히 세계 7위를 유지하고 있고, 상파울루에 설립된 해외 대기업 지사 수도 세계 5위다. 외국인투자가들은 지금도 브라질이라는 소비시장을 매우 낙관적으로 바라보고 있다. 가령 글로벌 패션 브랜드 포에버21Forever 21은 브라질의 젊은층을 겨냥해 중저가 패션 제품을 생산하고, BMW는 고급차 소비층을 공략하고 있다.

하지만 높은 세금과 관세, 고질적인 관료주의, 인프라 부족 등이 생산력 향상을 가로막고 있다. 세계은행의 추산에 따르면, 브라질 기업들이 납부해야 하는 세금은 무려 27종에 이르고 1년에 세금을 내기 위해 일하는 시간이 2600시간으로 세계에서 가장 길다. 게다가 부족한 인프라와 지나친 관료주의는 경제의 활력을 심각하게 훼손하고 있다. 실제로 1990~2012년 인도와 중국의 생산율이 각각 4.4퍼센트와 8.4퍼센트 상승할 때, 브라질의 생산율은 1.2퍼센트 상승하는 데 그쳤다.

그렇다고 브라질의 경제발전이 부진한 이유가 잠재력 부족에 있는 것은 아니다. 브라질은 여러 분야에서 엄청난 잠재력을 지니고 있다. 특히 풍부한 노동력은 세계경제의 전환기에 커다란 기회를 붙잡게 할 수 있는 중요한 경쟁력이다. 브라질 기업가들은 강력한 개혁을 통해 경쟁력을 강화하고 비즈니스에 유리한 환경을 만들어 경제를 빠르게 성장시켜야 한다고 입을 모으고 있다.

과거 10년간 브라질은 4000만 국민을 빈곤에서 탈출시키고 최소한 하급 중산층으로 끌어올렸다. 오늘날 이 새로운 중산층은 보다 적극적으로 개혁을 요구하고 있다. 그들은 자신의 사회적 지위를 더 높이고 이미 나타난 개혁 성과를 지키기를 바란다.

칠레 :

인구	17,216,945명
도시화율	89%(2010년)
GDP	2,817억 달러
산업구조	농업 3.6%, 공업 35.4%, 서비스업 61%
성장률	4.4%
1인당 GDP	2000년 5133.08달러, 2013년 15,732,31달러
2014 경제 자유지수 순위	7위

1810년 스페인의 식민통치에서 벗어나 독립을 선언한 칠레는 1980년 대부터 양호한 경제성장세를 유지하고 있다. 칠레의 경제자유지수는 세계 7위로 브라질의 경제자유지수 114위보다 월등하다. 수십 년 전에 시장을 개방한 칠레는 라틴아메리카에서 경제자유지수 순위가 가장 높은 국가다. 이런 칠레의 경제성장을 견인하는 것은 바로 능동적이고 실력 있는 민영 기업들이다.

사회 서비스 분야도 마찬가지다. 칠레에서는 공공기관과 민영기업이 함께 공공 서비스를 제공하는데 국민은 서로 경쟁관계에 있는 동종 서비스 가운데 원하는 것을 자유롭게 선택할 수 있다. 사회 서비스 분야에서 여러 업체가 경쟁하는 것은 보기 드문 사례로 특히 유럽인은 더욱 이해하기 힘든 일이다.

칠레는 구조적으로 창업을 장려하고 세율도 적당하기 때문에 칠레산 제품의 경쟁력은 강한 편이다. 덕분에 칠레는 과거 10년간 연평균 경제 성장률이 계속 5퍼센트대에 머물렀다. 칠레가 원만한 경제성장률을 유지해온 중요한 비결은 바로 교육에 있다. 1985년 칠레의 고등교육 진학자 수는 20만 명이었지만 2013년에는 100만 명을 넘어섰다.

페루와 마찬가지로 칠레도 무역자유화와 서방 세계 및 여러 신흥경제국과 체결한 자유무역협정에 큰 기대를 걸고 있으며 이머징마켓을 중요하게 여기고 있다. 2010년 칠레는 라틴아메리카 국가 중 처음으로 OECD에 가입했고 태평양동맹의 최초 회원국이기도 하다. 이 경제 동맹은 칠레, 콜롬비아, 페루가 처음 체결한 뒤 코스타리카가 가입했는데 그 목표는 경제 통합을 통해 자유무역과 자유통행을 실현하는 데 있다.

2010~2014년 대통령을 역임한 세바스티안 피녜라Sebastian Pinera의 뒤를 이어 미첼 바첼레트Michelle Bachelet가 또다시 칠레 대통령으로 당선됐다(2006~2010년에도 칠레 대통령을 지낸 바 있다). 그녀는 100일 내에 50개 항목의 개혁을 실시해 경제성장률 둔화에 대처하고 '라틴아메리카에서 경제 운영에 가장 성공한 국가'라는 칠레의 지위를 계속 유지하겠다고 약속했다.

콜롬비아 :

인구	45,745,783명
도시화율	75%
GDP	3,690억 달러
산업구조	농업 6.6%, 공업 37.8%, 서비스업 55.6%
성장률	4.2%
1인당 GDP	2000년 2503.55달러, 2013년 7,831.22달러
2014 경제 자유지수 순위	관련 통계 없음

후안 마누엘 산토스Juan Manuel Santos 콜롬비아 대통령은 2014년 6월 51퍼센트의 득표율로 재선에 성공했다. 콜롬비아 국민이 정부와 라틴아메리카 최대 좌익 게릴라 단체인 콜롬비아무장혁명군FARC 사이의 반세기에 이르는 충돌이 종식되기를 희망했기 때문이다. 이는 산토스 정부가 2012년부터 실시해온 평화정책을 콜롬비아 국민이 지지해준 것이나 다름없었다.

사실 많은 사람이 오랫동안 콜롬비아 방문을 꺼려했다. 그것은 우리도 마찬가지였지만 2014년 2월 우리를 태운 비행기가 보고타에 착륙한 뒤 제일 먼저 눈에 들어온 것은 밝고 현대화된 공항이었다. 입국 수속도 신속하게 이루어졌다. 호텔에 들어서자 보안요원이 모든 방문객을 대상으로 안전검사를 실시했으나 호텔 로비와 레스토랑에서는 많은 사람이 비즈니스 상담을 하고 있었다. 이 모든 것은 시장경제를 지지하는 산토스 대통령이 콜롬비아 시장의 문을 활짝 열어젖힌 덕분이다.

마우리시오 카르데나스Mauricio Cardenas 콜롬비아 재무장관은 2014년 인프라 건설에 120억 달러를 투자할 계획이라고 발표했다. 그는 2014년 콜롬비아의 경제성장률이 4.7퍼센트까지 상승하고 지속가능한 연평균 성장률 7퍼센트를 실현할 수 있을 것이라고 기대했다.

콜롬비아 경제발전의 최대 원동력은 건축업으로 2012년 3분기에 21.3퍼센트나 성장했다. 농업과 광산업의 성장률도 약 6퍼센트를 기록했다. 특히 콜롬비아는 다른 나라와 적극적으로 자유무역협정을 체결해 주변 국가들의 경제 불황에 큰 영향을 받지 않았다. 콜롬비아는 라틴아메리카에서 3위의 원유 수출국으로 2012년부터 미국과 체결한 자유무역협정을 시행하고 있다.

콜롬비아에 속속 생겨나고 있는 고급 레스토랑도 나날이 증가하는 중산층 인구의 소비습관이 변화하고 있음을 보여준다. 과거 몇 년간 콜롬비아에서 중산층 인구가 50퍼센트 가까이 증가했다. 콜롬비아 경제는 아직 기초가 탄탄하지 않고 마약 거래, 실업, 낙후된 인프라 등 해결해야 할 과제도 많지만 콜롬비아 사람들은 보다 나은 미래를 갈망하며 패기 있게 노력하고 있다.

코스타리카 :

인구	4,695,942명
도시화율	64%
GDP	614.3억 달러
산업구조	농업 6.2%, 공업 21.3%, 서비스업 72.5%
성장률	3.5%
1인당 GDP	2000년 4,058.04달러, 2013년 10,184.61달러
2014 경제 자유지수 순위	53위

1948년 12월 1일, 당시 코스타리카 대통령이던 호세 피게레스 페레르JoséFigueres Ferrer는 매우 과감하고 특별한 결정을 내렸다. 코스타리카의 군대를 없애겠다고 선포한 것이다. 그는 열정적인 연설을 통해 군대폐지를 선포하며 군사령부 건물의 벽을 망치로 두드리고 군사령부 열쇠를 교육부장관에게 넘겨주었다. 아울러 그는 모든 군비를 보건, 교육, 환경보호에 투자하겠다고 선언했다.

오늘날 코스타리카 국토의 25퍼센트는 생태보호구역이거나 국립공원이다. 리스트 자체의 합리성 여부와 상관없이 코스타리카는 지구행복지수 HPI(Happy Planet Index)와 세계행복데이터베이스 World Database of Happiness 순위에서 여러 차례나 세계 1위를 차지했다. 이처럼 국민의 행복감은 높지만 코스타리카도 다른 라틴아메리카 국가들과 마찬가지로 높은 실업률과 빈곤율 문제를 안고 있다.

과거 20년간 이 두 수치는 20~25퍼센트에서 좀처럼 떨어지지 않았다. 그럼에도 불구하고 이웃 국가의 사람들에게 코스타리카는 매우 매력적인 취업 국가다. 합법 취업과 불법 취업을 모두 합쳐 약 50만 명의 니카라과인이 코스타리카에서 일하고 있는데 이런 현상 역시 주목해야 할점이다.

코스타리카의 경제성장률 예상치는 2014년 3.8퍼센트, 2015년 4.1퍼센트로 이는 코스타리가 경제에 대한 우리의 낙관적인 전망을 뒷받침해준다. 특히 정치가 안정적이고 자유무역협정을 통해 여러 가지 우대 조건을 제공하는 코스타리카는 라틴아메리카에서 1인당 외국인 직접투자액이 가장 많다.

또한 라틴아메리카에서 국민의 삶의 질이 매우 높은 나라이기도 하다. 적어도 〈이코노미스트〉의 싱크탱크인 이코노미스트인텔리전스유닛 Economist Intelligence Unit의 연구 결과에서는 그렇다.[22] 이들이 발표한 연구보고서에 따르면, 2013년 코스타리카에서 태어나는 것은 매우 행복한 일이었다. 2013년 의료, 치안, 풍족도 등 여러 가지 지수를 고려해 선정한 살기 좋은 나라 순위에서 코스타리카가 라틴아메리카에서 2위, 전 세계에서 30위를 차지했기 때문이다.

쿠바 :

인구	11,047,251명(2014년 예상치)
도시화율	75%
GDP	723억 달러(예상치)
산업구조	농업 3.8%, 공업 22.3%, 서비스업 73.9%
성장률	13.1%(2012년 예상치)
1인당 GDP	2000년 2,744.12달러, 2011년 6,051.22달러
2014 경제 자유지수 순위	177위

피델 카스트로Fidel Castro의 핵심 측근이던 후안 레이날도 산체스Juan
Reinaldo Sanchez는 자신의 책《피델 카스트로의 이중생활 La Vida Oculta De
Fidel Castro》에서 카스트로가 쿠바를 통치하는 방식이 중세 영주나 루이
15세와 비슷했다고 폭로했다.[23] 카스트로는 지병으로 인해 부득이하게
자신의 동생인 라울 카스트로Raul Castro에게 정권을 넘겨주었고 라울은
2008년 정식으로 쿠바 국가평의회 의장에 취임했다.

현재 쿠바는 국가의 잠재력을 일깨우기 위해 국민의 경제활동을 장려
하고 개인이 행복한 생활을 추구하도록 격려하고 있다. 쿠바 인구의 약
20퍼센트가 민영 부문에서 일하는데 대부분의 토지를 국영기업이 아닌
농민 개인이 경작하고 있다.

반세기 만에 쿠바에서 최초의 민영 도매시장이 생겼고, 2014년 5월
21일 쿠바 최초로 독립적인 디지털신문이 탄생했다.[24] 이 신문을 창간
한 사람은 쿠바의 유명한 반체제 블로거 요아니 산체스Yoani Sanchez다.
쿠바가 체제에 반대하는 목소리에 점점 관대해지고 있다 해도 정치적으
로 고립된 섬 같은 이 나라는 전문적인 반체제 사이트 개설을 허용할 만

큼 너그럽지는 않다. 여하튼 이 매체는 쿠바 정부에 그리 위협적이지 않다. 대다수 쿠바인이 그녀의 블로그나 온라인 뉴스 사이트에 접속할 수 없기 때문이다.

아직도 여러 가지 제한이 있긴 하지만 시간이 흐를수록 규제는 줄어들고 있다. 그리고 쿠바는 서서히 개방되고 있다. 중국 정부는 과거 30년간의 경험을 토대로 쿠바 정부에 개혁을 촉구하고 있다.[25] 이는 지극히 자연스러운 일이다. 2014년 4월 왕이 중국 외교부장이 쿠바를 방문했을 때, 브루노 로드리게스 Bruno Rodriguez 쿠바 외교부장관은 "쿠바와 중국은 국제 업무에서 공통된 목표를 갖고 있다"라고 말했다.

쿠바의 경제 개방은 중국과의 무역 확대에만 국한되지 않는다. 쿠바는 브라질, 앙골라 등과도 무역 파트너 관계를 수립했다.

멕시코 :

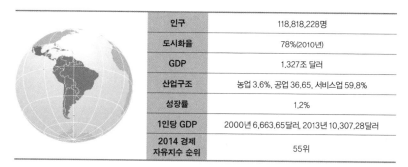

인구	118,818,228명
도시화율	78%(2010년)
GDP	1.327조 달러
산업구조	농업 3.6%, 공업 36.65, 서비스업 59.8%
성장률	1.2%
1인당 GDP	2000년 6,663.65달러, 2013년 10,307.28달러
2014 경제 자유지수 순위	55위

멕시코의 벌레는 잠비아보다 작지만 멕시코의 1인당 GDP는 9748.87달러로 잠비아 1462달러의 일곱 배에 달한다. 멕시코 경제는 라틴아메리

카 최대 경쟁국인 브라질보다 더 빠른 속도로 성장하고 있다. 이미 44개의 자유무역협정을 체결한 멕시코는 세계에서 자유무역협정을 가장 많이 체결한 나라다.[26] 예전에는 '멕시코' 하면 많은 사람이 가장 먼저 불안한 치안, 그다음으로 경제를 떠올렸지만 지금은 멕시코를 치안 문제를 안고 있는 경제체로 보는 인식이 보편적이다.

엔리케 페냐 니에토Enrique Pena Nieto 멕시코 대통령은 범죄 조직에 대해 마약 조직 우두머리를 검거하는 것이 아니라 폭력을 줄이는 방식으로 대응하고 있다. 이런 전략이 조금씩 효과를 내면서 2013년 흉악범죄 사건이 현저하게 줄어들긴 했지만 그 진정한 효과를 판단하기에는 아직 시기상조다.

여하튼 멕시코는 여러 가지 사회보장제도를 만들고 보다 많은 사람에게 더 우수한 교육 기회를 제공함으로써 중산층을 늘리기 위해 노력하고 있다. 새로운 시장을 찾기 위해 태평양동맹에 가입하기도 했는데, 이 동맹의 목표는 경제 통합과 자유무역, 무비자 여행 실현에 있다.

야심만만한 니에토 대통령의 경제 개혁 정책은 조금씩 성과를 내고 있다. 특히 짚고 넘어가야 할 것은 멕시코가 1938년 국유화한 석유산업을 개방해 에너지 분야에 대한 외부 투자를 허용했다는 점이다. 원유를 독점한 국영기업 페멕스를 비롯해 여러 에너지 기업의 개혁을 순조롭게 진행하려면 20여 개 법률 조항을 개정해야 한다. 멕시코 정부는 외국자본 투자를 유치하기 위해 원유 및 천연가스 계약 관련 규정을 신설하기도 했다.

크리스틴 라가르드Christine Lagarde IMF 총재는 2014년 7월 멕시코시티에서 한 연설에서 다음과 같이 말했다. "멕시코는 아주 짧은 기간 내에 여러 개의 개혁 조치를 비준한 유일한 신흥경제국이다. 또한 정치권에서 이들 개혁 조치를 광범위하게 지지하고 있음을 높이 평가한다. 더 놀라운 사실은 멕시코가 경제위기에 처하지 않은 상황에서 과감히 개혁을 시행하고 있다는 점이다. 그 과정에서 멕시코 지도자는 훌륭한 리더십을 발휘했고 멕시코 국민은 확신을 가지고 개혁에 동참했다. (…) 멕시코의 경험은 다른 국가에게 큰 교훈을 줄 것이다."

라가르드는 2014년 10월, CNN과의 인터뷰에서도 유럽의 개혁을 촉구하며 멕시코 모델을 본받아야 한다고 언급했다.

페루 :

인구	29,849,303명	
도시화율	77%	
GDP	3,440억 달러	
산업구조	농업 6.2%, 공업 37.5%, 서비스업 56.3%	
성장률	5.1%	
1인당 GDP	2000년 1,959.08달러, 2013년 6,661.59달러	
2014 경제 자유지수 순위	47위	

2014년 1월 27일, 페루와 이웃 국가인 칠레의 영해 분쟁이 종식되면서(1879년 페루-볼리비아 동맹국과 칠레가 초석 자원을 놓고 전쟁을 벌여 칠레가 승리했다. 패배한 페루가 남부 지역의 일부를 칠레에 넘겼고 이로 인해 페루와 칠레 사이에 해양경계를 둘러싼 분쟁이 시작됐다. 2014년 1월 27일 몇 개월 후 국제사법재판소가 페루-칠레 간 해양경계 획정에 관한 최종 판결을 내렸다. - 옮긴이)

초석산업을 놓고 다투던 양국은 새로운 동반자 관계를 맺었다. 양국 모두 국제사법재판소의 판결을 받아들였고 오얀타 우말라 Ollanta Humala 페루 대통령은 페루와 칠레의 관계가 새로운 단계에 접어들었다며 양국이 더 긴밀한 협력과 우의를 쌓을 수 있을 것이라고 기대했다. 칠레 역시 페루와의 협력 강화를 통해 새로운 경제 도약의 발판을 마련했다.

　페루는 콜롬비아의 이웃 국가로 두 나라 모두 열대우림, 태평양과 맞닿은 해안선, 이상적인 어장을 보유하고 있다. 지난 3년간 페루는 민간투자, 정부가 실시하는 자유무역 정책, 미국·캐나다·중국·한국·싱가포르·일본·유럽자유무역연합 등과 체결한 자유무역협정에 힘입어 경제성장률 6~9퍼센트를 유지했다. 풍부한 천연자원을 보유한 페루는 광산업이 가장 발달했으며 광산업 수출액이 총 수출액의 60퍼센트를 차지하고 있다. 현재 페루 인구의 약 4분의 1이 수도인 리마에 집중되어 있는데, 앞으로 내륙 지역의 인프라를 개선한다면 페루는 경제성장을 촉진할 수 있을 것이다.

베네수엘라 :

	인구	28,459,085명
	도시화율	93%(2010년)
	GDP	3,675억 달러
	산업구조	농업 3.7%, 공업 35.5%, 서비스업 60.8%
	성장률	1.6%
	1인당 GDP	2000년 4799.65달러, 2012년 14,414.75달러
	2014 경제 자유지수 순위	175위

베네수엘라는 사람들에게 두 가지 이미지로 다가간다. 하나는, 니콜라스 마두로Nicolás Maduro 대통령이 구상한 미래 세계 속의 베네수엘라이고, 다른 하나는 세계인의 눈에 비친 베네수엘라다. 이 나라는 세계 최대 원유 매장량을 자랑하지만 경제와 사회는 불안정하다.

2014년 2월, 우리가 코스타리카에서 만난 한 베네수엘라 친구는 자신들의 생활을 이렇게 묘사했다. "설탕을 살 때도, 쌀을 살 때도 줄을 서야 합니다. 줄을 서지 않고 화장지를 사면 아주 운이 좋은 거지요. 물자가 부족할 때는 아예 살 수도 없어요."

과거 베네수엘라는 소수의 부자만 호화로운 생활을 하고 대다수 국민은 생계를 잇기 힘들만큼 가난하게 살았다. 하지만 지금은 이런 상황에 변화가 일어나고 있다.

안타깝게도 베네수엘라는 대외무역을 비약적으로 성장시킬 절호의 기회를 헛되이 흘려보냈다. 다행히 마두로 정부는 현실을 정확히 인식하고 문제해결을 위해 노력하고 있다. 베네수엘라는 2014년 아르헨티나와 함께 라틴아메리카에서 가장 심각한 문제를 안고 있는 나라였다.

라틴아메리카, 미국의 뒤뜰인가, 중국의 새로운 경주장인가?

맥킨지글로벌연구소는 숱한 우여곡절에 아직 부족한 점이 많긴 해도 앞으로 창업이 가장 활발할 지역으로 중국과 라틴아메리카를 꼽았다. 2025년이면 상파울루에 본사를 둔 기업이 지금의 세 배로 늘어날 것으로 예상된다.

미국의 통제에서 벗어난 뒤 라틴아메리카 국가들은 사고방식도 자유로워졌다. 그들은 더 이상 미국이 자신들을 위해 무언가 해주기를 바라지 않고 미국과 동등한 입장에서 함께 일하고자 한다. 동시에 미국의 우월적 지위는 서서히 사라지고 있다. 2013년 미국과 라틴아메리카 간의 무역액은 8500억 달러로 2012년 중국과 라틴아메리카 간의 무역액인 2440억 달러보다 몇 배 더 많지만, 이 격차는 빠르게 줄어들고 있다.

지금 사람들의 관심사는 라틴아메리카 국가의 번영이 일시적인 현상으로 그칠지 아니면 오래 계속될 것인지의 문제다. 다시 말해 이것은 라틴아메리카 국가들이 선수가 되어 직접 공을 찰지, 아니면 남들의 발에 이리저리 차이는 축구공이 될지의 문제다. 페르난도 카르도소Fernando Cardoso 전 브라질 대통령은 "과거 우리는 미국이 라틴아메리카를 완전히 장악하지 않을까 우려했지만 지금의 상황은 우리의 걱정과 정반대다"라고 말했다.

〈인베스터스비즈니스데일리Investor's Business Daily〉 기자 마이클 푸멘토 Michael Fumento는 중국의 역할에 대한 우려를 제기했다.[27] "중국은 미국이나 유럽에 감히 팔지 못하는 것들을 라틴아메리카에 팔고 있다. 그것도 비정상적으로 높은 가격에 말이다." 하지만 우리가 직접 라틴아메리카 국가에 가서 보고 들은 사실은 그렇지 않았다. 주관적인 관점은 아무리 실제 경험에서 나온 것이라 해도 객관적 정확성을 담보하지 못한다.

라틴아메리카 국가들은 자신감을 찾고 내부적인 경제 통합으로 경쟁력을 높이며 국제적인 위상을 끌어올리려 노력하고 있다. 그 과정에서 라틴아메리카 국가들은 자국이 원하는 것을 자유롭게 선택할 것으로 보인다. 신흥경제국들은 미국과 중국뿐 아니라 모든 국가와 동반자 관계를 맺고 서방의 간섭에서 벗어나 상호협력 관계를 구축할 것이다.

아시아

아시아의 육지 면적은 지구 전체 육지 면적의 3분의 1을 차지하고 있다. 아시아는 40억 명으로 세계에서 가장 인구가 많은 대륙이고, 중국은 세계에서 가장 인구가 많은 나라이며, 러시아는 세계에서 가장 영토가 넓은 나라다. 또 히말라야 산맥은 세계에서 가장 높은 산맥이고, 바이칼 호는 세계에서 가장 오래된 내륙호다. 마리아나 해구는 세계에서 가장 깊은 해구이며, 사해는 해발고도가 가장 낮은 곳이자 염도가 가장 높은 곳이다.

아시아는 세계적으로 두 대륙에 걸쳐 있는 나라, 다른 대륙과 국경을 맞댄 나라가 가장 많은 대륙이기도 하다. 대표적으로 러시아, 카자흐스탄, 인도네시아, 터키가 그런 나라다. 그뿐 아니라 아시아는 여러 문화의 요람이기도 하다. 세계 주요 종교 중 대부분이 아시아에서 탄생했다. 20세기 아시아의 경제성장을 주도한 것은 일본과 한국이지만 1970년대 말 개혁개방을 한 중국이 잠재력을 발휘하면서 아시아 성장을 촉진했다.[28]

실제로 많은 초대형 기업이 아시아에 위치해 있다. 〈포브스〉와 〈이코노미스트〉가 공개한 자료에 따르면, 시가총액이 페트로차이나 2020억 달러, 중국공상은행 2150억 달러, 일본 도요타 1930억 달러, 한국 삼성전자 1860억 달러, 중국건설은행 1740억 달러, 알리바바 1680억 달러, 대만 TSMC 1010억 달러 등으로 모두 기업가치가 1000억 달러 이상이다. 인도 최대 기업인 릴라이언스의 시가총액은 509억 달러다. 참고로 애플의 시가총액은 4830억 달러, 독일 지멘스는 1140억 달러, 스위스

노바티스는 2270억 달러다.[29]

〈포브스〉가 발표한 세계 기업가치 순위 중 1~10위를 중국과 미국 기업이 각각 절반씩 차지했다. 여기서 중국의 다섯 개 기업은 모두 국영기업이고 미국의 다섯 개 기업은 민영기업이다. 하지만 시진핑 국가주석의 중화부흥 계획에 기업 개혁도 포함되어 있으므로 중국의 기업 구조는 점차 변화할 것으로 보인다.

아시아는 세계 자본시장의 27퍼센트를 차지하고 있고 아시아의 거대한 소비시장은 세계 중산층 소비의 30퍼센트를 차지한다. 세계 제조업의 47퍼센트가 아시아에 집중되어 있으며 아시아 무역의 55퍼센트는 역내에서 이루어지고 있다. 중국이 아시아의 세계적인 스타임은 의심의 여지가 없다.

중국 :

인구	1,349,585,838명
도시화율	50.6%(2010년)
GDP	8,939조 달러
산업구조	농업 9.7%, 공업 45.3%, 서비스업 45%
성장률	7.6%
1인당 GDP	2000년 949.18달러, 2012년 6,807.43달러
2014 경제 자유지수 순위	137위

중국은 '교육과 경제'의 중요성을 보여주는 대표적인 본보기다. 중국의 개방에 관한 보다 자세한 설명은 3장에서 다루고 있으므로 여기서는 중국의 현황을 대략적으로 살펴보겠다.

과거 10년간 중국이 실시한 '서부대개발' 프로젝트는 농촌과 낙후된 지역의 경제발전을 촉진했다. 중국 서부 쓰촨성의 성정부 소재지인 청두는 중국 경제의 스타 도시로 우뚝 섰는데, 이는 중국 정부의 전국 발전 전략이 효과를 거둔 덕분이다. 우리는 2014년 4월 지린성 성정부 소재지인 창춘을 방문했다. 도시는 전체적으로 몇 년 전 우리가 중국 서부 도시에서 느꼈던 분위기와 흡사했다. 다른 점이 있다면 당시 바인차오루巴音朝魯 지린성장이 단순히 GDP 증가뿐 아니라 삶의 질 향상에 역점을 두고 '지속가능한 발전'을 추구하고 있었다는 것이다.

창춘은 일찍부터 중국의 중요한 자동차 공업 도시 중 하나였다. 하지만 중국은 여기에 만족하지 않고 창춘을 중국 최대 자동차 생산기지로 만들겠다는 야심을 품고 있다. 지린성은 에너지 절약 및 오염물 배출량 감축, 농업 및 서비스업 발전, 과거 국영기업이 독점하던 인프라 및 공공사업 민영화, 임대주택 보급, 사회보장 강화, 교육 및 공공복지 확대 등을 통해 지역경제 발전을 도모할 계획을 세우고 있다.

지린성은 관광, 의료 서비스 등을 포함해 서비스산업을 발전시키기 위한 3개년 계획을 시행할 예정이다. 이밖에도 약 700개의 프로젝트를 통해 3차산업 클러스터를 구축하고 혁신 및 연구개발을 촉진하고자 정부 투자를 최소한 20퍼센트 늘리기로 했다.[30] 이를 뒷받침하듯 리위안위안李元元 지린대학 총장은 "대학의 책임은 국가 발전에 필요한 창의적인 과학자를 길러내는 데 있다"라고 말했다. 중국 정부 역시 지린성의 현대

화를 촉진하겠다는 발표와 함께 부패 척결, 엄격한 법 집행, 행정심의절
차 간소화 등의 구체적인 조치를 내놓았다.

　다른 신흥경제국은 투자자에게 다양한 분야에서 기회를 제공하고 있
지만, 중국은 외국인 투자자에게 점점 더 까다로운 기준을 적용하고 있
으며 그들을 대하는 태도도 당당해지고 있다.

인도 :

	인구	1,220,800,359명
	도시화율	31.3%
	GDP	1,758조 달러
	산업구조	농업 16.9%, 공업 17%, 서비스업 66.1%
	성장률	3.8%
	1인당 GDP	2000년 457.28달러, 2012년 1,498.87달러
	2014 경제 자유지수 순위	120위

　1990년대에 인도가 개방의 길로 들어선 듯하자 이미지가 바뀐 인도는
2007년 9퍼센트의 경제성장률을 기록했다. 이에 고무된 많은 사람이 인
도가 중국의 뒤를 이어 비약적인 경제성장을 이룰 것이라는 기대를 품
었다. 더불어 인도의 외국인 직접투자액이 대폭 증가했으나 예상과 달
리 인도 경제는 정체됐고 시급한 개혁은 계획대로 이뤄지지 않았다.

　얼마 전 우리는 델리 공항에서 비행기를 기다리던 중 현지인 사업가
가족과 이야기를 나누었다. 그 사업가는 회사를 베트남으로 이전한 뒤
가족과 함께 베트남으로 이민 가는 중이라고 했다. 그는 "이제 관료주의

에 진저리가 난다. 더 이상 참을 수가 없다"라며 울분을 토했다.

인도가 안고 있는 커다란 문제 중 하나는 고질적인 관료주의다. 굴차란 다스Gurcharan Das 전 프록터앤드갬블P&G 인도법인 CEO는 자신의 책《인도는 밤에 성장한다 India Grows at Night》에서 "인도는 실패한 나라다. (…) 국력이 약하면서도 국민을 숨 막히게 짓누른다"라고 했다.[31] 인도의 성장 잠재력은 잠자는 숲속의 미녀와 같지만 인도 정부는 아직도 그녀를 깨울 입맞춤을 하지 못했다.

인도는 명색이 '세계 최대 민주주의 국가'이면서도 민주주의와는 거리가 먼 신분제도를 유지하고 있다. 인도가 '세계 최대 민주주의 국가'라는 꼬리표를 달고 있는 것에 대해 "헛된 구호이며 오직 숫자만이 진실(인도의 유권자는 8억 2499만 명이 넘는다)이다. 불공평과 불공정이 아직도 이 나라를 더럽히고 있다.[32] 지금도 고유의 신분제도 카스트가 인도 사회 곳곳에 적잖은 영향을 미치고 있다.

이 세습적 신분제도 때문에 많은 인도인이 발전을 위해 노력할 기회조차 얻지 못하고 있다. 결혼은 같은 신분끼리만 할 수 있고 직업 선택도 신분에 따라 엄격한 제약을 받는다. 카스트의 4계급 중 가장 높은 신분은 브라만으로 엘리트, 학자, 교사, 종교지도자는 모두 이 계급에서 나온다. 두 번째는 크샤트리아로 왕, 귀족, 무사, 고위관료가 이 계급에서 배출된다. 세 번째 계급인 바이샤는 대부분 상인, 판매원, 지주, 농민으로 살아가며 가장 낮은 계급인 수드라는 공장 노동자나 농도가 된다.

더 불행한 운명을 받아들여야 하는 사람은 '불가촉천민'으로 이들은 사회의 변두리에서 살아야 한다. 몇 개월 후아동기구와 국제인권감시기구의 조사에 따르면 힌두교, 이슬람교, 불교, 기독교를 믿는 천민은 약

2억 5000만 명으로 인도 전체 인구의 4분의 1을 차지한다.

나렌드라 모디가 총리로 당선된 후 구조적 개혁과 경제성장에 대한 인도 국민의 기대가 전에 없이 높아졌다. 모디 총리 역시 경제에 역점을 둔 정책을 펼치겠다는 의지를 밝혔다. 인도가 2014년을 발전의 전환점으로 삼아 국민생활의 질을 높이기 위한 길로 들어설지는 두고 볼 일이다. 흔히 사람들은 습관처럼 인도와 중국을 나란히 비교한다. 30년 전에는 양국의 GDP가 비슷했으나 현재 인도의 GDP는 중국의 4분의 1에 불과하다.

2015년 중반 인도의 전망은 엇갈린다. 미심쩍은 성장과 제 기능을 하지 못하는 의회, 고조되는 부정부패로 점철된 긴 세월을 보내고 수년 만에 처음으로 새롭게 선출된 의회가 한 개 정당의 다수당으로 구성됐다. 모디 총리와 그의 다수당을 통해 인도는 국민들의 혜택을 만회시킬 수 있다. 모디 총리의 야심은 인도에서 가장 위대한 총리가 되는 것이라고들 이야기한다.

인도를 중국 형태의 제조업 강국으로 탈바꿈시키고 글로벌 게임 체인지가 제공하는 기회를 지렛대 삼으면, 효율적이지만 전제적인 중국의 지배 구조와 겨루는 서구 정부 모델에 괄목할 만한 승리를 가져올 수 있을 것이다. 하지만 인도를 개선시키는 데는 한 가지 중차대한 사안이 있다. 국가에 대한 비전이 위에서 아래로 소통되어야 하는 한편 변화를 위한 에너지는 아래에서 위로 개발되어야 한다.

덩샤오핑의 강점은 회생을 주제로 한 연설이나 초안에 있었던 것이 아니라 국민에게 권한을 제공한 데 있었다. 중앙 정책의 철권을 탈피하기 위한 첫 시도는 순수한 절박감에서 시작됐지만 그다음 비정통적 수순들은 관대함과 이어 관리들의 지도를 통해 이행됐다. 불법 거래가 횡행하는 회색지대들이 과도기에 자리를 잡았고, 개혁 과정의 시행착오는 그 가치가 입증되면서 하나의 전략이 됐다. 가장 중요한 씨앗은 자신들의 미래를 스스로 구축할 수 있다는 희망이었다.

인도에 대한 전 세계의 기대가 대단하다는 모디 총리의 발언은 맞는 이야기다. 대단한 기대는 격려로 받아들일 수 있고, 분명 인도에 대한 세계 공동체의 신뢰를 보여주는 근거다. 하지만 아룬 자이틀레이 인도 재무장관이 밝힌 것처럼 파산 법정과 분쟁 해결 기구 그리고 조달법을 검토할 것이라는 약속만으로는 충분하지 않다. 개혁과 자유화를 시도할 것이라든지 교외 지역 인프라와 관련해 천문학적인 규모의 투자를 단행할 것이라는 아여가로는 어떤 것도 이룰 수 없다.

과연 모디 총리가 인도를 진정 개혁하기 시작한 것인가?

"인도의 리더는 무엇을 성취하고자 하는가에 대한 비전을 제공하고 다른 이들이 지원하도록 해야 한다." 〈이코노미스트〉가 2015년 5월 낸 모디 총리와의 인터뷰 기사 내용이다.[33] 모디 총리는 취업 기회를 확대해야 한다고 말했다. 하지만 기업가들에게 가장 커다란 지원은 기업 친화적인 환경과 교육, 헬스케어 투자다. 인도의 젊고 유능한 국민들에게 어떻게 권한을 부여하고, 자신들의 역량을 개발할 수 있는 여건을 제공하는 한편 자신들과 국가 모두에게 이로운 방향으로 지도할 것인가를 파악해야 한다.

세계적인 성장엔진이 되겠다는 인도의 목표는 원대하지만 이는 목표까지 기껏 3만 걸음이면 되는 마라톤에 불과하다. 멀리 떨어진 목표 지점보다 스텝들을 연결하는 편이 더 쉽다.

중국이 부상하는 데는 소위 바다거북이라고 불리는 해외 동포들의 노하우와 경제적 역량이 커다란 자산이 되었다. 이들은 고국에 지식과 기술, 자본 그리고 네트워크를 제공했다. 해외 거주 인구가 약 2700만 명에 달하는 인도는 얼마나 매력적인가.

외국에서 살고 있는 인도인들은 모디 총리의 선거에 막강한 지지층이었다. 이들이 현대 인도에 얼마나 더 많은 기여를 할 수 있겠는가. 인적 자원의 유효성에 대한 우려와 제조업의 질에 관한 염려가 많은 이들의 발목을 붙들고 있다. "인도의 상황들이 진정으로 바뀐다면 조속히 복귀하고 싶다." 델리 공항에서 만난 비즈니스맨의 이야기다.

인도의 목표는 글로벌 경제에서 차지하는 비중을 2.0퍼센트에서 2020년까지 3.5퍼센트로 높이는 데 있다. 이는 실현 불가능한 목표가 아니다. 특히 중국 주요 도시의 임금이 상승하고 있고, 경제 중심지와 다수의 첨단기술 집약지가 급속하게 값싼 노동력에서 고도의 기술 제조업으로 변모하면서 인도가 공백을 채울 여지를 창출하고 있다.

전 세계 공급망은 부단히 변화하고 있고, 우리가 예상하는 대로 글로벌 서던벨트에 해당하는 국가들이 세계를 재편하고 있다. 구매력을 기준으로 할 때 인도는 2위 국가에 해당하고, 중국의 저비용 제조업 탈피로부터 막대한 반사이익을 얻을 것으로 확실시 된다. 이는 첨단기술산업이 필요로 하는 인적 자본과 인도의 인력을 연결하는 가교가 될 수 있다. 그리고 저비용 지역을 물색하는 새로운 투자가 늘어나는 만큼 이는 '인도의 세기'라는 목표에 이르는 데 매우 중요한 수순이다.

인도와 중국은 새로운 아시아인프라투자은행의 창설 파트너이지만 방글라데시와 중국, 인도, 미얀마를 연결하는 경제 회랑에 대한 중국의 계획에 합의점을 찾는 것은 무척 난해한 과제다. 그렇지만 중국의 신 실크로드 프로젝트에서 고립될 경우 인도에 막대한 파장이 미칠 것이다. 실크로드가 새로운 교역과 자본 유입의 문을 열어주는 동시에 아시아와 유럽 국가의 공조를 강화할 것이기 때문이다.

향후 수십 년간 인도와 중국은 무역과 투자를 부양시키기 위해 협력과 경쟁의 두 갈래 길에 놓이게 될 것이다. 인도의 시급한 인프라 및 제조업 혁신의 필요성은 앞으로 5년간 인도에 1000억 달러를 투자한다는 중국의 목표와 맞아떨어진다. 양국의 지도자들은 쌍방의 경제적 잠재력을 경제적인 실상을 토대로 끌어올릴 뿐 아니라 감정적이고 개인적인 접근을 통해 지지하려는 것으로 보인다.

중국과 인도의 관계를 향상시키고 전 세계에 개방하는 것은 모디 정권의 1년간 긍정적인 이력의 훌륭한 측면에 해당한다. 글로벌 공동체에서 인도의 입지와 중량감이 높아지면서 외국인직접투자FDI도 늘어나고 있다. 방글라데시와 역사적인 합의는 국경 분쟁을 종료시키는 한편 새로운 교역과 운송 계약으로 이어질 것으로 기대된다. 이와 동시에 인도는 중앙아시아 및 유라시아와 탄탄한 연대를 구축하기 위한 일환으로 이란과의 관계도 개선시키고 있다.

모디 총리는 이란과 아프가니스탄 국경을 통과하는 남북수송로의 한 부분인 차바하르 항구 건설 추진에 대한 인도의 의지를 아프가니스탄에 확인시켰다. 이는 이란이 앞으로 수십 년간에 걸쳐 경제적으로 개방하는 한편 중동과 아프리카 시장의 새로운 관문으로 입지를 다질 것이라는 관측의 맥락에서 이해할 수 있다.

하지만 과거 수십 년간 글로벌 무역의 흐름이 거대 기업에 의해 지배된 데 반해 지금은 디지털화가 소기업과 1인기업에 셀 수 없는 기회를 열어주고 있다. 신흥국 경제의 소비자 수요는 전형적인 서구식 대량 구매와 차별화될 것이다. 점차 확대되는 새로운 소비층의 상이한 수요는 유연하고 야심 있는 인도인들에게 커다란 이점을 제공한다. 인도의 마이크로 다국적기업들의 새로운 시대가 열렸다.

"좋은 시절이 다시 왔다."

모디 총리가 총선 승리 트위터에 올린 말이다. 기업 친화적인 환경을 찾아 인도를 떠난 일부 기업가들에게 인도는 머지않아 복귀할 충분한 이유를 제공하게 될 것이다. 인도가 새롭게 제정한 국제 요가의 날인 6월 21일 우리는 깊은 심호흡과 함께 최고에 대한 희망을 품고 또 보게 될 것이다.

인도네시아 :

인구	249,900,000명
도시화율	50.7%
GDP	8,787억 달러
산업구조	농업 14.3%, 공업 46.6%, 서비스업 39.1%
성장률	6.2%
1인당 GDP	2000년 789.81달러, 2012년 3,475.25달러
2014 경제 자유지수 순위	100위

인도네시아는 세계에서 네 번째로 인구가 많은 나라이자 아세안 창설 회원국 중 하나다. 1998년 수하르토Soeharto 전 대통령이 하야한 뒤 인도

네시아의 경제와 정치가 눈에 띄게 개선되고, 경제적 산출물도 동남아 전체 경제의 40퍼센트에 육박할 만큼 증가했다.

인도네시아는 세계 최대 석탄 수출국이자 최대 팜유 생산국이며 카카오와 주석 생산량은 세계에서 두 번째로 많다. 이처럼 인도네시아는 풍부한 자원을 보유하고 있지만 1억이 넘는 인도네시아 인구의 하루 평균 수입은 2달러도 되지 않는다.

인도네시아가 사상 최대의 빈부격차를 보이는 상황에서 조코 위도도Joko Widodo 대통령은 국민 위주의 정책을 펼치겠다고 약속하며 이렇게 말했다. "농민, 어민 등 전통적인 노동자들에게 유리한 사업을 실시하고 빈곤 인구에 대한 의료보건 및 사회 서비스에 투자를 늘려갈 계획이다. 생산력 향상은 내수 충족을 위해 가장 중요한 일이다."

맥킨지글로벌연구소는 2030년까지 인도네시아 인구의 90퍼센트가 소비계층에 진입할 것이라고 내다보며 "인도네시아의 세 가지 중요한 민간경제 분야인 판매 서비스, 농업, 에너지 산업에서 2030년까지 1조 8000억 달러를 창출할 수 있을 것"이라고 예상했다.[34]

시진핑 주석은 2013년 10월 초 자신의 임기 중 첫 동남아 순방의 방문지로 인도네시아를 택했다. 중국은 빠르게 성장하는 몇몇 나라에 투자하고 있는데 인도네시아도 그중 하나다. 중국은 인도네시아의 최대 무역 파트너지만 아직까지는 인도네시아 기업의 중국 투자액이 중국 기업의 인도네시아 투자액보다 많다. 중국이 인도네시아와의 경제 협력 및 투자를 늘릴 계획임을 은연중에 밝히긴 했으나 중국 기업의 투자는 인도네시아보다 한국, 일본, 싱가포르에서 더 활발하게 이뤄지고 있다.

인도네시아의 중산층은 1억 명에 육박하고 전체 인구에서 30세 이하

인구가 절반 이상이라 사회 분위기가 전반적으로 활력이 넘치고 진취적이다. 2004~2014년까지 재임한 수실로 밤방 유도요노 Susilo Bambang Yudhoyono 전 인도네시아 대통령은 재임 기간 중 2030년까지 인도네시아의 경제성장률을 7퍼센트까지 끌어올리겠다는 목표를 세운 바 있다. 그 뒤를 이어받은 위도도 대통령이 세계 최대 섬나라인 인도네시아를 '해양강국'으로 발전시키기 위해 어떤 전략을 수립할지 매우 궁금하다.

일본 :

인구	127,103,388명
도시화율	91.5%(2014년)
GDP	5,007조 달러(2013년 예상치)
산업구조	농업 2.6%, 공업 39.2%, 서비스업 58.2%
성장률	2%
1인당 GDP	2000년 37,291.71달러, 2013년 38,633.71달러
2014 경제 자유지수 순위	72위

1994년 《메가트렌드 아시아》를 집필하면서 우리는 일본에 대해 이렇게 썼다. "수년 동안 일본이 곧 세계경제를 장악할 것이라고 말하는 사람이 많았다. 그런데 오늘날 중국이 급격히 부상하면서 세계경제에 놀라운 변화가 생겼다. 일본의 경제력은 정상에 도달한 뒤 내리막길로 접어들기 시작한 반면 중국은 2000년대를 위한 준비를 끝마쳤다."

안타깝게도 이듬해인 1995년 우리가 《메가트렌드 아시아》를 출간한 이후에도 일본인은 이런 전망에 귀 기울이지 않았다. 일본은 이미 산업화 세계의 스타에서 아시아 경제의 환자로 전락했다.

일본은 1995년 10년 만에 세계에서 가장 경쟁력이 강한 국가라는 왕
좌를 내주고 4위로 밀려났다(2013~2014년 세계경쟁력지수 순위에서 일본은
9위를 차지했다). 〈이코노미스트〉는 "일본은 세계 패권을 추구하는 슈퍼
경제대국이 아니다. 스스로 멸망의 길로 들어선 하라키리(할복) 경제다"
라고 단언했다.[35]

일본은 아직도 재기하지 못하고 있다. 과거 20년간 일본 경제는 단 한
번도 진정한 의미의 성장을 거두지 못했다. 그런데도 일본 정부는 여전
히 경제가 자주적으로 기능을 발휘하지 못하도록 가로막고 미시적인 규
제를 통해 경제를 질식시키고 있다. 현 정부도 그런 상황을 타개하려는
의지가 없는 것 같다.

카자흐스탄 :

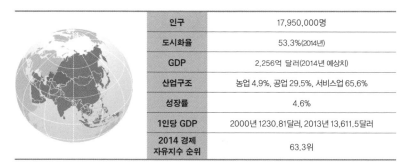

인구	17,950,000명
도시화율	53.3%(2014년)
GDP	2,256억 달러(2014년 예상치)
산업구조	농업 4.9%, 공업 29.5%, 서비스업 65.6%
성장률	4.6%
1인당 GDP	2000년 1230.81달러, 2013년 13,611.5달러
2014 경제 자유지수 순위	63.3위

카자흐스탄은 세계에서 9번째로 커다란 땅덩어리를 가진 국가다. 중
앙아시아에 위치한 카자흐스탄은 5.4퍼센트의 대륙이 동유럽과 맞닿아

있다.

카자흐스탄은 1991년 12월 마지막으로 소비에트연방에서 탈퇴한 국가다. 모스크바 혹은 세인트 피터스버그에서 카자흐스탄을 둘러싼 결정들이 내려졌던 당시의 여파는 종료됐다. 1990년 4월, 누르술탄 나자르바예프Nursultan Nazarbayev 대통령이 소비에트평의회에 의해 카자흐스탄의 대통령으로 선임됐고, 1995년 선거에서 유권자의 95퍼센트에 달하는 표를 얻으며 승리를 거뒀다. 2015년에도 그는 이와 흡사한 결과로 대선에서 승리했다.

카자흐스탄은 풍부한 원유 매장량으로 수혜를 얻었지만 경제 개발의 다변화가 없이는 영속하기 어려울 것이라는 인식이 매우 강하다. 74세의 나자르바예프 대통령은 카자흐스탄을 모든 면에서 현대화된 사회로 쇄신하겠다는 야심찬 계획을 세웠다. 그의 목표는 카자흐스탄이 전 세계 30위 선진국에 오르는 것이다. 중국의 2049년 목표와 흡사하게 카자흐스탄 역시 이를 2050년까지 달성한다는 계획이다.

2015년 우리가 카자흐스탄을 방문했을 때 분위기는 긍정적이었다. 새로운 수도 아스타나는 현대 도시의 경관을 제시했다. 또 2017년 세계박람회는 거대한 건축 현장이다.

실크로드가 카자흐스탄의 경제를 더욱 크게 부양할 핵심 동력이라는 데 의심의 여지가 없다. 시진핑 중국 국가주석은 카자흐스탄 첫 방문했던 2013년 아스타나의 나자르바예프대학에서 핵심 프로젝트를 발표했다. 카자흐스탄이 일부로 편입될 육상실크로드는 에너지 파이프라인과 도로, 철도 및 통신망 연결을 포괄하는 프로젝트가 될 것이다. 신 실크로드가 결정적인 부분이지만 카자흐스탄과 중국의 유일한 연결고리는 아니다. 중국의 외국인직접투자 규모는 이제 170억 달러를 넘어섰다.

중앙아시아의 일부로 카자흐스탄은 해당 지역의 협력 강화로부터 커다란 반사이익을 얻을 것이다. 2014년 세계경제포럼은 남코카서스와 중앙아시아에 대한 전망에서 카자흐스탄의 GDP가 앞으로 10년간 20퍼센트 성장할 것으로 예상했다. 중앙아시아 전반의 무역은 160퍼센트 급증할 것으로 추정되며, 공급망 비용 감축 효과가 17억 2800만 달러에 달할 것으로 기대된다. 또 새로운 운송 회랑에 참여하는 국가의 정규직 고용이 180만 건 늘어날 전망이다.

한국 :

인구	52,000,000명
도시화율	83.2%(2011년)
GDP	1,198조 달러(2013년 예상치)
산업구조	농업 2.6%, 공업 39.2%, 서비스업 58.2%
성장률	2.8%
1인당 GDP	2000년 11,947달러, 2013년 25,976달러
2014 경제 자유지수 순위	31위

한국은 세계적으로 가장 빠르게 빈곤에서 탈출한 국가다. 매우 가난한 아시아 국가 중 하나였던 한국은 20년 만에 GDP를 세 배로 끌어올리는 놀라운 기록을 세우며 단숨에 세계 14위 경제국으로 올라섰다. 현재 한국은 IT산업을 이끌어가는 나라 중 하나이며 휴대전화와 메모리칩 기술에서 세계적으로 크게 앞서 있다. 특히 삼성과 LG는 세계 최대 TV 생산

업체이고 자동차 생산대수도 세계 5위다.

하지만 한국의 서비스산업은 다소 정체돼 있다. 국가경제의 발전을 촉진하기 위해서는 단순히 생산성 증대에 의존하는 방식에서 벗어나 저부가가치 산업을 줄이고 고부가가치 산업에서 일자리를 늘릴 필요가 있다. 다행히 글로벌 서던벨트가 부상하면서 한국이 관광산업과 비즈니스 서비스 산업에서 성장할 가능성이 매우 커졌다. 이런 기회를 활용하려면 박근혜 대통령이 우선적으로 행정 시스템의 경직성부터 해소해야 한다.

최근 한국 기업들이 신흥경제국에 공장을 설립하는 사례가 늘어나고 있다. 이것은 국내 취업률이 낮은 원인 중 하나로 주요 업종의 국내 취업률이 낮으면 미국과 비슷한 문제를 겪게 된다. 그중 하나가 중산층 감소인데 실제로 한국의 중산층 인구비율은 1990년 75퍼센트에서 2013년 67퍼센트까지 하락했다. 중산층 인구 감소의 직접적인 결과로 나타난 것이 가계저축 감소다.

한국은 출생율도 여성 한 명당 1.30명으로 세계 최저 수준까지 떨어졌다. 설상가상으로 높은 부동산 가격과 교육비용도 큰 문제다. 한국과 중국의 부모들은 아이를 좋은 대학에 보내기 위해 가계소득 중 많은 부분을 교육비로 쓰고 있다. 한국 학생들과 대화를 나눠보니 그들에게 가장 중요한 일은 명문대학에 들어가 우수한 성적을 유지하는 것이었다. 이런 현상은 필연적으로 대졸자 공급과잉을 유발하고 결국 실업률 증가라는 리스크를 낳는다.

우리가 박근혜 대통령과 면담할 때도 자연스럽게 '교육'이 화제로 등장했다. 주요 내용은 막중한 학업 스트레스와 암기식 학습 방법이 학생들의 창의력을 짓밟고 있다는 것이었다. 사실 한국은 이미 자국만의 산업체계를 수립한 국가이므로 이제 각 분야에서 창의력을 높여야 한다. 특히 한국이 바라는 '창조경제'를 실현하기 위해서는 젊은이들이 재능을 길러 꿈을 이룰 수 있도록 해주어야 한다.

하지만 세계에서 근로시간이 가장 긴 한국인은 꿈을 꿀 시간이 부족하다. 심지어 한국인은 중국인보다 더 많이 일한다. 한국 출판사나 여러 사업 파트너들이 보내는 이메일을 보면 밤 열두 시 이후 혹은 주말에 쓴 것이 많다. 근면함과 진취성은 소중한 것이지만 너무 지나쳐서는 안 된다. 이제라도 한국인은 낡은 관념을 버리고 보다 실용적인 교육 시스템을 구축해야 한다. 대학졸업장을 성공의 화려한 문을 여는 유일한 열쇠로 여겨서는 곤란하다.

라오스 :

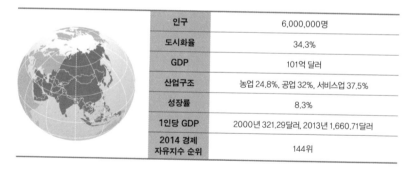

인구	6,000,000명
도시화율	34.3%
GDP	101억 달러
산업구조	농업 24.8%, 공업 32%, 서비스업 37.5%
성장률	8.3%
1인당 GDP	2000년 321.29달러, 2013년 1,660.71달러
2014 경제 자유지수 순위	144위

라오스는 1997년 아세안에 가입했지만 여전히 매우 가난한 나라 중 하나다. 경지면적이 전체 국토 면적의 4퍼센트에 불과한 라오스는 인구

의 80퍼센트가 자급자족식 농업 생산에 종사하며 그것도 벼농사가 대부분이다. 공업 생산을 하는 기업은 극소수에 지나지 않는다. 2012년 라오스는 세계무역기구 가입을 승인받고 2년에 한 번씩 열리는 아시아유럽 정상회의 ASEM도 개최했다.

라오스는 심각한 경제문제를 해결하기 위해 1986년부터 개혁·개방을 실시했는데 그 목표는 계획경제에서 시장경제로의 점진적인 전환에 있다. 물론 이 나라는 성장 잠재력이 있으나 부족한 인프라, 낙후된 교육, 부실한 금융구조 등의 문제를 안고 있다. 무엇보다 라오스에는 보크사이트, 석탄, 구리, 금, 주석 등의 매장량이 풍부한데 라오스는 외국자본이 유입되어 이 자원을 개발해주기를 기대하고 있다.

라오스의 관광산업은 빠른 성장세를 보이고 있지만 아직 가야 할 길이 멀다. 그럼에도 불구하고 라오스는 현재 세계에서 매우 빠르게 성장하고 있는 나라 중 하나다. 2002~2011년 라오스의 경제성장률은 줄곧 6.2퍼센트를 밑돌았지만 2007년에는 8.7퍼센트까지 상승했다.

놀라운 것은 라오스의 특허출원 및 과학논문 발표량이 베트남보다 많다는 사실이다. 〈이코노미스트〉는 베트남이 '중진국 함정'에 빠질 가능성이 있으며 경제적으로 라오스와 캄보디아에 추월당할 수 있다고 경고한 바 있다.[36]

중국 국가발전개혁위원회는 2014년 새로운 철도 건설을 승인했고 이 철도는 중국에서 라오스, 미얀마까지 이어질 것이다.[37] 총연장 504킬로미터 길이로 건설될 이 전기철도는 중국 윈난성의 위시玉溪, 쿤밍昆明, 푸얼普洱, 시솽반나西雙版納 주에서 시작해 중국과 라오스 국경의 모한磨憨을 거쳐 라오스 수도 비엔티안까지 연결될 계획이다. 내륙 국가인 라오스에 철도가 건설되면 관광업이 발달하고 외국자본의 투자를 늘리는 한편 수출품 및 소비품의 운송비용이 줄어드는 효과를 얻을 것이다.

말레이시아 ：

인구	29,240,000명
도시화율	72.8%
GDP	3,124억 달러
산업구조	농업 11.2%, 공업 40.6%, 서비스업 48.1%
성장률	4.7%
1인당 GDP	2000년 4,004.56달러, 2013년 10,380달러
2014 경제 자유지수 순위	37위

수십 년 전 원료 생산국이던 말레이시아는 지금 종합적인 경제 국가로 성장했다. 말레이시아는 아세안 지역 경제발전의 성공적인 모델로 부상했으며, 2020년까지 경제를 한 차원 더 발전시키겠다는 목표를 향해 나아가고 있다.

2010년 9월, 말레이시아 정부는 경제변화프로그램ETP을 발표했는데, 말레이시아를 중소득 국가에서 고소득 국가로 끌어올리는 것을 목표로 내세웠다. 최소한 세계은행이 정한 '1인당 평균소득 1만 5000달러'라는 고소득 국가기준을 넘기겠다는 야심이다.

말레이시아의 경제발전 전략은 전체 투자액의 92퍼센트를 민간기업이 충당하고 정부는 기업들을 보조하는 역할에 머무는 것이다. 투자업체 중 하나인 말레이시아 광고기업 아시아미디어는 말레이시아의 세계적인 영향력 확대와 아세안 지역에서의 경쟁력 강화를 위해 경제 변화 프로그램에 1억 5200만 달러를 투자할 계획이다.

리키 웡Ricky Wong 아시아미디어 CEO는 "모바일 방송 등을 통해 정보와 오락을 제공하고 말레이시아의 통신 및 인프라 건설을 촉진함으로써 지식기반 사회로의 전환을 전폭 지원하겠다"라고 밝혔다.

말레이시아는 세계적으로 이슬람 은행의 금융상품 및 서비스를 많이 제공할 수 있는 국가 중 하나다. 2015년에는 이슬람 은행의 금융상품 및 서비스의 가치가 2조 달러까지 증가할 것으로 예상한 바 있다. 지난 수십 년간 계속 성장해온 이슬람 은행은 주로 이슬람 율법에 위배되지 않는 금융상품 및 서비스를 제공한다.

미얀마 :

인구	55,746,253명
도시화율	32.6%(2011년)
GDP	3,124억 달러
산업구조	농업 38%, 공업 20.3%, 서비스업 41.7%
성장률	6.8%
1인당 GDP	2004년 194.61달러, 2012년 1,200달러
2014 경제 자유지수 순위	162위

오랫동안 세상과 단절되어 있던 미얀마는 세계를 향해 문을 활짝 열어젖히고 국제사회와 융화되기 위해 노력하고 있다. 이러한 개혁개방과 서방의 제재 완화는 미얀마에 새로운 기회를 안겨주고 있다. 가령 농촌

지역의 소액대출이 가능해지면서 농촌 인구의 생활수준이 개선되고 빈곤문제도 다소 완화됐다. 그러나 여전히 빈곤층이 미얀마 전체 인구의 4분의 1을 차지하고 있다.

미얀마는 젊은 층이 많은 인구구조, 풍부한 자원, 우월한 지정학적 조건을 갖춘 덕분에 식품가공·음료 생산·관광·의류·IT 기술 등 다양한 업종에서 외국인 직접투자가 활발하게 이뤄지고 있다. 이것은 긍정적인 일이지만 2012년 인터넷 사용 인구가 아직 전체 인구의 1.1퍼센트에 불과했다.

굳이 인터넷 사용 인구를 따지는 이유는 인터넷이 국가의 개방도와 국제화 수준을 높이는 중요한 창구이기 때문이다. 디지털화 역시 미얀마의 경제발전을 위해 반드시 갖춰야 할 중요한 요건인데, 수준 높은 IT 인프라를 구축하려면 과감한 계획과 강력한 실천이 필요하다.

맥킨지글로벌연구소는 이웃 아시아 국가들과 마찬가지로 미얀마도 경제성장을 위해서는 가장 먼저 생산력 향상 문제를 해결해야 한다고 밝혔다.[38] "미얀마 경제는 연평균 8퍼센트씩 성장할 수 있는 잠재력이 있다. 그러나 현재의 인구 상황과 노동력 생산수준이 지속된다면 미얀마 경제의 연성장률은 4퍼센트를 넘기 힘들 것이다.

미얀마는 2014년 아세안 순회 의장국이 됐는데 이는 미얀마의 위상을 다시 한 번 국제사회에서 인정받았음을 의미한다. 2014년 11월, 미얀마에서 열린 제25차 아세안 정상회의에는 오바마 미국 대통령을 비롯해 아세안 이외 국가의 정상들도 참석했다.

스리랑카 :

인구	21,866,445명(2014년 7월 예상치)
도시화율	15.1%(2011년)
GDP	6,522억 달러
산업구조	농업 31.8%, 공업 25.8%, 서비스업 42.4%
성장률	6.3%
1인당 GDP	2000년 854.93달러, 2013년 3,279.89달러
2014 경제 자유지수 순위	90위

스리랑카의 수출품은 속옷에서 운동복까지 그야말로 아주 다양하다. 스리랑카에서 만들어진 이러한 상품들은 스페인의 자라나 영국의 막스앤스펜서 등의 온라인 사이트에서 팔려 나간다.

〈파이낸셜타임스〉의 인도 특파원 제임스 크랩트리James Crabtree는 "작은 섬나라 스리랑카는 세계에서 가장 분주한 동서항로에 위치해 있으며 바로 그 점이 스리랑카를 세계 의류 제조의 중심지로 변모시켰다"라고 분석했다.[39]

만약 스리랑카가 새로운 제조공장, 창고, 물류설비를 건설한다면 이 나라는 다른 산업 국가들과 경쟁할 능력을 갖출 것이다. 크랩트리는 "이 것은 아주 작은 사례일 뿐이다. 아시아 기업들은 스리랑카의 예를 통해 어떻게 글로벌 상품 공급사슬에 진입하고 또 어떻게 시장점유율을 높이는지 확인할 수 있다"라고 말했다.

태국 :

인구	6,679만 명
도시화율	34.1%(2011년)
GDP	4,009억 달러
산업구조	농업 12.1%, 공업 43.6%, 서비스업 44.2%
성장률	3.1%
1인당 GDP	2000년 1,968.54달러, 2013년 5,778.98달러
2014 경제 자유지수 순위	72위

아시아에서도 특히 부탄은 행복지수를 국민생활의 질을 판단하는 중요한 지표로 삼고 있다. 태국 군사정부의 프라윳 찬오차Prayuth Chanocha 총리도 이 방식에 전적으로 동의하는 듯하다.

태국은 기업가들에게 비즈니스 환경이 좋은 나라로 알려져 있다. 세계은행이 189개국 도시의 비즈니스 환경을 조사한 보고서에 따르면, 태국은 '사업하기에 좋은 도시' 순위에서 18위를 차지했다. 그러나 1997~1998년의 아시아 외환위기 이후 태국의 경제성장 속도는 둔화되어 약 4퍼센트 수준에 머물러 있다.

한편 태국은 오래전의 신분제도를 계속 유지해오고 있다. 이 신분제도는 국민의 사고방식은 물론 실제 생활에도 영향을 미치는데 그 제도의 꼭대기에는 국왕이 있고 가장 밑바닥에는 현실을 받아들이고 만족하며 살아가는 농민이 있다. 과거 수십 년간 그 주변국 국민의 행복은 경제발전과 사회평등의 바탕 위에 실현됐으나 태국은 아직도 세계적으로 불평등한 나라로 남아 있다.

프라윳 총리는 2014년 1200억 바트(약 37억 달러) 규모의 투자 프로젝트를 승인했다. 그렇지만 2013년 태국의 외국인직접투자 규모는 130억 달러로 싱가포르의 640억 달러에 비해 여전히 낮은 수준이다.[40]

이밖에도 태국은 정치권의 파벌 다툼이 치열하고 경제적으로 이웃 국가들보다 뒤처져 있다. 비록 개헌을 했어도 태국의 정치는 군부와 귀족이 대다수 의석을 차지하고 사사건건 각종 입법을 가로막는 미얀마의 전철을 밟을 가능성이 크다. 태국의 군사정부에게 경제 개혁, 법치 추진, 행정의 투명성 확보, 민주제도 수립 등의 목표를 실현할 만한 의지와 능력이 있는지는 더 검증이 필요하다.

그렇더라도 태국은 아세안 회원국으로서 동남아의 자동차 생산기지이자 세계 2위의 하드드라이버와 픽업트럭 생산국이다. 나아가 세계 최대 고무 생산국이기도 하다. 중국 제조업의 원가가 계속 상승하는 가운데 법인세율이 낮고 인프라를 비교적 잘 갖춘 태국은 앞으로 발전 기회를 얻을 것으로 보인다.

터키 :

인구	81,619,392명
도시화율	71.5%
GDP	8,218억 달러(2013년 예상치)
산업구조	농업 8.9%, 공업 27.3%, 서비스업 63.8%
성장률	3.8%
1인당 GDP	2000년 4,219.54달러, 2013년 10,971.66달러
2014 경제 자유지수 순위	64위

과거 10년간 고속성장한 터키 경제는 빠른 현대화와 산업화로 성공 스토리를 만들어냈다. 터키의 경제성장을 이끈 것은 국민소득 증가로 대폭 늘어난 중산층과 대규모 건설 프로젝트 그리고 소비 증가다. 터키는 매우 전망이 밝은 신흥경제국 중 하나로 세계 17위의 GDP를 자랑한다.

터키에서 추진 중인 주요 투자 프로젝트만 해도 전체 규모가 2000억 달러를 넘는다.[41] 가장 먼저 2019년 완공 예정인 예니 하와리마느Yeni Havalimani 공항에 290억 달러, 마르마라 해와 흑해를 연결하는 총 40여 킬로미터의 운하건설 프로젝트에 150억 달러, 5000세대 이상 고급 아파트가 포함된 정부 및 민간 합작 부동산 개발 프로젝트에 84억 달러를 투자할 계획이다. 그밖에도 13억 5000만 달러를 들여 마리나 항 두 개, 5성급 호텔 두 개, 초대형 쇼핑몰 및 이슬람사원을 건설하고 보스포루스 해협의 대형 해저터널 건설에도 14억 달러를 투자할 예정이다.

레제프 타이이프 에르도안 대통령은 터키의 발전에 가장 크게 이바지한 인물인 동시에 많은 논란의 중심에 서 있는 인물이다. 그가 많은 터키인의 생활수준을 크게 개선한 것은 사실이지만 빈곤문제는 여전히 해소되지 않았다. 독일 시사주간지 〈디차이트〉는 2014년 4월 이렇게 썼다. "거의 모든 터키인이 집과 차를 살 수 있다. 에르도안은 터키를 완전히 다른 나라이자 더 좋은 나라로 만들었다. 비록 그의 정적들은 이 사실을 인정하고 싶지 않겠지만 말이다."[42]

터키의 자유주의자들은 에르도안의 지지자들을 이해하지 못한다. 에르도안이 반정부 시위를 진압하고 유튜브와 트위터에 올라온 부패 관련 영상을 차단한 것을 비난하는 그들은 이 일련의 강압 정책에도 불구하고 에르도안의 충성스런 지지층이 굳건하다는 사실에 당혹스러워한다.

터키는 지금 갈림길에 서 있다. 한쪽 길은 퇴보로 향하는 길이고 다른 한쪽 길은 진보로 향하는 길이다.

2006년부터 터키의 유럽연합 가입 협상은 난항에 빠져 있다. 쟁점이 되고 있는 총 여덟 개 분야에서 이견이 좁혀지지 않기 때문이다. 최근 서방 국가들의 경제성장이 둔화되자 터키는 유럽에서 신흥경제국 쪽으로 시선을 돌리고 있다. 신흥경제국에서 새로운 시장을 모색하는 한편 아프리카에서 보다 중요한 역할을 하기 위해 노력하고 있는 것이다.

2003년 터키항공의 아프리카 취항지는 네 곳뿐이었지만 10년 만에 서른 곳으로 늘어났다. 터키항공의 CEO는 이 같은 변화의 원인에 대해 "우리의 경영 전략과 활동은 모두 터키의 외교 및 무역 정책과 일치한다. 지속적인 발전을 위해 우리는 정부와 밀접하게 협력할 것이다"라고 설명했다. 이런 전략이 부가적인 효과를 내는 것은 당연하다. 새로운 취항지가 추가될 때마다 터키 기업들에게 기회의 문이 하나씩 열리고 이는 새로운 시장을 선점하는 데 유리하기 때문이다.

터키는 2002년부터 아프리카에 대해 개방 정책을 실시했고 현재 아프리카에 19개의 대사관을 두고 있다. 터키의 한 고위관리는 "우리의 목표는 지금까지 가보지 않은 지역과 새로운 관계를 맺고 서로의 거리를 좁히는 것이다"라고 말했다. 터키의 기업가와 정치가들도 아프리카에 대한 정책을 계속 바꿔나가고 있다.

2000년 7억 4200만 달러였던 터키의 대아프리카 무역액은 2011년 75억 달러에 육박할 만큼 급증했다. 하지만 터키의 전체 무역액을 보면 이 액수는 아주 작은 비중에 불과하다. 2011년 터키의 대아프리카 무역액은 30퍼센트 가까이 증가했으며 2012년에는 무역액이 133억 달러에 달했다.

현재 터키 경제는 거대한 잠재력을 보유하고 있지만 경기침체의 위험도 안고 있다. 일단 경기가 침체되기 시작하면 심각한 부작용이 나타날 수밖에 없다. 2013년 터키는 투자 등급이 투자 적격 등급으로 상향 조정된 뒤 대출 비용이 크게 감소하고 중산층이 빠르게 늘어났다. 나아가 젊은 인구구조에 매력을 느낀 투자자들이 대거 터키로 진출하면서 인플레이션은 효과적으로 억제됐다.

2013년 말 모건스탠리는 터키와 인도, 인도네시아, 남아공, 브라질을 '취약한 신흥경제국'으로 분류했다. 이들 다섯 나라 가운데 재정적자와 대외부채 비율이 가장 높은 나라는 바로 터키다. 따라서 저금리 자금을 확보하지 못할 경우 터키는 심각한 위기에 맞닥뜨릴 가능성도 있다.

오늘날 터키는 심각한 갈등과 잠재력을 동시에 지니고 있으며, 지리적으로도 유라시아대륙을 이어주는 문화의 교량으로써 중요한 전략적 위치에 있다.

베트남 :

인구	93,421,835명(2014년 7월 예상치)	
도시화율	34.3%	
GDP	1,700억 달러	
산업구조	농업 19.3%, 공업 38.5%, 서비스업 42.2%	
성장률	5.3%	
1인당 GDP	2000년 433.33달러, 2013년 1,910.53달러	
2014 경제 자유지수 순위	147위	

유럽인 중 매일 아침 향긋한 모닝커피를 즐기며 그 원두가 아시아, 그 중에서도 베트남에서 재배됐다는 사실을 떠올리는 사람은 거의 없을 것이다. 베트남은 브라질에 이어 세계 2위 커피 수출국이며 특히 유럽연합은 베트남의 2위 무역 파트너다. 과거 유럽연합-베트남 무역액은 50억 유로였으나 2014년 260억 유로로 증가했다.

베트남은 지난 몇 십 년간 서서히 계획경제의 무거운 굴레에서 벗어나 강한 경쟁력을 갖춘 나라로 변신했다. 현재 베트남은 아시아에서 중국 다음으로 경제성장률이 높은 수출주도형 국가다. 비록 GDP 중 국영기업 비중이 40퍼센트에 달하기는 하지만 말이다.

특히 노동생산성이 크게 향상된 베트남은 방직업에서 관광업, 커피 농업, IT까지 세분화된 업종에서 글로벌 경쟁에 참여하고 있다. 물론 베트남의 생산품 중 부가가치상품은 그 비중이 1퍼센트로 다른 아세안 국가에 비해 매우 낮다. 그렇지만 2014년 1분기에 부가가치상품 판매가 54.9퍼센트 증가했는데 특히 해산물의 부가가치 상승이 두드러졌다. 이것이 바로 우리가 베트남의 미래를 낙관하는 이유다.

2014년 유럽을 방문한 응우옌 떤 중Nguyễn Tấn Dũng 전 베트남 총리는 베트남-유럽연합 자유무역협정 체결, 관세 인하, 법률적 보장 확보, 투자 보호 등을 목표로 밝힌 바 있다. 당시 양측은 자유무역을 통해 경제성장을 촉진하고 일자리를 창출하겠다는 의향을 밝히고 베트남과 유럽연합의 관계를 강화할 것임을 천명했다. 중국과 다소 긴장관계에 있는 베트남은 서방 국가들과의 관계를 강화하고 세계경제에 폭넓게 진출할 수 있기를 희망하고 있다.

지난 몇 년간 하노이와 호치민을 여러 차례 방문한 우리는 베트남이 단기간에 이룬 놀라운 발전을 직접 눈으로 확인했다. 아직은 농민이 소를 몰고 논에서 일하는 광경도 흔했지만 농업국가에서 제조업과 서비스업 위주 국가로 점차 변모하고 있다는 것은 분명한 사실이었다. 특히 교육산업이 빠르게 성장하면서 대학졸업자들이 늘어나 서비스업의 경쟁력을 높이고 있다.

베트남은 젊은 노동력이 풍부하고 천연자원도 많이 보유하고 있지만 다른 일부 아시아 국가와 마찬가지로 수준 높은 기술 인력이나 관리층 인재가 매우 부족하다. 따라서 베트남이 어려움을 극복하고 지속적인 경제성장을 추진하려면 노동인구의 자질 향상을 통해 생산력을 강화하고 관리수준을 개선함으로써 국영기업의 경쟁력을 높여야 한다.

/ 주 /

한국어판 서문 _____ 한국이 새로운 세계의 선두주자가 되는 조건

1 Stephen Roach, Sharon Lam, Christopher Graves, Richard Dobbs, Roland Villinge, Shen Dingli and Bill Emmott, "South Korea: Finding its place on the world stage," McKinsey Global Institute, April 2010.
2 "South Korea GDP growth quickens pace," *Financial Times*, July 25, 2016.
3 "Business in Asia: How to keep roaring," *Economist*, May 31, 2014.
4 www.forbes.com.

1장 _____ 전 세계가 성장하는 황금시대

1 World Bank, *Multipolarity: The New Global Economy* (World Bank Publications, June 2011).
2 "Global Wealth Report 2013," Credit Suisse, October 2013.
3 www.spiegel.de.
4 https://www.accenture.com/_acnmedia/Accenture/Conversion-Assets/DotCom/Documents/Global/PDF/Dualpub_18/Accenture-Industrial-Internet-Things-Growth-Game-Changer.pdf; https://www.dbresearch.com/PROD/DBR_INTERNET_EN-PROD/PROD0000000000333571/Industry+4_0%3A+Upgrading+of+Germany's+industrial+capabilities+on+the+horizon.
5 David Rohde, "How Zippos, dredges and vitamins can save the American middle class," *Reuters,* May 25, 2012.
6 David Rohde, "The Swelling Middle Class," *Reuters*, 2012.
7 James Manyika, Jacques Bughin, Susan Lund, Olivia Nottebohm, David Poulter,

Sebastian Jauch, and Sree Ramaswamy, "Global flows in a digital age," McKinsey Global Institute, May, 2014.

8 "Global flows in a digital age," McKinsey Global Institute, May, 2014.

9 Branko Milanovic, "Winners of Globalization: The Rich and The Chinese Middle Class. Losers: The American Middle Class," *Huffington Post*, January 21, 2014.

10 Richard Dobbs, Jaana Remes, James Manyika, Charles Roxburgh, Sven Smit and Fabian Schaer, "Urban world: Cities and the rise of the consuming class," McKinsey Global Institute, June 2012.

11 Claas Tatje, "Nächste Landung in Dubai," *Die Zeit*, November 14, 2013.

12 Boeing, "Current Market Outlook 2014–2032," Boeing Commercial Airplanes, 2013.

13 www.iata.org/about/Documents/iata-annual-review-2014.pdf.

14 "Global flows in a digital age," McKinsey Global Institute, May, 2014.

15 Roger Blitz and Javier Blas, "Africa is new battleground for global hotel industry," *Financial Times*, January 10 2014.

16 "Kenya lauds Chinese investment in hotel industry," *China Daily*, February 2013.

17 www.accenture.com.

18 www.morganstanley.com.

19 http://fortune.com/2015/07/22/china-global-500-government-owned.

20 http://www.forbes.com/innovative-companies/list/#tab:rank.

21 "Urban world: The shifting global business landscape," McKinsey Global Institute, October 2013.

22 Scott Medintz, "Sticking with emerging markets," *Fortune*, November 21, 2013.

23 Ana Mundim, Mitali Sharma, Praveen Arora and Ryan McManus, "Emerging-markets Product Development and Innovation The New Competitive Reality," Accenture, 2013.

24 Gideon Rachman, "The future still belongs to the emerging markets," *Financial Times*, February 3, 2014.

25 www.imf.org.

26 "2013 Businessperson of the year," *Fortune*, December 9, 2013.

2장_____새로운 경제 동맹의 탄생

1 Shawn Donnan, "China begins to take great power role in world trade negotiations," *Financial Times*, July 7, 2014.

2 Ian Goldin, *Divided Nations:: Why global governance is failing, and what we can do about it* (Oxford University Press, 2014).

3 Vinayak HV, Fraser Thompson, and Oliver Tonby, "Understanding ASEAN: Seven things you need to know," McKinsey Global Institute, May, 2014.

4 http://www.hsbc.com/news-and-insight/2014/china-and-asean-relations.

5 Reid Kirchenbauer, "China to Invest More in ASEAN ahead of AEC in 2015," *Thailand Business News*, October 27, 2014.

6 https://www.swift.com/node/19186.

7 Saikat Chatterjee and Rachel Armstrong, "China currency claims a bigger share of reserve manager portfolios," *Reuters*, October 29, 2014.

8 Hardeep Puri, "Rise of the Global South and Its Impact on South-South Cooperation," *Development Outreach*, October, 2010.

9 "The rise of the global South," *Al-Jazeera*, March 20, 2013.

10 Shannon Tiezzi, "China's 'New Silk Road' Vision Revealed," *The Diplomat*, May 9, 2014.

11 Pu Zhendong and Li Xiaokun, "Silk Road offers Sino-Arabian blueprint," *China Daily*, June 6, 2014.

12 "China's influence in Latin America is increasing," *Deutsche Welle*, October 14, 2013.

13 Mark Weisbrot, "US foreign policy in Latin America leaves an open door for China," *Guardian*, January 31, 2014.

14 B. R. Deepak, "China in Africa: A Close Friend or a Neo Colonialist?," *South Asia Analysis Group*, May 12, 2014.

15 Dambisa Moyo, "Beijing, a Boon for Africa," *New York Times*, June 27, 2012.

16 Bartholomäus Grill, *Ach, Afrika: Berichte aus dem Inneren eines Kontinents* (Goldmann Verlag, 2005).

17 Chen Weihua, "Misleading portrayal of China in Africa," *China Daily*, May 17, 2013.

18 Bartholomäus Grill, Ibid.

19 Dambisa Moyo and Niall Ferguson, *Dead Aid: Why Aid Is Not Working and How There Is a Better Way for Africa* (Farrar, Straus and Giroux, March 2010).

20 "China-Africa Economic and Trade Cooperation," *The People's Republic of China Information Office of the State Council*, August 2013.

21 Lyu Chang, "Domestic PR firm going digital, global," *China Daily*, January 30, 2014.

22 "More than minerals," *Economist*, March 23, 2013.

23 Zhong Nan, "Two new funds to boost trade with Africa," *China Daily*, June 6, 2013.

24 www.cadfund.com.

25 Chris Alden, Daniel Large and Ricardo Soares de Oliveira, *China Returns to Africa* (Columbia University Press, 2008).

26 B. R. Deepak, "China in Africa: A Close Friend or a Neo Colonialist?," *South Asia Analysis Group*, May, 12, 2014.

27 Li Lianxing, "More tourists planning visits," *China Daily*, August 13, 2013.

28 Victor Mallet, "India-Africa: a burgeoning commercial axis," *Financial Times*, March 11, 2014.

29 Noshir Kaka, Anu Madgavkar, James Manyika, Jacques Bughin and Pradeep Parameswaran, "India's technology opportunity: Transforming work, empowering people," McKinsey Global Institute, December 2014.

30 Dar es Salaam, "Elephants and tigers," *Economist*, October 26, 2013.

31 Jiang Xueqin, "Asia should look within itself: Forum," *China Daily*, April 13, 2014.

32 Jorge Blázquez-Lidoy, Javier Rodríguez and Javier Santiso, "China's Trade Impact on Latin American Emerging Markets," OECD, June 2006.

33 "Flexible friends," *Economist*, April 10, 2014.

34 Patricia Rey Mallén, "Move Over EU, China To Become Latin America's 2nd Biggest Trade Partner By 2016," *International Business Times*, December 30, 2013.

35 Rush Doshi and David Walter, "China's Rising Tide in the Caribbean," *Wall Street Journal*, September 30, 2013.

36 Robin Wigglesworth, "Caribbean in crisis: Chequebook diplomacy," *Financial Times*, December 18, 2013.

37 www.brookings.edu.

38 www.chinausfocus.com.

39 "China's trade with Latin America set to outpace EU within two years," *South China Morning Post*, March 17, 2014.

40 www.worldbank.org.

41 Christopher Sabatini, "Rethinking Latin America," *Foreign Affairs*, March 2012.

42 "China reinforces ties with Latin America at CELAC summit," *Inside Costa Rica*, February 1, 2014.

43 Arturo Lopez Levy, "Cuba: The CELAC Summit and Its Challenges," *Huffington Post*, February 3, 2014.

44 *Huffington Post*, Ibid.

45 *Wall Street Journal*, July 7, 2013.

46 Global Research, March 4, 2013.

47 Javier Blas, "US prepares investment push into Africa," *Financial Times*, May 29, 2014.

48 Eric Johnson, "US losing leverage in Latin America," *Financial Times*, August 7, 2013.

49 Kevin Gallagher, "US blind to Latin America," *China Daily*, June 13, 2013.

50 Susan Lund, James Manyika, Scott Nyquist, Lenny Mendonca, and Sreenivas Ramaswamy, "Game changers: Five opportunities for US growth and renewal," McKinsey Global Institute, July 2013.

51 Jason Lange, "Data shows US economy's pulse is still strong," *Reuters*, October 16, 2014.

52 Chris Giles, "Hope and gloom clash at IMF meetings," *Financial Times*, October 10, 2014.

53 Bree Feng, "Deal Set on China-Led Infrastructure Bank," *New York Times*, October 25, 2014.

54 Lidia Kelly and Alessandra Prentice, "BRICS to commit $100 billion to FX fund, completion a way off," *Reuters*, September 5, 2013.

55 Wall of Africa.

56 Franz Wild, "China Development Bank Lends South Africa's Transnet $5 Billion," *Bloomberg*, March 26, 2013.

57 "Time to raise the BRICS' role to a new level," *Russia&India Report*, July 14, 2014.

1 Heng Shao, "Harvard Grad Returns To Restive Xinjiang To Foster Entrepreneurship," *Forbes Asia*, June 4, 2014.

2 Jamil Anderlini, "Chinese investors surged into EU at height of debt crisis," *Financial Times*, October 6, 2014.

3 우샤오보 저, 박찬철, 조갑제 역, 《격탕 30년》, 새물결, 2014년 8월.

4 "China's African Policy," *People's Daily Online*, January 12, 2006.

5 "China's Antarctic explorations peacefully intended, cooperative," *China Daily*, February 8, 2014.

6 Ellie Fogarty, Lowy Institute for International Policy, 2011.

7 www.dni.gov.

8 Akhilesh Pillalamarri, "Project Mausam: India's Answer to China's 'Maritime Silk Road'," *The Diplomat*, September 18, 2014.

9 Kate Hodal, "China invests in south-east Asia for trade, food, energy and resources," *Guardian*, March 22, 2012.

10 *Associated Press of Pakistan*, May 28, 2014.

11 Muhammad Amir Rana, "Threat to Sino-Pak friendship," Dawn.com, June 2, 2014.

12 Shannon Tiezzi, "China, Pakistan Flesh Out New 'Economic Corridor'," *The Diplomat*, February 20, 2014.

13 https://www.un.org/sc/suborg/en/sanctions/1533/work-and-mandate/expert-reports.

14 "New Silk Road creates business opportunities," *China Daily*, March 27, 2014.

15 https://www.db.com/ir/en/annual-reports.htm.

16 Jamil Anderlini, "Chinese investors surged into EU at height of debt crisis," *Financial Times*, October 7, 2014.

17 "EU-China: the trade partnership worth €1 billion a day," *European Parliament News*, October 8, 2013.

18 Zhao Yinan, "China, Germany sign $18.1 billion deals," *China Daily*, October 10, 2014.

19 Zhou Shijian, "A Shift in Sino-US Economic and Trade Relations," *China US Focus*, January 7, 2014.

20 World Bank, *Multipolarity: The New Global Economy* (World Bank Publications, June 2011).

21 World Bank, Ibid.

22 Jane Perlez, "U.S. Opposing China's Answer to World Bank," *New York Times*, October 9, 2014.

23 Zbigniew Brezinski, "Giants, but Not Hegemons," *New York Times*, February 13, 2013.

24 Jamil Anderlini, "Person of the year: Jack Ma," *Financial Times*, December 13, 2013.

25 Liyan Chen, Ryan Mac and Brian Solomon, "Alibaba Claims Title For Largest Global IPO Ever With Extra Share Sales," *Forbes*, September 22, 2014.

26 Michael Zakkour, "As IPO Approaches, Alibaba Still A Mystery To Many Outside China," *Forbes*, June 27, 2014.

27 Juro Osawa, Pall Mozur, "The Rise of China's Innovation Machine," *Wall Street Journal*, January 16, 2014.

28 www.computerworld.com.

29 Kevin Holden, "China plans world's largest supercollider," *Aljazeera.com*, September 20, 2014.

30 Victor Luckerson, "Why China Is a Nightmare for American Internet Companies," *Time*, February, 27, 2014.

31 *China Daily*, August 12, 2013.

32 Rebecca Fannin, "Copying China Business Models In The U.S. Catches On As A New Tech Startup Trend-Quite The Reverse!," *Forbes*, July 8, 2014.

33 "China's back," *Economist*, October 11, 2014.

4장_____굿거버넌스와 정치 모델

1 Peggy Noonan, "Noonan: A Statesman's Friendly Advice," *Wall Street Journal*, April 4, 2013.

2 Yuliya Chernova, "What's Holding Back Electric-Car Sales?," *Wall Street Journal*, September 29, 2014.

3 "Mass protests slam US-EU trade deal as 'corporate power grab'," *Russia Today*, October 11, 2014.

4 "What are we bringing upon us?" *Die Zeit*, June 26, 2014.

5 Forbes Corporate Communications, "Forbes Media Agrees To Sell Majority Stake To A Group Of International Investors To Accelerate The Company's Global Growth," *Forbes Asia*, June 2014.

6 "Is it time to risk less democracy," *Die Welt*, July 2012.

7 David Brooks, "The Big Debate," *New York Times*, May 19, 2014.

8 "What's gone wrong with democracy," *Economist*, March 1, 2014.

9 "Frankreichs Macht in Afrika," *Die Zeit*, November 10, 2014.

10 Gideon Rachman, "Block Juncker to save real democracy in Europe," *Financial Times*, June 3, 2014.

11 Fareed Zakaria, "Is the world going nuts?," *CNN*, September 21, 2014.

12 Stephen King, *When the Money Runs Out: The End of Western Affluence* (Yale University Press, April 2014).

13 Eduardo Porter, "Economists Agree: Solutions Are Elusive," *New York Times*, April 23, 2013.

14 Ian Goldin, Ibid.

15 Geert Mak, *In Europe: Travels Through the Twentieth Century* (Vintage; Reprint edition, June 2008).

16 www.welt.de.

17 Gregory Viscusi, "Europe Sacrifices a Generation With 17-Year Unemployment Impasse," *Bloomberg*, October 8, 2014.

18 스테판 에셀 저, 임희근 역,《분노하라》, 돌베개, 2011년 6월.

19 Emmanuel Todd, "Eure Unfähigkeit zur Selbstkritik!," *Die Zeit*, May 22, 2014.

20 "The lost generation," *Die Zeit*, June 2014.

21 www.commerzbank.com.

22 *Die Welt*, March 13, 2014.

23 www.pewresearch.org.

24 www.yougov.com.

25 www.pewresearch.org.

26 "The China Experiment," *Frankfurter Allgemeine Sonntagszeitung*, November 24, 2013.

27 존 나이스비트, 도리스 나이스비트 저, 안기순 역,《메가트렌드 차이나》, 비즈니스북스, 2010년 4월.

28 우샤오보 저, 박찬철, 조갑제 역,《격탕 30년》, 새물결, 2014년 8월.

29 www.faz.net.

30 www.faz.net.

31 Gideon Rachman, Ibid.

32 "The people still want a bigger say," *Economist*, November 18, 2013.

33 "UAE President hails the nation's achievements in National Day speech," *The National*, December 4, 2013.

34 "Hong Kong in Honduras," *Economist*, December 10, 2011.

35 *Economist*, Ibid.; "The Re-start," *Die Zeit*, October 31, 2013.; "Plan for Charter City to fight Honduras poverty loses its initiator," *New York Times*, September 30, 2012.

36 존 미클스웨이트, 에이드리언 울드리지 저, 이진원 역,《제4의 혁명》, 21세기북스, 2015년 3월.

37 www.worldbank.org.

38 "Inside Africa's Economic Upsurge," *Der Spiegel*, December 29, 2013.

39 unstats.un.org.

40 Tom Miles, "'Broke' U.N. agency pleads for help in Central African Republic," *Reuters*, April 16, 2014.

41 Diana Farrell and Eric Beinhocker, "Next big spenders: India's middle class," *Newsweek International*, May 19, 2007.

42 www.indiatimes.com.

43 Rajyasree Sen, "Top Five Mango Must-Haves," *Wall Street Journal*, June 16, 2014.

44 "Economic Conditions Snapshot, June 2014: McKinsey Global Survey results," McKinsey Global Institute, June 2014.

45 Shashi Tharoor, "India's disrupted democracy," *Gulf News*, February 25, 2014.

46 Zhang Yunbi, "Xi to visit India this year," *China Daily*, June 9, 2014.

47 Leonid Bershidsky, Russia Goes From Fake Democracy to Faux Dictatorship, *Bloomberg*, January 29, 2013.

48 Kenneth Rapoza, "Abu Dhabi: So Blindingly Rich It's Almost Sickening," *Forbes Asia*, June 15, 2014.

49 FT1, June 4, 2014.; Europe1, June 4, 2014.; www.tf1.fr; www.europe1.fr.

50 스테이시 시프 저, 정경옥 역,《더 퀸 클레오파트라》, 21세기북스, 2011년 12월.

51 "The Next Media Jackpot: The Fight For The $1 Trillion Hispanic Market," *Forbes*, July 18, 2012.

52 Devon Haynie, "U.S. Sees Record Number of International College Students," *U.S. News & World Report*, November 11, 2013.

53 www.britishcouncil.org.

5장 _____ 도시의 시대

1 "World Urbanization Prospects, the 2011 Revision," United Nations, April 7, 2012.

2 "World Water Development Report 2012". http://www.unwater.org/publications/world-water-development-report.

3 www.mckinsey.com.

4 Richard Dobbs, Sven Smit, Jaana Remes, James Manyika, Charles Roxburgh, Alejandra Restrepo, "Urban world: Mapping the economic power of cities," McKinsey Global Institute, March 2011.

5 "Shanghai GDP grows 7.7% in 2013," *China Daily*, January 27, 2014.

6 "Shenzhen's GDP hits ¥1.45t in 2013," *Delta Bridges*, February 12, 2014.

7 Andres Cadena, Jaana Remes, James Manyika, Richard Dobbs, Charles Roxburgh, Heinz-Peter Elstrodt, Alberto Chaia, Alejandra Restrepo, "Building globally competitive cities: The key to Latin American growth," McKinsey Global Institute, August 2011.

8 에드워드 글레이저 저, 이진원 역,《도시의 승리》, 해냄출판사, 2011년 6월.

9 James Manyika, Jaana Remes, Richard Dobbs, Javier Orellana, Fabian Schaer, "Urban America: US cities in the global economy," McKinsey Global Institute,

April 2012.

10 "Future trends and market opportunities in the world's largest 750 cities," Oxford Economics, May 7, 2014.

11 Shirish Sankhe, Ireena Vittal, Richard Dobbs, Ajit Mohan, Ankur Gulati, Jonathan Ablett, Shishir Gupta, Alex Kim, Sudipto Paul, Aditya Sanghvi, Gurpreet Sethy, "India's urban awakening: Building inclusive cities, sustaining economic growth," McKinsey Global Institute, April 2010.

12 "Annual Survey of Indias City Systems 2014," *Janaagraha*, June, 2014.

13 "McKinsey Global Institute Analysis; UN Populations Division," *Wall Street Journal*, June 6, 2014.

14 "Understanding India's economic geography," McKinsey Global Institute, October 2014.

15 Edwin Heathcote, "Remembering Charles Correa, India's great contemporary architect," *Financial Times*, June 26, 2015

16 벤저민 바버 저, 조은경 외 공역, 《뜨는 도시 지는 국가》, 21세기북스, 2014년 5월.

17 Bruce Katz and Jennifer Bradley, *The Metropolitan Revolution: How Cities and Metros Are Fixing Our Broken Politics and Fragile Economy* (Brookings Institution Press, December 2014).

18 "The rise of a new US federalism," *Financial Times*, January 19, 2014.

19 P.D. 스미스 저, 엄성수 역, 《도시의 탄생》, 옥당, 2015년 10월.

20 Ryan Aven, *The Gated City* (August 2011).

21 Parag Khanna, "The End of the Nation-State?," *New York Times*, October 12, 2013.

22 Michele Acuto and Parag Khanna, "Around the World, Mayors Take Charge," *The Atlantic*, April 26, 2013.

23 www.mckinsey.com/mgi/overview.

24 "Economics focus: Sizing up China's cities," *Economist*, September 15, 2010.

부록 _____ 신흥국 경제 트렌드

1   "Africa rising: A hopeful continent," *Economist*, March 2013.

2   "The hopeless continent," *Economist*, May 2000.

3   www.faz.net

4   HIS Economics, GIDD, McKinsey Global Institute, Cityscape 2.2, Business Monitor International, McKinsey Analysis.

5   James Manyika, Armando Cabral, Lohini Moodley, Suraj Moraje, Safroadu

Yeboah-Amankwah, Michael Chui, and Jerry Anthonyrajah, "Lions go digital: The Internet's transformative potential in Africa," McKinsey Global Institute, November 2013.

6　Charles Roxburgh, Norbert Dörr, Acha Leke, Amine Tazi-Riffi, Arend van Wamelen, Susan Lund, Mutsa Chironga, Tarik Alatovik, Charles Atkins, Nadia Terfous and Till Zeino-Mahmalat, "Lions on the move: The progress and potential of African economies," McKinsey Global Institute, June 2010.

7　www.crunchbase.com.

8　Bartholomäus Grill, *Ach, Afrika: Berichte aus dem Inneren eines Kontinents* (Goldmann Verlag, 2005).

9　Nicholas Kulishjan, "African Artists, Lifted by the Promises of Democracy and the Web," *New York Times*, JAN. 8, 2014.

10　Ginanne Brownell, "Africa's Art Establishment Strives for Self-Sufficiency," *New York Times*, June 11, 2013.

11　"Africa's Pulse: Decades of Sustained Growth is Transforming Africa's Economies," *World Bank*, October 2014.

12　"Inside Jason Njoku's multimillion naira online business empire," *Business Day,* June 13, 2014.

13　David Malingha Doya, "Tanzanian Investment to Grow 10% in 2013 With Help of Chinese," *Bloomberg*, March 1, 2013.

14　*Tanzania Dailynews*, June 25, 2014.

15　"Tanzania signs investment deals with China worth over \$1.7 bln," *Reuters,* October 24, 2014.

16　*Reuters*, October 28, 2014.

17　"Arab-led investment plan for crucial jobs," *Financial Times*, April 3, 2013.

18　*Die Welt*, March 13, 2014.

19　Vivienne Walt, "Is Africa's rise for real this time?," *Fortune*, September 18, 2014

20　www.heritage.org, www.worldbank.org.

21　www.worldbank.org. 2014.

22　www.eiu.com.

23　Juan Reinaldo Sánchez, *La vida oculta de Fidel Castro* (Planeta, December 2014)

24　www.reuters.com.

25　Patricia Rey Mallén, "China And Cuba: Skip the Ideology, Let's Talk About Money?," *International Business Times*, April 24, 2014.

26　"Mexico: China's unlikely challenger," *Financial Times*, September 20, 2012.

27　Michael Fumento, "As The U.S. Sleeps, China Conquers Latin America," *Forbes*,

October 15, 2014.

28 "How to keep roaring," *Economist*, May 31, 2014.

29 www,forbes.com, www.economist.com.

30 Li Fusheng, "Jilin to stress public welfare this year," *China Daily*, January 28, 2014.

31 Gurcharan Das, *India Grows at Night: A Liberal Case for a Strong State* (Penguin, August 2013).

32 Krista Mahr, "Why India's Elections Took So Long," *TIME Magazine*, May 14, 2014.

33 "Modi's next steps: Now for the serious stuff," *Economist*, May 23, 2015.

34 Raoul Oberman, Richard Dobbs, Arief Budiman, Fraser Thompson and Morten Rossé, "The archipelago economy: Unleashing Indonesia's potential," McKinsey Global Institute, September 2012.

35 "What China Wants," *Economist*, August 21, 2014.

36 "Will Vietnam fall into the middle-income trap?," *News VietNamNet*, October 10, 2014.

37 Keith Barrow, "China approves rail links to Myanmar and Laos," *International Railway Journal*, October 16, 2014.

38 Heang Chhor, Richard Dobbs, Doan Nguyen Hansen, Fraser Thompson, Nancy Shah, and Lukas Streiff, "Myanmar's moment: Unique opportunities, major challenges," McKinsey Global Institute, June 2013.

39 James Crabtree, "Sri Lanka sees benefits of China's 'maritime silk road' plan," *Financial Times*, Stptember 17, 2014.

40 *Bangkok Post*, June 27, 2014.

41 www.forbes.com

42 "Why do Turks love him?," *Die Zeit*, April 3, 2014.

옮긴이_ 허유영

한국외국어대학 중국어과와 동 대학 통번역대학원 한중과를 졸업했다. 현재 전문번역가로 활동
하고 있다. 지은 책으로 《쉽게 쓰는 나의 중국어 일기장》이 있고, 옮긴 책으로 《G2 전쟁》《기업의
시대》《고통받는 세계》《10년 후 부의 지도》《인생에서 가장 중요한 7인을 만나라》《다 지나간다》
외 80여 권이 있다.

존 나이스비트, 힘의 이동

새로운 글로벌 경제벨트는 어떻게 세상을 재편할 것인가

1판 1쇄 인쇄 2016년 11월 18일
1판 1쇄 발행 2016년 11월 25일

지은이 존 나이스비트·도리스 나이스비트
옮긴이 허유영

발행인 양원석
책임편집 송상미
디자인 홍석문
해외저작권 황지현
제작 문태일
영업마케팅 이영인, 양근모, 박민범, 이주형, 장현기, 이선미, 이규진, 김보영

펴낸 곳 ㈜알에이치코리아
주소 서울시 금천구 가산디지털2로 53, 20층 (가산동, 한라시그마밸리)
편집문의 02-6443-8878   구입문의 02-6443-8838
홈페이지 http://rhk.co.kr
등록 2004년 1월 15일 제2-3726호

ISBN 978-89-255-6053-3 (03320)

※ 이 책은 ㈜알에이치코리아가 저작권자와의 계약에 따라 발행한 것이므로
   본사의 서면 허락 없이는 어떠한 형태나 수단으로도 이 책의 내용을 이용하지 못합니다.

※ 잘못된 책은 구입하신 서점에서 바꾸어 드립니다.

※ 책값은 뒤표지에 있습니다.

Global Game Change

How the Global Southern Belt Will Reshape Our World